Doppelagent

Karl Gebauer

Doppelagent

Erinnerungen

edition ost

ISBN 3-932180-46-1

Umschlag: Rudolf Grüttner.
Foto: Rainer Raeder
Satz: edition ost.
Druck: Tesínská Tiskárna,
Czech Republic

Die Deutsche Bibliothek –
CIP-Einheitsaufnahme
Gebauer, Karl: Doppelagent :
Erinnerungen / Karl Gebauer. –
Berlin : Ed. Ost, 1999.
ISBN 3-932180-46-1

1. Kapitel

Väter prägen offenkundig ihre Söhne stärker, als man gemeinhin annimmt. Wir sind unseren Vorfahren ähnlicher, als uns mitunter lieb ist. Marx mag zwar recht haben, daß die Umgebung Einfluß auf den Charakter nimmt – der Mensch gleichsam das Ensemble der gesellschaftlichen Verhältnisse ist –, doch die Anlagen sorgen dafür, daß wir nicht rauskommen aus unserer geerbten Haut. Dessen bin ich mir ziemlich sicher, wenn ich in meiner Familie zurückschaue. Mein Vater und der seinige, vielleicht auch der davor und auch andere Gebauers, glichen sich vermutlich in einem Punkte: Sie waren einerseits immer loyal gegenüber der Obrigkeit – und andererseits schreckten sie nicht davor zurück, mit diesen Konventionen zu brechen, sofern sie es für nötig hielten. Fortgesetzte Unterordnung und Einordnung, Anpassung und Opportunismus deformierten ihren Charakter nicht derart, um nicht mehr aufzubegehren und sich als Individuum zu behaupten, als die fortgesetzte Forderung nach Selbstaufgabe ein zulässiges Maß überschritt. Sie brachen aus – und kehrten, sofern es möglich war, wieder in den Schoß der Gemeinschaft mit all ihren Zwängen zurück. Merkwürdig.

Alexander Gebauer, meinen Großvater, kannte ich nur als Bild. Es hing bei uns in der Wohnung. Der Mann trug die Uniform eines Ulanenoffiziers, er blickte schneidig und durchaus wilhelminisch-preußisch. Jeder Stoß ein Franzos', jeder Tritt ein Brit', jeder Schuß ein Russ'... In der Mitte des 1. Weltkrieges – was erst die Nachgeborenen wußten: für die, die dabei waren, ging der Stellungskrieg ins dritte Jahr – wurde der Kaufmann Alexander Gebauer aus Frankfurt am Main als Reserveoffizier zu den Waffen gerufen. Auch sein Vater war Offizier gewesen, Major glaube ich, auch er stammte vom Main. Daheim wurde oft darüber gesprochen, daß wir aus einer Offiziersfamilie kämen, was mich als Kind aber wenig interessierte. Darum vermag ich auch nicht zu erinnern, ob die Berichte mit Stolz in der Stimme oder eher vorwurfsvoll-anklägerisch gegeben wurden. Wahrscheinlich war von beidem etwas dabei, je nachdem, wer gerade das Wort führte.

Gebauer kam an die Westfront und lag dort an die zwei, drei Jahre in der vaterländischen Scheiße, bis er im Frühherbst 1918 aufmuckte. Er weigerte sich, die ihm unterstellten Soldaten weiter in den Tod zu führen und sagte: NEIN! Das sagten seit geraumer Zeit auch Tausende an der Heimatfront. Sie warf man ins Gefängnis. Bei den Soldaten machte man kurzen Prozeß. Wegen Befehlsverweigerung und Wehrkraftzersetzung wurde Alexander Gebauer in Metz an die Wand gestellt und erschossen. Andere Soldaten, die ein ähnliches Schicksal erfuhren, gingen in die Geschichtsbücher ein, Plätze, Straßen und mitunter auch Kasernen wurden nach ihnen benannt – Alexander Gebauer kennt keiner.

Um die Jahrhundertwende hatte er ein Dienstmädchen vom Lande geschwängert und soviel Schneid besessen, sie danach auch zu ehelichen. Das tat man gemeinhin in Kaufmannskreisen nicht. Deshalb wurde er aus der solcherart geschändeten Familie verstoßen. Gebauer zog mit seiner Frau Christiane von Frankfurt nach Wiesbaden, wo 1901 mein Vater zur Welt kam. Dieser erhielt den gleichen Vornamen wie mein Großvater: Alexander.

Aus der mit achtzehn Jahren eher kurzen Gemeinschaft gingen elf Kinder hervor, ein Mädchen und zehn Jungen. Von diesen fielen binnen sieben Monaten im nachfolgenden 2. Weltkrieg sechs. Das war 1943 und brach meiner Großmutter das Herz. Hitler wollte es kitten, indem er ihr das Goldene Mutterkreuz verpaßte – die Zeitungen kündigten die Verleihung des Ordens durch den Gauleiter von Hessen-Nassau im Wiesbadener Kurhaus bereits an. Doch als der NSDAP-Ortsgruppenleiter in der Tür stand, warf ihm meine Großmutter dieselbe an den Kopf. »Der Verbrecher soll mir meine Kinder wiedergeben!« rief sie zornbebend. Allein der Respekt vor dem Verlust ihrer Söhne wird die Nazis wohl davon abgehalten haben, meine Großmutter für die Führerbeleidigung zu belangen. Außerdem galt noch ihr siebter Sohn als in Griechenland vermißt, den erklärte das OKW später für tot. Nach Kriegsende machte das DRK den Toten ausfindig – er hatte Malaria und kehrte als Krüppel in die Heimat zurück. In den 60er Jahren ist er an den Folgen seiner Kriegsschäden zugrunde gegangen.

Mein Vater Alexander, der Erstgeborene, wurde noch wenige Tage vor Kriegsende 1918 in die kaiserliche Armee verpflichtet. Er soll, so hörte ich, in den Tagen der Novemberrevolution auch in Berlin gewesen sein und dort einem Soldatenrat angehört haben. Doch darüber gibt es keine Belege. Ich will aber nicht ausschließen, daß es sich so verhalten hat. Nach seiner Rückkehr begann auch Alexander Gebauer jr. eine Kaufmannslehre. 1920 heiratete er und trat der vor Jahresfrist gegründeten Kommunistischen Partei bei.

Im Unterschied zu seiner Ehe hielt diese Verbindung nicht sehr lange. Er wechselte später zur SPD. Doch Freunde und Verwandte, die ihn besser kannten als ich, behaupten, er sei »durch und durch ein KPD-Mann« gewesen – da scheint es fast logisch, daß er am 1. Mai (!) 1950, keine fünfzig Jahre alt, von dieser Erde ging.

Ich weiß nicht, worauf sich ihre Einschätzung gründete. War er in manchen Dingen rigoroser als seine sozialdemokratischen Mitgenossen? Fand er sich mit Sachzwängen nicht zähneknirschend ab wie sie? Handelte er bereits, wenn sie noch abwarteten? Ich kann ihr Urteil weder bestätigen noch dementieren. Als Kind nahm er mich nicht ernst – wir waren zu viele und er meist im KZ –, und später, als ich langsam politisch wurde und ihn gern befragt hätte, gab es ihn nicht mehr.

Im ersten Jahr der Weimarer Republik gründete Vater seine Familie. Das erste Kind – mein ältester Bruder – kam 1921 zur Welt; er hieß traditionell Alexander. Danach folgten in steter Regelmäßigkeit Henriette, Heinrich (Heinz), Friedrich, Christa, Karl, Otto, Doris, Luise, Helma und Hermann. Auch diese Gebauer-Generation kam, wie schon die vorhergehende, auf elf Sprößlinge.

Karl – also ich – war das sechste Kind und wurde 1931 geboren. In jenem Jahr bezogen wir eine Neubauwohnung in der Waldstraße am Rande von Wiesbaden. Bis dato lebten die Gebauers in der Nettelbeckstraße, dort war es inzwischen einfach zu eng geworden. Zwar mußten sich auch in der neuen Wohnung zwei Kinder ein Bett teilen und später vier ein Zimmer – doch die knappe Haushaltskasse ermöglichte nur ein Leben in Bescheidenheit. Darüber will ich nicht rechten: Kindersegen gehört in der bürgerlichen Gesellschaft nicht unbedingt zu den Leistungen, die von Staats wegen honoriert werden.

Ich räume ein, daß an unserer wenig freundlichen Lebenslage auch mein Vater nicht ganz unschuldig war. Wiederholt saß er ausschließlich wegen seines poltischen Engagements im Gefängnis – ihm waren die immer stärker werdenden Nazis zuwider. Ende der 20er Jahre kam es auch in Wiesbaden zu antifaschistischen Aktionen, an denen sich mein Vater maßgeblich beteiligte. Und als ich geboren wurde, saß er mal wieder hinter Gittern.

Sozialdemokraten und Kommunisten hatten den Kurier aus Berlin abfangen wollen, der zum Wiesbadener NSDAP-Chef Karl Ludwig unterwegs war. Mein Vater fuhr den Wagen, da er als einziger der acht Kidnapper einen Führerschein besaß. Die Aktion fand vor der Villa Ludwigs statt. Der Kurier konnte sich ins Haus retten, doch ehe der Hausbesitzer gemeinsam mit ihm das Portal von innen verriegeln konnte, hatten sich die Männer dagegen geworfen. Die Wucht schleuderte den Wiesbadener Obernazi zu Boden, der aus gutem Marmor war. Dabei schlug Ludwig derart unglücklich mit dem Hinterkopf auf, daß er noch am Unfallort verstarb.

Das Gericht befand die beteiligten acht Männer des Mordes für schuldig und verurteilte sie Anfang 1931 zu langjährigen Haftstrafen. Mein Vater bekam für angebliche Beihilfe mit dreieinhalb Jahren die geringste. Davon saß er etwa die Hälfte ab – die sogenannte Hindenburg-Amnestie, eine Verfügung des Reichspräsidenten, brachte ihm 1933 die Freiheit. (Geschichte scheint sich wirklich zu wiederholen: 65 Jahre später kam auch ich aufgrund einer Verfügung des deutschen Staatsoberhauptes auf freien Fuß.)

Doch seine Freiheit war nur relativ. Mein Vater bekam Nachricht von Freunden, daß sein Name auf einer Gestapo-Liste stünde und er mit einer neuen Verhaftung rechnen müsse. Daraufhin flüchtete er umgehend in die Schweiz. Von dort meldete er sich bei meiner Mutter und forderte sie auf, mit der Familie nachzukommen – gemeinsam wolle man nach Amerika auswandern. Meine Mutter lehnte dies ab, nie und nimmer würde sie in ein fremdes Land gehen. Sie sähe auch keinen Grund dafür – der Vater solle gefälligst nach Hause kommen.

Meine Mutter war eine einfache Frau, schlicht von Gemüt und gänzlich unpolitisch. Ich liebte sie, aber meine Großmutter stand mir näher; ich bin von ihr stärker geprägt worden als von meiner leiblichen Mutter. Und obgleich dem Vater – anders als der Mutter – zuweilen die Hand »ausrutschte« und er sehr streng war, mochte ich ihn mehr als die Mutter. Sie sorgte sich darum, daß wir Kinder sauber, anständig und gut genährt durchs Leben gingen – was ich überhaupt nicht geringschätzen will. Das war in jenen schweren Jahren eine beachtliche Leistung, ich bin ihr dafür sehr dankbar. Doch ihr Horizont reichte eben nur bis dahin und nicht weiter – und diese Schlichheit machte sie für die Demagogie der Nazis empfänglich. Der Umstand, daß die Hitlerpartei nach ihrem Machtantritt am 30. Januar 1933 eine Reihe sozialpolitischer Maßnahmen etwa für kinderreiche Familien beschloß und wir gratis Kleidung und Lebensmittel aus Sammlungen des Winterhilfswerkes (WHW) bekamen, nahm sie für die Braunen erkennbar ein. Daß die einerseits den Nachwuchs als künftiges Kanonenfutter im Blick hatten, andererseits dadurch Massenloyalität erkauften, um ihre aggressiven politischen Ziele erst nach innen und dann nach außen besser durchsetzen zu können, sah meine Mutter – wie die meisten Deutschen – nicht. Sie war verführbar, und sie ließ sich verführen. Ich entsinne mich beispielsweise des 9. Novembers 1938, als ich an der Hand meiner Mutter durch die Wellritzstraße ging. In der Geschäftsstraße hatten viele Juden ihre Läden. Ich sah beschmierte Schaufenster und zerbrochene Scheiben auf dem Pflaster, sah, wie Passanten in die Auslagen griffen und sich schamlos bedienten, obgleich doch Polizisten dabeistanden. Meine Mutter zog mich wortlos weiter, und plötzlich waren wir auf dem Michelsberg, wo die Synagoge stand – und aus der loderten die Flammen. Polizisten und Feuerwehr hatten den Platz abgesperrt, ich sah die Flammen aus den Fensterhöhlen springen und die Feuerwehrleute, die die Spitzen hielten. Aber sie richteten, seltsamerweise, die Wasserstrahlen nicht auf die Synagoge, sondern auf die Gebäude daneben. Ich riß mich von der Hand meiner Mutter los und lief zu einem der Männer an der Spritze. »Da brennt's!« rief ich siebenjähriger Dreikäsehoch und wies auf die Flammen. »Da muß gelöscht werden.« Der Feuerwehrmann schaute mich grienend an und amüsierte sich nur, wie meine besorgte Mutter mich fortriß. »Sei stille, Bub. Das hat alles seine Richtigkeit.«

Und so hatte es also auch 1933 seine Richtigkeit, daß sie meinem Vater nicht folgte und ihn statt dessen zur Rückkehr aufforderte. Er kam ihrer Bitte nach und wurde auch umgehend inhaftiert. Erstaunlicherweise saß er jedoch nicht lange. Über die nachfolgenden »Tausend Jahre« vermag ich wenig über meinen Vater zu berichten. Ich weiß, daß er sich mit Gelegenheitsarbeiten durchschlug und immer mal wieder einsaß. Er war Kohleträger und Kraftfahrer, wurde zu Bauarbeiten am Westwall dienstverpflichtet, litt zweimal im KZ Dachau und kam Ende 1944 ins KZ Buchen-wald, wo er schließlich – ausgezehrt und dem Tode näher als dem Leben – das Ende der Nazidiktatur erlebte. Amerikanische Soldaten brachten ihn im Frühjahr 1945 auf einer Trage nach Hause, er hing am Tropf und galt als nicht transportfähig. Der Mittvierziger war ein Greis und zu schwach, um uns zu begrüßen. Die Wangen fielen nach innen, die Haut war faltig und schorfig, sein Blick ging ins Leere... Obgleich er nie in seinem Leben geraucht hatte, starb er keine fünf Jahre später an Lungenkrebs. Das waren, so hieß es, die Folgen seiner KZ-Aufenthalte, wo er zweimal an Lungenentzündung erkrankte.

Er hat nach dem Krieg nie wieder arbeiten können, obgleich er Sonderverpflegung erhielt und auch sonst ärztlich gut versorgt wurde in jener schweren Zeit des Mangels und der Not. Für seine Partei, die SPD, war er noch im Wiesbadener Stadtparlament aktiv, und er sollte Leiter der Städtischen Feuerwehr werden, doch dazu war er gesundheitlich zu schwach. Die vielen Jahre im Konzentrationslager konnten nicht ungeschehen gemacht werden. Auch meinen Vater, einen engagierten, antifaschistischen Sozialdemokraten, haben die Nationalsozialisten auf dem Gewissen.

Daß er mit den Nazis nichts im Sinn hatte, merkte ich spätestens, als ich bei den Pimpfen war. Ich durfte ihm in der kackbraunen Uniform der Hitlerjugend nicht unter die strengen Augen treten. Mutter zog mir die Kluft immer in der Waschküche aus, wenn ich von irgendeinem Aufmarsch kam und Vater daheim in der Küche saß.

Und dann machte ich Beobachtungen, die ich erst später – mit dem Wissen des Alters – richtig begriff. Wir lebten bereits in dem

Einfamilienhaus in der Taubenstraße, keine hundert Meter entfernt von der 1931 bezogenen Neubauwohnung in der Waldstraße. (Die Zuweisung hatte meine umtriebige Mutter bekommen; weshalb und wofür blieb ihr Geheimnis.) In der Nacht nach dem Synagogenbrand (und auch in den folgenden Nächten) waren einige Familien aus der Nachbarschaft mit Koffern bei uns. Ich kannte sie – schließlich wohnten wir Haus an Haus, mit ihren Kindern hatte ich schon im Buddelkasten gespielt. Vater arbeitete zu jener Zeit als Kraftfahrer bei einem Kohlehändler und kam mit dem LKW nach Hause. Den bestiegen die Menschen im Schutz der Dunkelheit, Vater band die Plane an den Planken fest und fuhr los. Nach Luxemburg, wie er mir später einmal sagte. Das passierte mehrere Male.

Ein andermal erlebte ich, wie er Russen, die in einem Gefangenenlager in der Nähe des Bahnhofs hausten, Lebensmittel zukommen ließ. Ich beobachtete zufällig, wie er in einer Mühle oder einem Warenlager – so genau erinnere ich mich nicht mehr – den völlig verhungerten Menschen Mehl unter die Kleidung füllte, das sie dann an den Wachposten vorbei ins Lager schmuggelten. Er hat sich bei solchen Aktionen immer sehr konspirativ verhalten und war sichtlich verärgert, als ich ihn fragte, was er da gemacht habe. Ich muß wohl der einzige gewesen sein, der ihn dabei ertappt hatte, denn nie ist ihm etwas von den Nazis nachgewiesen worden, was wohl auch erklärt, weshalb er zwar oft, aber meist nur für relativ kurze Zeit inhaftiert war – zusammen werden es wohl vier Jahre gewesen sein. In dem einen Knast will er Carl von Ossietzky, den Chef der »Weltbühne« und späteren Friedensnobelpreisträger, getroffen haben, in einem anderen den KPD-Vorsitzenden Ernst Thälmann. Auch das kann ich weder belegen noch als Irrtum zurückweisen: Ich kann meinen Vater nicht mehr fragen, und in anderen Quellen zu forschen, ist aufwendig und lohnt vielleicht auch der Mühe nicht. Das ist alles vergangen und Geschichte.

Die Waldstraße am Rande Wiesbadens hat mein weiteres Leben beeinflußt. Hier wohnten meist Arbeiter, das Milieu war durchgängig kleinbürgerlich – anders als im benachbarten Darmstadt, wo es sehr viele Beamten gab. Entscheidend jedoch waren die drei Kasernen jenseits der Straße, die mit den Häusern in den späten 30er Jahren gebaut worden waren. In der Gersdorff-Kaserne befanden sich Kavallerie und Infanterie, in der Oranjen-Kaserne war ein Nachrichtenregiment stationiert, und in der Oschamps-Kaserne die 86. Infanterie-Division. Soldaten bestimmten das Bild auf der Straße, ich wuchs mit Uniformen auf. Obgleich es mir der Vater ausdrücklich untersagt hatte, verbrachte ich nahezu jede freie Minute in den Kasernen. Besonders die Pferdeställe hatten es mir angetan. Doch auch sonst nahm ich am Kasernenleben teil, wogegen die Soldaten nichts hatten – sie waren für jede Abwechslung dankbar. Wenn etwa beim Waffenreinigen – was auf der Bude passierte – der UvD, der Unteroffizier vom Dienst, erschien, versteckte man mich unter einem Bett. Meine Mutter hatte sich dem Verbot meines Vaters angeschlossen, doch sie ließ sich gern mit dem Kommißbrot bestechen, das ich stets mitbrachte. Wenn man nichts zu beißen hat, achtet man nicht darauf, woher die Hilfe kommt.

Ostern 1937 kam ich in die Schule. Sie war nach Christian Friedrich Hebbel benannt, dem Dramatiker und Zeitgenossen von Büchner und Grabbe, und hatte nicht viel von dessen liberalen Geist übernommen. Die Lehrer trugen offen ihre braune Gesinnung vor sich her und hielten die Prügelstrafe für ein legitimes und sinnvolles pädagogisches Mittel. Wenn ich an meine Schule keine durchgängig schlechte Erinnerung habe, liegt das einzig an Lehrer Reusse, einem freundlichen, netten Mann. Er stürzte sich 1944 aus dem Fenster, und auf der Beerdigung, zu der unsere Klasse vollzählig erschien, hieß es hinter vorgehaltener Hand, er sei mit seinem Freitod einer Verhaftung durch die Gestapo zuvorgekommen.

Der größte Sadist unter den Lehrern war aber Rektor Korn. Er eröffnete den Unterricht mit dem deutschen Gruß und dem aktuellen Wehrmachtsbericht, nannte stolz die Namen von ehemaligen Hebbel-Schülern, die sich an der Front ausgezeichnet hatten und dafür mit einem Orden bedacht worden waren. Er tat dies mit innerer Bewegung, als habe er daran gleichsam Anteil. Für dieses propagandistische Entree brauchte er stets eine Viertelstunde, danach begann der eigentliche Unterricht. Wer von den 30 Schülern unserer Jungenklasse ihm unangenehm auffiel, mußte nach vorn. Korn zeichnete auf dem Fußboden mit dem Tafelzirkel einen Kreidekreis, in den sich der Schüler stellen mußte.

Dann schlug er zu. Und wehe, der Geprügelte wich aus dem Kreis! Dann hagelte es noch mehr Schläge. Besonders gern hieb Korn mit seiner Gerte auf die Fingerspitzen...

1950 bekam Korn für seine besonderen pädagogischen Leistungen das Bundesverdienstkreuz. Als dies ruchbar wurde, formierte sich in Wiesbaden spontan eine Demonstration, es war vermutlich die erste nach dem Kriege überhaupt. Wir zogen in die Platterstraße, wo Korn in einem größeren Haus wohnte, skandierten so etwas wie »Nazis raus!« und schreckten als ehemalige Hebbel-Schüler auch nicht davor zurück, dem Schinder die Scheiben einzuwerfen. Zweifellos gehörte sich das nicht, doch unser Zorn auf diesen Prügelpädagogen war auch nach Jahren nicht verraucht, wir waren noch keine 20 und durchaus unangenehm berührt, daß ein solch offenkundiger Nazi in der soeben gegründeten demokratischen Bundesrepublik als auszeichnungswürdig galt. Wie war so etwas möglich? Der Druck der Öffentlichkeit erwies sich letztlich jedoch als groß genug, daß Korn – vermutlich widerwillig – die Auszeichnung zurückgab.

Mit zehn Jahren kam ich zur Hitlerjugend. Ich sollte zunächst wegen meines Vaters nicht aufgenommen werden – er war wohl gerade wieder einmal im KZ. Und der Vater meines Freundes Röder und der von Schmittchen, meinem dicksten Kumpel, auch. Dieser sollte aus dem Lager nicht wieder nach Hause kommen. Doch 1941, nachdem halb Europa bereits von Hitlerdeutschland besetzt war und die Nationalsozialisten ihren Zenit erreicht hatten – das aber sollte der Fortgang der Geschichte erst zeigen –, gaben sich die HJ-Häuptlinge trotz ideologischer Vorbehalte großzügig und nahmen uns bei den Pimpfen auf. Ich blieb ohne Funktion.

Ab 1943 setzte man unser Fähnlein bei Aufräumarbeiten nach Fliegerangriffen in Wiesbaden, Darmstadt, Frankfurt und Rüsselsheim ein. Damit brach der Krieg unmittelbar in meine Kindheit ein.

Wegen der zahlreichen Kasernen – neben den drei vor unserer Haustür gab es noch die zwei Kilometer entfernten Einrichtungen auf dem Freudenberg und die Bismarck-Kaserne bei Bibrich – wurde auch Wiesbaden bombardiert. Dabei ging auch die Hebbel-Schule zu Bruch. Wir mußten fortan in die Lorche-Schule, in der nun Mädchen und Jungen gemeinsam unterrichtet wurden. Meine älteste Schwester Henrietta war bereits als Luftwaffenhelferin, als Blitzmädel, abgestellt worden, Bruder Fritz diente wie seine gesamte Klasse zwangsweise als Flakhelfer bei Rüsselsheim, wo in den Opel-Werken Teile für Panzer gefertigt wurden. Seine Einheit lag in Königstätten, einem Vorort von Rüsselsheim. Dort luden die Fliegerverbände, wenn sie das eigentliche Ziel überflogen hatten, ihre Bomben ab, um sie nicht wieder mit nach Hause zu nehmen.

Alex, Jahrgang 1921, unser ältester Bruder, war bei den Fliegern. Die Großeltern mütterlicherseits hatten ihm in den 30er Jahren eine Ausbildung als Segelflieger finanziert, bei Kriegsbeginn meldete er sich freiwillig zur Luftwaffe. Er kam zum Bodenpersonal des Jagdgeschwaders Mölders, stieg schließlich zum Piloten bei den Nachtjägern auf, und sollte, ich greife vor, 1944 abgeschossen werden. Wie es hieß: von der eigenen Luftabwehr. Er landete in einem Lazarett in Warnemünde, wurde dann nach Wiesbaden überstellt, geriet in britische Gefangenschaft, türmte mit einem Freund und versteckte sich bei einer Tante in Oberhessen.

Heinz – er arbeitete bis 1940 als Former in den Rheinhütten – war im zweiten Kriegsjahr eingezogen worden und kam an die Ostfront. Dort lief er als Essenträger auf eine deutsche, also auf eine eigene Mine. Hätte er nicht einen Suppenkübel auf dem Rücken getragen, hätte ihn die Detonation zerfetzt. Erbsensuppe, so läßt sich ohne Übertreibung feststellen, rettete ihm also das Leben.

Durch Feldpostbriefe, Erzählungen daheim und die Schule war der Krieg mein ständiger Begleiter. Aber besonders grausam trat er dann in mein Leben, als wir nach Luftangriffen Leichen bergen mußten. Man hatte keinerlei Skrupel, bereits Zwölfjährige für solche Aufgaben heranzuziehen. In Rüsselsheim wurde ich, weil ich der Kleinste in der Jungschar war, einmal in einen Luftschacht hinuntergelassen, um festzustellen, ob im Keller, in welchem die Besatzung eines Kindergartens vermutet wurde, noch Überlebende seien. Ich räumte den Schutt beiseite, öffnete die Türverriegelung und leuchtete in den Luftschutzkeller. Da saßen Kinder und Erzieherinnen – wir nannten sie damals Tanten – ganz friedlich beieinander. Die Tanten hatten jeweils ein Kind auf dem Schoß, und allen lief aus den Mundwinkeln ein kleiner roter Faden. Es herrschte Totenstille.

Das Entsetzen fuhr mir in die Glieder, bloß weg hier! Ich schrie, brüllte, heulte. Oben schlug mir der Jungscharführer ins Gesicht, ich solle keine Memme sein und aufhören zu flennen. Die sind doch alle tot, stieß ich hervor. Ja, klar, denen hat eine Luftmine die Lunge zerrissen, die haben nichts gemerkt, sagte er und tat so, als ließe ihn das kalt. Kalt und hart wie Kruppstahl – so wie es der Führer von uns verlangt hatte.

Solche Bilder und dazu die Nazipropaganda verfehlten ihre Wirkung nicht. Als einmal zwei amerikanische Bomber abgeschossen wurden und sich die Besatzungen mit Fallschirmen retteten, wurden sie von etwa zwanzig Frauen aus Rüsselsheim regelrecht massakriert. Auf diese acht Männer entlud sich der ganze Zorn, den die Frauen auf den Krieg hatten. Daß diese Bombardements nur die Vergeltung für deutsche Bombenangriffe auf britische Städte waren, wollte man offenkundig nicht wahrhaben. Nach dem Krieg wurden diese Frauen zu lebenslangen Haftstrafen verurteilt – meines Wissens kamen aber alle lange vor der Zeit wieder frei.

Unweit unserer Schule, die wir zwischen unseren Einsätzen besuchten, befand sich das Zigeunerlager bei Dotzheim. Unser Weg führte an den eingezäunten Holzbaracken vorüber. Daneben befanden sich Wehrmachtseinrichtungen, mit Stacheldraht gesicherte Zelte und Tanks. Die Zigeuner konnten sich frei bewegen, sie arbeiteten außerhalb des Lagers, und ihre Kinder nahmen am Unterricht teil. Sie waren in unsere Schulklassen integriert. Der Verkehr miteinander war normal. Eines Tages, es muß Anfang 1944 gewesen sein, rollten vier LKW der Wehrmacht auf den Schulhof, die Fahrer jedoch trugen Zivil. Die Zigeunerkinder wurden aus den Klassen gerufen und mußten, ohne daß uns erklärt wurde, was das alles zu bedeuten habe, auf die Lastwagen steigen. Dann fuhren sie davon. Wenig später schrie jemand auf dem Schulflur: Das Zigeunerlager brennt!

Wir liefen nach Schulschluß dorthin und sahen noch, wie die Feuerwehr die Nachbargebäude sicherte. Die Zigeunerbaracken waren seelenruhig und unbehelligt niedergebrannt. Von den Bewohnern fehlte jede Spur. Schon bald wurde das Gelände planiert und von der Wehrmacht genutzt: Man stellte dort Fahrzeuge ab, die mit Tarnnetzen gesichert wurden. Die Zigeuner, so wurde gerüchteweise verbreitet, seien in ein anderes Land gegangen. Wie die Zigeuner eben so sind, unstet und immer auf Achse, hieß es. Man mochte sie nicht und schien froh, daß sie verschwunden waren – obgleich mir nie ein Fall zu Ohren gekommen war, daß sie gestohlen oder andere schlimme Sachen gemacht hätten.

Anderthalb Jahre nach diesem Vorfall, der Krieg war vorüber, wurden wir in die Schulaula gerufen. Es war ein herrlicher Sommertag. Zwei amerikanische Offiziere und ein Dolmetscher standen vorn, neben sich zwei Jungs aus meiner Klasse. Zwei Zigeunerjungs. Die Amis sagten, die beiden kämen aus einem deutschen Konzentrationslager, sie seien die einzigen aus dem Lager bei Dotzheim, die überlebt hätten. Alle anderen seien vergast oder erschlagen worden. Und nun sollten wir hören, was die beiden erlebten hätten.

Die Jungs berichteten mit stockender Stimme vom Transport und dem Lager, wohin alle Familien gebracht worden seien, wel-che Qualen sie erlitten hatten und was ihnen alles widerfahren war. Sie berichteten ohne emotionale Beteiligung, ohne anklägerischen Unterton. Sie erzählten nur, was passiert war. Und schließlich auch, wie sie sich unter den Dielen der Baracke versteckt hatten, als auch die letzten abgeholt wurden, wodurch sie überlebten...

Ihr nüchterner Bericht wühlte mich auf. Er traf mich fast noch stärker als das Aussehen meines Vaters, der kurz zuvor aus Buchenwald gebracht worden war. Die waren in meinem Alter, wir hatten zusammen auf einer Schulbank gesessen – was unterschied sie von mir, daß ich dableiben konnte und sie wegmußten? Ich war noch immer erregt von dem Gehörten, als ich nach Hause kam. Meine Mutter stand am Ausguß und spülte Geschirr, als ich mit fliegendem Atem von den beiden Jungen berichtete. Sie blickte teilnahmslos über die Schulter und sagte nur: »Na, da haben sie eben vergessen, die zu vergasen.«

Schwester Henrietta, 22 Jahre alt und offenkundig ein wenig sensibler als unsere Mutter, hielt sich erschreckt die Hand vor den Mund und brach in Tränen aus. Ich weiß nicht, was sie mehr getroffen hatte: die Nachricht oder die gefühllose Reaktion der Mutter.

Henriette hatte große Ähnlichkeit mit dem Vater, sie diskutierten oft miteinander und verstanden sich gut. Er nahm sie ernst, mich nicht. Als einmal Flugblätter mit Berichten aus Vernichtungslagern abgeworfen wurden, sagte sie nur: Den Schweinen traue ich so etwas zu.

Doch zurück zur Zeit der »Schweine«. Im Frühjahr 1945 ging ihre Herrschaft zu Ende. Im März rollten die Amerikaner in die Stadt, aber sie besetzten nicht die Kasernen in unserer Straße. Entweder fürchteten sie dort Hinterhalte, oder es interessierte sie nicht. Zwei Tage war dort Niemandsland. Die Erwachsenen plünderten und bedienten sich aus den Vorratskammern, wir Kinder spielten mit den Waffen. Ich war 14 und ballerte gemeinsam mit Gleichaltrigen mit Maschinengewehren auf Pappkameraden, andere spielten mit Panzerfäusten und Handgranaten. Einer feuerte so eine Panzerfaust aus kurzer Distanz gegen eine Hauswand – die zurückgeschleuderten Splitter verletzten ihn tödlich. Ein anderer verlor einen Arm durch eine Handgranate, ein weiterer Freund seine Hand durch die Detonation eines Zünders. Kindlicher Übermut und die durch den Krieg eingetretene Verlotterung zeitigten blutige Folgen. Ich schleppte eine ganze Reihe Handfeuerwaffen aus der Kaserne und vergrub sie im Garten meiner Tante. Warum ich das tat, weiß ich nicht. Vielleicht, um etwas zu besitzen, was man gemeinhin nicht hatte. Recht und Moral standen zu jener Zeit nicht hoch im Kurs, der Krieg hatte uns verdorben, oder im Bild meiner Schwester zu bleiben: Die Schweine hatten uns versaut, ohne daß uns dies bewußt war.

Kurz vor dem Einzug der Amerikaner hatte man mich noch in den Volkssturm gesteckt und an den Westwall werfen wollen – ich flüchtete schon wenige Tage später, völlig verdreckt und verlaust, nach Hause. Meine Mutter riß mir in der Waschküche die Klamotten vom Leibe und warf sie samt Flöhen ins Feuer. Ich stieg in die steinerne Badewanne. Sie wusch mir mit Essig die Haare, und ich weiß nicht mehr, ob ich heulte, weil es so schrecklich brannte, oder weil ich mich wegen meiner Nacktheit vor meiner Mutter schämte. Die Phase zwischen Kindheit und Erwachsensein war auch bei mir eine sehr komplizierte – man hatte keine Probleme damit, mit einem MG über den Kasernenhof zu schießen, aber der erste Flaum in der Schamgegend ließ einem das Blut in die Ohren steigen und schwach werden.

Nach diesem blutigen Zwischenspiel richteten die Amerikaner in der Kaserne das Hauptsammellager für einstige Fremdarbeiter ein. Von ihnen gab es sehr viele in der Stadt, ich hatte sie auch während des Krieges gesehen. Die einen trugen ein großes O auf blauem Feld, was sie als Ostarbeiter auswies. Die Russen waren interniert, die Franzosen konnten sich frei in der Stadt bewegen, in den Gärtnereien arbeiteten vornehmlich Polen. Als der Zusammenbruch der faschistischen Ordnung offenbar war, rächten sich die Verschleppten und Unterdrückten an ihren Peinigern. Allein fünf Gärtner seien von Polen erschlagen worden, hieß es. Daraufhin brachten die Amerikaner alle Fremdarbeiter in die Kasernen, ließen Wachen aufziehen und sorgten dafür, daß Ruhe einkehrte. Dafür setzten sie auch Waffengewalt ein. Ich erlebte wiederholt, wie auf Internierte geschossen wurde, die aus dem Lager flüchten wollten.

Nachdem die Osteuropäer wieder in ihre Heimatländer zurückgekehrt waren, zogen die Amerikaner in die Kaserne, die nun Camp Lindsey hieß. Wir Halbwüchsigen freundeten uns rasch mit ihnen an und trieben einen schwunghaften Handel. Neben den Waffen hatte ich auch Ehrendolche und Orden und ähnlichen nazistischen Klimbim aus der Kaserne geschleppt und im Garten verbuddelt. Das tauschte ich nun sukzessive gegen Lebensmittel und Zigaretten. Für einen Ehrendolch («Meine Ehre heißt Treue«) gab es beispielsweise zwei Stangen Lucky Strike. Solche Deals, wie das nun hieß, schienen mir ehrenhafter als die Tätigkeit mancher Hausfrau hinterm Bahndamm, der in der Nähe vorüberführte. Für ein paar Zigaretten oder ein Pfund Kaffee hoben sie dort ihre Röcke, um anschließend an den Kochtopf zurückzukehren.

Im Juli 1945 ging die Schule weiter. Plakate in der Straße forderten dazu auf, daß Eltern ihre schulpflichtigen Kinder anmelden sollten. Wir hatten zwei, drei Monate auf den Straßen herumgelungert und Unfug getrieben, nun sollte wieder Ordnung ins deutsche Leben einkehren. So einfach ging das aber nicht. Die Amerikaner hatten die Nazi-Lehrer gefeuert. Statt dessen setzten sie uns ehemalige deutsche Offiziere vor die Nase, die sie in den Lagern bei Kreuznach auf den Rheinwiesen rekrutiert hatten. Deren pädagogische Fähigkeiten waren nicht gerade überra-gend. Zwar verschwand der Rohrstock aus dem Klassenzimmer, doch wenn die Geduld erschöpft war, setzte es Ohrfeigen. Das einzige, was uns in der Schule hielt, war die Kinderspeisung, die die Amerikaner zur Verfügung stellten. Wir wurden gewogen, nannten unser Alter und bekamen unter Umständen sogar eine Zusatzration.

Im Rückblick würde ich meinen: Die »Tausend Jahre« hatten uns fast ausnahmslos aus der Bahn geworfen – sofern wir uns jemals in einer solchen befunden hatten. Ehe wir uns ein Wertesystem erwerben konnten, gab es keines mehr, und ein neues existierte noch nicht. Wir waren in ein Loch gefallen, dessen Tiefe wir nicht kannten und von dem wir nicht wußten, ob und wo es Haltegriffe gab.

So taumelte und torkelte ich durch diese Nachkriegszeit, ohne Halt und feste Koordinaten. Ostern 1944 hatte ich die Aufnahmeprüfung für die Mittelschule bestanden, doch wegen »Interessenlosigkeit« war ich bald wieder an die Volksschule zurückgeschickt worden. 1946, nach Abschluß der 8. Klasse, schied ich aus der Schule aus. Ich stand zwischen 2 und 3, hatte in Singen, Turnen und Geschichte eine 1 auf dem Zeugnis, doch Schule langweilte mich, ich war mehr an praktischen Dingen interessiert. Da kam mir das Angebot von Onkel Burkhard gelegen. Der war gelernter Orthopäde, sogar Meister, hatte im Krieg selbst einen Unterschenkel verloren und war – nach der Entlassung aus der Kriegsgefangenschaft – von den Amerikanern mit einer Werkstatt beglückt worden. Sie lieferten Maschinen und Material, denn nach dem Krieg gab es einen erkennbar großen Bedarf an künstlichen Gliedmaßen. Onkel Burkhard brauchte aber auch einen Lehrling, und deshalb machte er mir diese Offerte. Außerdem hoffte die kinderlose Tante Else, auf diese Weise einen Erben ins Haus zu bekommen, der irgendwann die Werkstatt übernehmen würde.

Der Onkel nahm mich hart ran, es setzte Kopfnüsse ohne Grund und ohne Ende. Nach ein paar Monaten war ich der Quälerei überdrüssig und floh aus der Obhut von Onkel und Tante. Vater brachte mich umgehend bei einem Forstbetrieb unter, was nicht nur wegen der Lebensmittelkarte ein reale Verbesserung bedeutete.

Ich war zu jener Zeit mit einer Gruppe Jungen aus der Nachbarschaft zusammen. Unsere Clique bestand aus einem halben Dutzend, wir kannten uns aus der Schule, waren Flakhelfer gewesen, einige noch Soldat geworden. Wir hockten zusammen und gingen gemeinsam durch dick und dünn, wie das in diesem Alter an der Schwelle zum Erwachsenwerden üblich ist. Und wie überall in diesem notleidenden, vom Krieg geschundenen und zerstörten Land, wo überall Mangel herrschte und Mütter nicht wußten, was sie ihrer Familie zu essen geben sollten, machten auch wir uns auf, den Speisenplan aufzubessern. Wie anderorts wurde auch in Wiesbaden auf dem Schwarzmarkt gehandelt und mit Waren geschoben, es wurden Lebensmittel geklaut und Kohle auf nicht legale Weise besorgt. Unsere Clique verhielt sich wie andere Cliquen. Wir taten, was andere auch machten: Wir stiegen in amerikanische Depots und stahlen Eßbares, das wir untereinander aufteilten oder auf dem Schwarzmarkt tauschten. Ein halbes Jahr lang, bis in den Herbst 1946 hinein. Wir waren jung und ein wenig tollkühn, naßforsch und wohl auch zu verwegen. Jedenfalls trieben wir es mit einer gewissen Ausdauer, was den Amerikanern und der deutschen Polizei nicht verborgen blieb. Sie schrieben uns als Bande zur Fahndung aus. Das hätte als Warnung genügen müssen, doch erst ein Zwischenfall ließ uns abrupt die Beutezüge beenden: Bei einem Einbruch in einem Lebensmittellager starb ein Wachmann. Ich hatte wie stets, da ich der Jüngste und Kleinste war, Schmiere gestanden, als der Schuß fiel. Meine Freunde verschwanden und tauchten sofort ab – wie ich nach Jahren hörte, waren alle zur Fremdenlegion gegangen und bei Einsätzen später ums Leben gekommen, was mich bis heute sehr bedrückt.

Ich selbst ging meiner Arbeit nach und ließ mir nichts anmerken, bis ich in der Wohnung meiner Eltern verhaftet wurde. Unsere Gartennachbarin hatte mich bei der Polizei denunziert und sich die ausgeschriebene Belohnung verdienen wollen. Man fand dort auch, wie angegeben, die Waffen. Zunächst verhörten mich die Amerikaner, die mit mir – einem 15jährigen – nicht gerade sehr freundlich umgingen. Sie wollten die Wahrheit – oder das, was sie dafür hielten – aus mir im Wortsinne herausprügeln. Ich sagte das, was ich wußte, doch Namen nannte ich nicht. Man brachte mich in das Gefängnis in der Wiesbadener Friedrichstraße und gab mir dort Erdnußbutter zu essen, die Brechreiz in mir auslöste. Jedesmal, wenn mir das Zeug hochkam, setzte es Hiebe.

Die Ermittler standen sichtlich unter Erfolgsdruck. Seit Monaten fahndeten sie nach Banden, die ihre Depots plünderten. Erstmals hatten sie einen Beteiligten zu packen bekommen, der sollte nun alles offenbaren. Man schien mich für sämtliche Beutezüge und Überfälle, die in der letzten Zeit in Wiesbaden stattgefunden hatten, verantwortlich machen zu wollen, und behandelte mich wie den Kopf einer riesengroßen, weitverzweigten kriminellen Organisation. Doch das war ich nicht. Ich war ein kleiner dummer Junge, der ein paarmal Schmiere gestanden und seine Mutter mit ein paar Tüten Bohnenkaffee glücklich gemacht hatte.

Dann übernahmen mich die deutschen Behörden. Die verhielten sich sehr korrekt, ermittelten und recherchierten genau. Sie holten einen Experten aus Frankfurt am Main, der anhand des Schußkanals bei dem ermordeten Wachmann nachwies, daß ich nicht der Schütze gewesen sein konnte. Dazu hätte ich mindestens 20 Zentimeter größer sein müssen. Im Verfahren hatte man mir einen guten Anwalt zur Seite gestellt, der war Opfer der Nazis gewesen und besaß ein Herz für Schwache. Er konnte zwar den Vorwurf des Totschlags vom Tisch wischen, nicht aber den unerlaubten Waffenbesitz, den ich ja eingestanden hatte. Dafür sollte ich auf Vorschlag der Amerikaner eine Haftstrafe von 25 Jahren bekommen – sie wollten ein abschreckendes Exempel statuieren. Die deutsche Justiz mochte diesem Drängen jedoch nicht folgen und verwies das Verfahren an das Jugendschöffengericht. Das verurteilte mich zu drei Wochen Jugendarrest, weil ich eine Straftat gedeckt hätte – ich würde einen Mörder laufen lassen. Ja, das mußte ich doch: Ich wußte weder, wer geschossen hatte, noch wo sich meine Freunde aufhielten.
Der Richter bot mir die Alternative an: Entweder ich ginge nach Idstein in die Jugenderziehungsanstalt – oder ins 30 Kilometer entfernte Friedberg, um dort Ostern 1947 eine Lehre als Buchbinder zu beginnen. Mit Freuden nahm ich dieses großzügige Angebot an und die Mitteilung zur Kenntnis, daß ich trotz dieses Verfahrens als nicht vorbestraft gelte.

Dieser Vorgang liest sich in der Urteilsbegründung des 2. Strafsenats des Kammergerichts in Berlin vom 27. Januar 1994 allerdings so: »Der jetzt 62 Jahre alte Angeklagte wuchs mit 11 Geschwistern im Haushalt der Eltern in Wiesbaden auf und besuchte bis 1947 die Volksschule. Unter den sozial ungünstigen Verhältnissen der Nachkriegszeit glitt er als Jugendlicher in die Kriminalität ab, beteiligte sich an Diebstählen und kam schließlich im Alter von 15 Jahren in eine Erziehungsanstalt. Nachdem er von dort entwichen war, beging er zusammen mit anderen weitere Straftaten. Nach einer Schießerei, bei der ein Polizeibeamter zu Tode kam, wurde der Angeklagte verhaftet und ... von einem deutschen Gericht wegen Totschlags zu einer Jugendstrafe von zehn Jahren verurteilt, die er voll verbüßte. Von einem amerikanischen Militärgericht erhielt er ... außerdem wegen weiterer Delikte eine Freiheitsstrafe von 25 Jahren, die von 1958 bis 1966 teilweise vollstreckt wurde...«

Daran stimmt so gut wie nichts. Nicht einmal die Zahl der Geschwister: Wir waren zusammen keine zwölf.

Aber als Landesverräter mußte ich natürlich auch ein schwerer Junge gewesen sein. »Landesverräter« können im simplen Verständnis bürgerlicher Justiz nicht anders, als asozial und kriminell sein.

2. Kapitel

Friedberg erwies sich als Zäsur in meinem jungen Leben. Der Meister, ein Mann Mitte Vierzig, hieß Richard Jung und zog aufgrund einer Kriegsverletzung ein Bein nach. Seine Frau schloß mich ebenfalls in ihr Herz. Beide behandelten mich wie einen leiblichen Sohn. Erstmals erlebte ich eine intakte Familie, hier war die Welt heil und in Ordnung. Ich fühlte mich aufgehoben und geborgen. Zudem machte mir die neue Tätigkeit Spaß. Ich sollte und wollte Buchbinder werden. Mehr noch: Ich wurde Kunstbuchbinder, also einer, der auch alte Bücher restauriert.

Diese Tätigkeit bereitete mir hochgradige Befriedigung. Ich genoß es, mit jahrhundertealtem Hadernpapier, das aus alten Stoffresten gefertigt worden war, umzugehen. Ich arbeitete mit dem Material und mit den gleichen Griffen, die schon Generationen von Druckern und Buchbindern vor mir beherrscht hatten. Ich bekam ein Gefühl für Geschichte, für Tradition. Ich gewann Achtung vor der Arbeit vorangegangener Geschlechter und spürte die Verantwortung, die daraus erwuchs: Jetzt mußte ich meinen Teil dazu leisten, daß dieses Handwerk sich weiterentwickelte.

Die Lehre dauerte vier Jahre und sollte 1951 mit der Gesellenprüfung enden. In dieser Zeit besuchte ich natürlich wiederholt meine leiblichen Eltern in Wiesbaden. Vater wurde immer hinfälliger, doch er verfolgte das politische Leben sehr genau. Die Bildung der Bundesrepublik im Mai 1949, die ja praktisch die Teilung Deutschland bedeutete, berührte ihn weniger als die Entwicklung seiner Partei. »Unsere SPD driftet zur Mitte und macht Kompromisse mit dem Kapital«, sagte er noch auf dem Sterbebett, was ich so nicht bestätigen mochte. Schumachers Reden, seine geschliffene Sprache und die präzise Polemik faszinierten mich. Auf der anderen Seite war ich nun auch nicht so übermäßig politisiert, daß mich alles brennend interessierte, was in der Zeitung stand. Es gab für mich augenblicklich wichtigeres als Politik. Und was war das: Politik? Einige Russen, denen Vater geholfen hatte, ehe er selber nach Buchenwald mußte, kamen 1945 zu uns ins Haus und verabschiedeten sich. Sie wollten mit den sogenannten Stalin-Zügen in ihre Heimat reisen. »Fahrt nicht«, riet ihnen mein Vater, »ihr endet in Sibirien. Stalin ist es egal, ob ihr freiwillig oder zwangsweise in der deutschen Rüstung gearbeitet habt. Für ihn seid ihr Feinde.« Einige glaubten seinen Warnungen und gingen nach Kanada, was insofern von Vorteil war, als daß sie uns später gelegentlich Lebensmittelpakete schickten.

Ich bezweifle, daß mein Vater von den Gulags wußte, daß er den Berichten der Nazipropaganda von der kommunistischen Terrormaschine Glauben schenkte. Sein Mißtrauen gründete sich auf seinen gesunden Menschenverstand und die Fähigkeit, sich in die Perspektive anderer versetzen zu können. Und dies sagte ihm, daß aus der Sicht Moskaus jeder, der den Nazis objektiv geholfen hatte, ein Verräter und Verbrecher sein mußte. Stalin hatte noch nicht einmal seinen eigenen Sohn, der in deutsche Kriegsgefangenschaft geraten war, zurückkommen lassen, obgleich wiederholt solche Angebote gemacht wurden. Ein sowjetischer Soldat geht nicht in Kriegsgefangenschaft – eher erschießt er sich, sagte er. Würde ein solcher Mann etwa seine deportierten Landsleute, die als Arbeitssklaven bei den Deutschen Frondienste leisten mußten und gottlob überlebt hatten, nachsichtiger behandeln?

Vaters Gerechtigkeitssinn lehnte sich auf, er wollte die Russen nicht in ihr Unglück fahren lassen. Er war ein Mensch mit einem nahezu irrationalen Solidaritätsverständnis. Er brachte Ostarbeiter nach Hause, damit sie baden konnten und gab ihnen sein letztes Hemd, wohl wissend, daß er damit sich und die ganze Familie gefährdete. Er schickte mich zum Nachbarn, damit ich dort Kohlen in den Keller trug und diese stapelte, und röchelte sich zur selben Zeit die Lunge aus dem Hals, als er die eigene Feuerung heraufholte. Sein sozialer Umgang mit den Mitmenschen war von einer hohen christlichen Ethik bestimmt, obgleich mein Vater sich bestenfalls als gottgläubig verstand, also keiner Kirche angehörte. Das floß alles zusammen bei ihm in einen politischen Wertekanon, den ich damals nicht begriff, den ich allenfalls bewundernd ahnte. Doch ich hätte mir gewünscht, Vater hätte mich bei der Demonstration gegen Rektor Korn erleben können, bei der an die 200 Schüler verhaftet und ihre Personalien festgestellt wurden – ich denke, es hätte ihn gefreut, daß ich mich nicht duckte und gleich ihm den Mund aufmachte, wenn eine Ungerechtigkeit zum Himmel stank.

Die Festnahme damals, ein Jahr vor dem Abschluß meiner Lehre, war mir gar nicht mehr erinnerlich – aber die Unterlagen des Staatsanwalts in meinem Verfahren mehr als vier Jahrzehnte später waren vollständig, wie man es von einer deutschen Akte erwarten kann. Auch dieser Vorgang war dort penibel mitgeteilt – natürlich nur der Vollständigkeit halber und ohne jeden Hintersinn.

Allerdings wurde verschwiegen, was ich nun wieder aus eigener späteren Tätigkeit wußte, daß aus jener Zeit auch der erste Kontakt mit dem Verfassungsschutz herrührte. Ich wurde zur Musterung vorgeladen. Die Aufforderung ging an die Adresse der Mutter in Wiesbaden, obgleich ich mich doch in Friedberg aufhielt. Ich leistete der Vorladung Folge, weigerte mich aber, vor dem Arzt nackt zu erscheinen. Diesmal geschah es nicht aus Scham, sondern aus Gründen des zivilen Ungehorsams. Der Unmut, der sich allerorten über die Wiederbewaffnung regte, hatte auch mich erfaßt. Es war noch gar nicht so lange her, daß deutsche Politiker erklärt hatten, die Hand solle demjenigen verdorren, der in Deutschland jemals wieder eine Waffe ergriffe. Nun aber gab es Pläne zur Aufstellung einer Armee, und die sollte in ein westliches Verteidigungsbündnis – man sprach von einer EVG, einer Europäischen Verteidigungsgemeinschaft – integriert werden. Die Werte des Westens müßten gegen die Kommunisten verteidigt werden. Es tobte der Kalte Krieg. Da aber zu einem Krieg mindestens zwei gehörten, schien es mir unlogisch, die ganze Schuld für den offenkundigen Konflikt nur der einen Seite anlasten zu wollen. Die Roten waren an allem Schuld, sie waren die Täter – hingegen verstanden wir uns, der Westen, die Demokraten, immer als die Opfer, die sich wehren mußten. Die Lesart war mir zu simpel. Und es war ja auch gar nicht mehr auszumachen, was Aktion und was Reaktion war. Es gab immer eine kausale Bedingheit. Nun hätte man bis zum Ursprung zurückkehren können, um festzustellen, wer wann den ersten propagandistischen Schuß abgefeuert hatte. Doch dieses Wissen löste nicht das Problem. Und da stand mir Vaters christliche Ethik und Logik näher: Liebe deinen Nächsten wie dich selbst. Es ging nicht um Auge oder Zahn, sondern um ein erträgliches Miteinander. Und deshalb erklärte ich: Nein, ich will keine Waffe in die Hand nehmen – und darum bleibt die Hose an!

»Sie wollen Schwierigkeiten machen?« fragte mich der Arzt ein wenig irritiert.

»Ja«, antwortete ich seelenruhig. Wenn er mir erklären könne, daß durch die Entblößung meines Allerwertesten das von mir sehr geschätzte Grundgesetz verwirklicht werden würde, wolle ich gern die Hose herunterlassen. Wenn er dies aber nicht könne, bekäme er nichts zu sehen...

Damals hatte die Obrigkeit keine Probleme mit meinem demokratischen Bürgersinn. Hessens Ministerpräsident Zinn beglückwünschte mich zu der mit Auszeichnung bestandenen Gesellenprüfung, auch der Justizminister ließ es sich nicht nehmen zu gratulieren. Hatte doch dieses Resultat die weise Entscheidung eines hessischen Richters, mich statt in den Knast in eine Lehre zu stecken, als hilfreich und nützlich bewiesen.

Aber beim Verfassungsschutz beziehungsweise seinen Vorläufern wurde ich bereits als auffällig geführt und kam in die Akten.

Mein Meister Richard Jung aus Friedberg schlug mir nun vor, nach Gießen in eine größere Buchbinderei zu gehen, von der er wußte, daß sie händeringend einen 1. Gesellen suchte. Ich folgte seinem Vorschlag, nicht ohne das Versprechen abgegeben zu haben, daß ich jederzeit – sofern er es wünschte – wieder zu ihm nach Friedberg zurückkehren würde. Er nickte freundlich, und ich stand zu meinem Wort: Mitte der fünfziger Jahre fing ich wieder bei ihm an, als er mich brauchte. Zuvor arbeitete ich ein knappes Jahr in Gießen als 1. Geselle und bildete auch Lehrlinge aus. Dann nahm ich eine Offerte in Wiesbaden an. Die Buchbinderei arbeitete auch für die Universität in Mainz. Dort bewarb ich mich bald um ein Stipendium als Restaurator, was ich nach einem Vorstellungsgespräch auch bewilligt bekam. Sodann war ich reichlich zwei Jahre für die Universitätsbibliothek tätig, bis mich Meister Jungs Hilferuf ereilte.

Doch wir hielten es nur noch zwei Jahre miteinander aus. Seine Frau, die mich wie einen Sohn behandelt hatte, starb. Jung heiratete wieder, und es war alles anders. Außerdem hatte sich die wirtschaftliche Lage in seiner Werkstatt stabilisiert – also konnte ich ohne Zögern das Angebot eines Adreßbuchverlages in Darmstadt annehmen. Das war ein gutdotierter Job – ich war Vorarbeiter für 25 Angestellte. In Darmstadt blieb ich etwa zwei Jahre. Wir schrieben inzwischen das Jahr 1958, und ich war 27 Jahre alt. Die Mehrheit meiner Geschwister war bereits in den Hafen der Ehe eingekehrt und führte ein normales bürgerliches Leben. Christa etwa, die Lehrerin, hatte einen amerikanischen Luftwaffenoffizier geheiratet und war mit diesem 1948 in die USA gegangen. Doris folgte ihr Anfang der fünfziger Jahre nach. Sie war Pelznäherin, zog zunächst zu Christa, machte sich selbständig, heiratete und bekam drei Kinder. Ihr Mann sollte später an Hautkrebs sterben. Christa verlor ihren Mann 1964. Er gehörte zur strategischen Atombomber-Flotte, die ständig mit einer bestimmten Anzahl B 52 in der Luft war, um sofort ihre tödliche Last über dem kommunistischen Weltreich auszuklinken, wenn es der US-Präsident befahl. 1961 war in Berlin die Mauer gebaut worden, 1962 bewegte sich die Welt bei der Kuba-Krise am Rande der Katastrophe (Moskau hatte auf der Insel vor der amerikanischen Haustür Raketen zu stationieren begonnen), 1963 starb Präsident John F. Kennedy in Dallas bei einem Attentat und Lyndon B. Johnson wurde sein Nachfolger, 1964 stiegen die USA in den Vietnamkrieg massiv ein und begannen, den »kommunistischen Vietcong« in die Steinzeit zurückzubomben... In jenem Jahr kreiste mein Schwager mit einer atomar bestückten »Fliegenden Festung« über Alaska, in Sichtweite der Sowjetunion. Die B 52 stürzte ab. Unter den vier Toten der Besatzung, die im ewigen Polareis erfroren, war auch der Mann meiner Schwester Christa. Sein ebenso bedauerliches wie aberwitziges Ende machte mich endgültig zum Gegner jeder Kriegsmaschinerie und jedes Kriegsgeschreis.

Ende der fünfziger Jahre glaubte ich jedenfalls, gleich meinen Geschwistern mich nun endlich binden zu müssen. Ich lernte 1958 Marianne aus Jever kennen, die zur Kur in Oberhessen weilte. Sie litt an Kinderlähmung und war an den Rollstuhl gefesselt. Ich weiß nicht, was mich anzog – unterschwellig wird es wohl Mitleid und

Sympathie für Körperbehinderte gewesen sein. In meinem Umfeld lebten etliche, die das Schicksal gezeichnet hatte – etwa Onkel Burkhard oder Meister Jung –, und die mir aus verschiedenen Gründen nahestanden. Ich denke, die Zuneigung für Marianne läßt sich eher mit Siegmund Freud und seiner Tiefenpsychologie als mit anderen Motiven begründen.

Wir heirateten 1966, nachdem wir bereits acht Jahre zusammenlebten. Die Ehe wurde nach 16 Jahren geschieden, sie blieb kinderlos, was ich damals bedauerte, heute nicht mehr. Die meiste Zeit bestand die Ehe nur auf dem Papier, sie wurde nie vollzogen. Wir arrangierten uns. Sie machte ihren Job und ich den meinen, und der hieß Schweigen, Schweigen, Schweigen. Wir konnten und hatten uns nichts zu sagen, so lebten wir uns immer mehr auseinander, ehe wir überhaupt richtig zusammengekommen waren. Ich ging zu anderen Frauen, was Marianne tolerierte. In den siebziger Jahren begann ich zu trinken, was sie billigend in Kauf nahm. Erst soff ich aus Gewohnheit, weil es bei meinen Partnern in den Geheimdiensten so üblich war – mit den Westlern Korn und Bier, mit den Ostlern Cognac –, dann aus Angst vor der Enttarnung. Erst in den achtziger Jahren kam ich mit dem Ausstieg aus dem Geheimdienstgewerbe von der Flasche weg. Seither bin ich trocken.

Die Ehe mit Marianne – ohne mich aus der Verantwortung zu stehlen – war auch deshalb nicht einfach, weil sie nicht frei war von jener anklägerischen Selbstsucht, die ich auch bei anderen Behinderten beobachtete. Am 12. Januar 1981 hatte ich gemeinsam mit ihr einen »Freundeskreis der Körperbehinderten in Jever und Umland e. V.« gegründet, der der Wilhelmshavener Kinderhilfe zugehörte. Man wählte mich zu dessen Vorsitzenden, was ich zwei Jahre blieb: Im Januar 1983 trat ich – wie die lokale Presse zutreffend berichtete – »aus gesundheitlichen und privaten Gründen« von dieser Funktion zurück. Zwischen dem Porträt auf der Buchklappe – ein Ausschnitt des Pressefotos von der Gründungsversammlung 1981 – und dem Bild in der Zeitung von Januar 1983, mit dem mein Rücktritt vermeldet wurde, müssen Jahrzehnte gelegen haben. Ich bin offenkundig in dieser relativ kurzen Zeit derart gealtert, was nur mit der extremen psychischen Belastung erklärbar ist, unter der ich seinerzeit lebte. 1982 war zudem Hermann, der letzte der Gebauer-Brüder, mit 45 Jahren an Leukämie verstorben. Nunmehr lebten von unserer Familie nur noch meine drei Schwestern und ich. Unsere Mutter hatte schon 1970 das Zeitliche gesegnet.

Es war, wie bereits angedeutet, jener fordernde Egoismus bei Behinderten wie Marianne, der auch mich zur Flucht veranlaßte. Selbst wenn es subjektiv nicht so wahrgenommen oder gar artikuliert wurde: Auch stumm kann man Menschen in Mithaftung nehmen für das eigene Leid, was diese auf Dauer nicht ertragen können. In der Urteilsbegründung findet sich dazu die süffisante Feststellung, »der Angeklagte ... verließ seine Ehefrau«. Ja, ich bin ausgebrochen aus der fortgesetzten Anklage, daß ich gesund war und auf eigenen Beinen stehen konnte, daß ich Bedürfnisse verspürte, die jeder gesunde Mensch hatte, und diese auch befriedigen konnte. Ich besaß nicht die Kraft, eine Partnerschaft, die sich ausschließlich auf Mitleid und Verständnis gründete, bis ans Ende meiner Tage durchzustehen. Einmal wollte auch ich egoistisch sein, und deshalb trennten wir uns im beiderseitigen Einvernehmen. Die Justiz hingegen urteilte gänzlich wertfrei, ich habe meine Ehefrau verlassen, sie gleichsam in ihrem Rollstuhl einem ungewissen, schweren Schicksal hilflos ausgeliefert. Man weiß, wie sich in einem solchen Falle die Sympathien und Antipathien des Publikums verteilen ...

1958 konnten wir beide noch nicht wissen, wie schwer wir es uns miteinander machen würden. Ich folgte Marianne gern in ihre Heimat hart an der Grenze zu Ostfriesland, dorthin, wo der Name auf dem Ortsschild auch auf Bierflaschen zu finden ist. Das deutsche Wirtschaftswunder war am Dampfen, ich bekam sofort Arbeit als Buchbinder bei einer Tageszeitung in Wilhelmshaven, das wenige Kilometer von Jever entfernt liegt. Als eine Stelle beim »Jeverschen Wochenblatt« frei wurde, wechselte ich umgehend. Nunmehr hatte ich nur noch etwa 100 Meter bis zu meiner Arbeitsstelle. Die Arbeit befriedigte mich, ich bildete zwei Lehrlinge aus, und ich hätte dort uralt werden können – wenn es da nicht ein Problem gegeben hätte. Das war der Chefredakteur Bruhns. Der Mann war ein Duz-Freund des Hitler-Nachfolgers Dönitz, ein alter Nazi, der das Bild des ehemaligen Großadmirals in seinem Büro an der Wand zu hängen hatte, und der Ortsvorsitzende der F.D.P. Zwischen uns gab es nicht nur parteipolitische Differenzen – ich gehörte seit 1959 (wie alle meine Brüder) der SPD an und engagierte mich in der Kommunalpolitik. B. war ein selbstherrlicher Despot. Die Bombe platzte schließlich, als ich bemerkte, daß er Telefonate, die Mitarbeiter aus dem Hause führten, ohne deren Zustimmung mithörte. Das verstieß nach meinem Verständnis gegen das gültige Post- und Fernmeldegeheimnis, mithin gegen unser Grundgesetz. Ich hatte mit Zustimmung der Sekretärin mit meiner bettlägrigen Mutter telefoniert, was – wie ich später zu meinem Entsetzen aus einem Versprecher der Sekretärin erfuhr – auch B. verfolgt hatte. Nun tauschten Mutter und Sohn keine Intimitäten und Interna aus, der Gegenstand unserer Unterhaltung war harmlos und ohne Belang – doch die Tatsache, daß ein Dritter ungefragt mit in der Leitung war, brachte mein Blut doch in Wallung. Ich stellte B. zur Rede, kündigte und machte die Sache publik. Das führte dazu, daß der F.D.P.-Ortschef bei der nächsten Wahl durchfiel.

Meine Frau hatte sich inzwischen selbständig gemacht und einen Papierladen in Wilhelmshaven eröffnet. Sie stellte mich ein. Im hinteren Teil des Geschäfts richtete ich eine eigene Buchbinderei ein. Ich schnitt nicht nur das Papier zu, das sie im Geschäft verkaufte, sondern restaurierte auch alte Bücher, die man uns ins Haus trug. Daneben band ich Dissertationen und andere Arbeiten zu Büchern. Meine bzw. unsere Einnahmen waren ganz ordentlich, ich verdiente im Monat so an die anderthalbtausend Mark. Das langte, um gemeinsam ein Haus zu erwerben, das ich für Marianne und ihren Rollstuhl um- und ausbaute. Damit alles seine Ordnung hatte – schließlich mußte ich der Bauaufsichtsbehörde alles vorlegen und von ihr genehmigen lassen –, besuchte ich an der Volkshochschule einen Kurs. Zweimal in der Woche nahm ich Unterricht im technischen Zeichnen.

Eines Tages kam der Sohn des Bürgermeisters in unser Geschäft. Rolf de V. wollte einige Sachen binden lassen. Wir kamen ins Gespräch, er ließ seinen Blick durch meine Werkstatt schweifen und blieb zufällig an meinen Bauzeichnungen hängen. »Was ist das?« fragte er neugierig. »Sind die von Ihnen?«

Ich nickte. Der junge Mann ließ sich die Zeichnungen geben, musterte sie kritisch und meinte, er arbeite bei IBM. Die Firma suche technische Zeichner – ob ich nicht bei ihnen anfangen wolle? Das Angebot überraschte mich, zudem wußte ich nicht, ob sich ein solcher Schritt lohne. V. griente ein wenig. »Bei uns bekommen Sie 3.000 bis 4.000 Mark.« Allerdings könne er mich nicht protegieren, selbst wenn er es wollte. Ich müsse mich auf die ausgeschriebene Stelle wie jeder andere bewerben, sodann eine Aufnahmeprüfung absolvieren, und wenn ich ausreichend Punkte gemacht hätte, bekäme ich auch den Job.

Da ich nichts zu verlieren hatte, bewarb ich mich bei IBM-Sondersysteme in Wilhelmshaven, einem Tochterunternehmen von IBM Deutschland, deren Zentrale sich in Stuttgart-Böblingen befand. Was genau dort hergestellt wurde, wußte ich damals nicht. Nur soviel – es mußten Zulieferungen sein für die Werften, auf denen Schiffe für die Bundesmarine gebaut wurden. Das kollidierte zwar mit meiner Aversion gegenüber allem Militärischen, doch andererseits empfand ich das Angebot als eine reizvolle Herausforderung. Ich war 40, stand in der Mitte meines Lebens, was gemeinhin Ausgangspunkt für eine Krise ist. In jener Zeit legt sich jeder Mensch, ob bewußt oder unbewußt, die Frage vor, ob das, was man bisher tat, das Richtige war, oder ob man besser den Beruf wechseln sollte. Wenn man ehrlich zu sich selbst ist und die Frage nach dem bisherigen Leben uneingeschränkt mit »Ja« beantworten kann, führt das in der Regel zu einem Schub. Man startet noch einmal neu durch. Jene aber, die zu einem anderen Schluß kommen, und jedoch zu feige oder zu träge sind, um noch einmal von vorn zu beginnen und auf ihrem alten Platz verharren, stürzen in eben jene Midlife-Krise. Nicht der Ausgangspunkt ist das Problem, sondern der Umgang damit.

Ich hatte fünfzehn Mitbewerber, alles ausgebildete technische Zeichner. Ich gab mir wenig Chancen auf den gutdotierten Posten, immerhin war ich im Vergleich mit ihnen allenfalls semiprofessionell, zudem auch nicht mehr der Jüngste. Zu meiner eigenen Überraschung erreichte ich die höchste Punktzahl und wurde genommen. Am 1. Januar 1972 begann mein Arbeitsverhältnis.

Die Firma hatte sich in einem postmodernen Bürogebäude vis-à-vis vom Rathaus mitten in der Stadt eingemietet. Der weitläufige Platz wurde vom Postamt und anderen Einrichtungen der Stadtverwaltung gesäumt. Selbst die Etage über den beiden IBM-Geschossen war vom Katasteramt belegt. Die Lage wie auch das Objekt selbst schienen reichlich ungewöhnlich; aber wie man hörte, hatten sich Pläne zerschlagen, in der Nähe des Hafens einen IBM-Bau zu errichten, weil erhoffte Zuschüsse nicht gekommen waren. (Heute arbeitet in dem Haus die Stadtverwaltung, im Erdgeschoß sind ein Supermarkt und die Sparkasse untergekommen.)

Ich wurde als Archivar und technischer Zeichner eingestellt. IBM-Sondersysteme beschäftigte 120 Mitarbeiter – darunter vielleicht 20 Frauen. Das waren zumeist Wissenschaftler, die an irgendwelchen Bauteilen und elektronischen Elementen theoretisch arbeiteten. Nette, sympathische Leute in der Regel, oft ein wenig weltfremd und zerstreut. Für die Mitarbeiter sollte ich ein Archiv aufbauen mit Fachliteratur und Nachschlagewerken, die sie für ihre Forschungen benötigten. Die Bücher lagen zwar gut sortiert und auf dem neuesten Stand bei der IBM-Zentrale für Europa in Kopenhagen, doch im Interesse eines raschen Zugriffs schien es sinnvoll, das eigene Chaos zu sortieren und eine funktionierende Bibliothek vor Ort zu haben. Das hatte zunächst wenig mit dem Job zu tun, für den ich mich beworben hatte, doch nach Auffassung der Geschäftsführung war dies nur eine vorübergehende Tätigkeit. Wenn sie erledigt sei, sollte ich mich meiner eigentlichen Aufgabe widmen, dem technischen Zeichnen. Aus den Skizzen, die mir die Programmierer lieferten, sollte ich ordentliche Zeichnungen fertigen. Und als Buchbinder hätte ich naturgemäß eine intime Beziehung zu Büchern. Das traf wohl zu, aber sie war bislang anderen Charakters. Papperlapapp, hieß es, Sie sind unter den Akademikern hier der einzige Handwerker. Sie haben – im Unterschied zu den übrigen Kollegen – nicht zwei linke Hände. Sie werden das schon packen.

Natürlich packte ich es. Es war ein angenehmes Arbeiten. Die Kollegen – von wenigen Ausnahmen abgesehen – zeigten sich freundlich und korrekt, taten mitunter sehr geheimnisvoll (vor allem als ich anfing, als technischer Zeichner ihre Vorgaben umzusetzen). Besonders gut kam ich mit Otto J. klar, den ich bald außerordentlich mochte. Ihm war diese akademische Distanz und Kühle fremd, er war der Kumpel von nebenan. Wir verkehrten auf einer Wellenlänge und saßen oft gemeinsam in der Kantine zum Klönen.

J., das erfuhr ich erst, als er mir das Angebot machte, sein Nachfolger zu werden, war der Sicherheitsbeauftragte des Unternehmens. Er eröffnete mir eines Tages, daß er gehen wolle und einen Nachfolger brauche. Das müsse ein Mann sein, auf den man sich verlassen könne, ein Praktiker, kein Theoretiker, erfahren und ausgeschlafen, eben so einer wie ich.

Die Offerte überraschte mich denn doch, weil sie aus heiterem Himmel kam. Ich fragte zurück, was meine Aufgaben wären, wenn ich zusagen würde, und J. antwortete, ich müsse nur auf Panzerschränke und ähnliches aufpassen, und dafür gebe es 6.500 Mark im Monat.

Das waren gute Aussichten!

Ich räume ein, daß er heftig untertrieben hatte, was da auf mich zukommen würde. Daß er betriebsblind war und die Konsequenzen nicht überschaute, darf ernsthaft bezweifelt werden. J. wollte den Laden geordnet übergeben und Ruhe haben, vielleicht war die Klärung der Nachfolge wirklich zur Kardinalfrage gemacht worden: Ehe nicht das, dann auch nicht du ... Ich weiß es nicht. Jedenfalls ließ er mich in meiner Naivität, die mich für seinen Vorschlag einnahm.

Natürlich, mit dem Wissen von heute läßt sich leicht sagen, ich habe zielstrebig auf dieses Gespräch hingearbeitet, habe Vertraute und Kollegen mit krimineller Energie (sic!) arglistig über meine wahren Absichten jahrelang getäuscht, habe mich in ihr Vertrauen geschlichen und alle, die über mich die Wahrheit hätten verbreiten können, korrumpiert und ihr Schweigen erkauft. Etwa das des Ministerialbeamten K. aus dem Ministerium für Wirtschaft. Denn nicht nur der Betriebsrat hatte Zustimmung zu meiner Berufung erteilt, sondern auch das Bundeswirtschaftsministerium, das die Ermächtigung über den Zugang zu Verschlußsachen (Stufe 1) geben mußte. Was ich damals nicht wußte: Es gab entsprechende Anfragen von dieser Stelle an das Bundesamt für Verfassungsschutz in Köln und den hessischen Landesverfassungsschutz. Angeblich hätten die beiden Dienststellen Bedenken angemeldet und von meiner Verwendung als Sicherheitsbeauftragten abgeraten, heißt es in meiner Urteilsbegründung von 1994, K. »schloß sich dieser Empfehlung jedoch nicht an. Er ging davon aus, daß der Angeklagte als ›resozialisiert‹ angesehen werden könnte. Ausschlaggebend war für ihn die Überlegung, daß die kriminelle Vergangenheit des Angeklagten lange zurücklag und mit seiner damaligen Jugend und den besonderen Verhältnissen der Nachkriegszeit zusammenhing.«

Ich habe also K. getäuscht.

Am 2. Juli 1975 erteilte Bonn Zustimmung zu meiner Berufung, fünf Tage später wurde zwischen mir und IBM Sondersysteme Gesellschaft mbH zu meinem Arbeitsvertrag eine Zusatzvereinbarung geschlossen, in der ich »ausdrücklich zur Geheimhaltung aller Angelegenheiten verpflichtet wurde, die von einer amtlichen Stelle oder auf deren Veranlassung als geheimhaltungsbedürftig gekennzeichnet« würden. So las sich das – nicht grundlos derart nebulös – in der Urteilsbegründung.

Am 11. November 1975 erteilte mir W. W. von IBM Sondersysteme Gesellschaft mbH, Verwaltung Bonn, seinen Segen. In dem Schreiben an die Herren de V., Systemberatung und Ausbildung, H. und W. – den Herren Gebauer und J. zur Kenntnis – hieß es: »Es bestehen keinerlei Bedenken gegen den Einsatz von Herrn Gebauer als örtlicher Sicherheitsbeauftragter; dieses wurde mit dem BMWi, Referat ZB 5, abgestimmt. Herrn J. bitte ich mit Kopie dieses Schreibens, mir den Termin der zu seiner Entlastung durchzuführenden Übergabeverhandlung mitzuteilen. Die Verpflichtung von Herrn Gebauer erfolgt nach der ordnungsgemäßen Übergabe. Unterschrift: gez. W.«

Am 20. November 1975 wurden mir offiziell alle Aufgaben des örtlichen Sicherheitsbeauftragen für den Bereich Führungssysteme übertragen. »Von da an verwaltete der Angeklagte VS-Unterlagen bis zur VS-Stufe Geheim und hatte Zugang zu allen Panzerschränken in seinem Tätigkeitsbereich. Er versah seine Arbeit zur vollen Zufriedenheit des Arbeitgebers und fiel durch Arbeitsbereitschaft und Leistung vieler Überstunden auf.«

Ein halbes Jahr zuvor, am 21. März 1975, war ich erstmals in Ostberlin gewesen.

3. Kapitel

Am Ende der 60er Jahre hatten die beiden Supermächte das atomare Gleichgewicht hergestellt. Dieser Umstand bewirkte zunächst nichts. Erst nachdem diese Erkenntnis in den politischen Führungen der USA und der UdSSR auch zu der Einsicht führte, daß das Wissen um wechselseitige Vernichtung eine Basis sein könnte, sich politisch zu arrangieren, kam Bewegung in die Fronten des Kalten Krieges.

Der Einmarsch der Warschauer-Pakt-Staaten 1968 in Prag bedeutete gewissermaßen ein retardierendes Moment auf der Weltbühne wie auch die Ausweitung des Krieges auf Nordvietnam durch die USA. Er konnte jedoch den Zug der Zeit nicht mehr aufhalten. Die nach dem sowjetischen Staats- und Parteichef Breshnew benannte Doktrin, daß kein »Bruderstaat« Moskaus ungefragt eigene Wege gehen dürfe, führte zum Niederwalzen des Prager Frühlings, und die Amerikaner glaubten, den »Vormarsch des Kommunismus« in Vietnam aufhalten zu können. Mit der 68er Bewegung im Westen und der Regierungsübernahme der Sozialdemokraten in Bonn 1969, nicht zuletzt aber mit der Präsidentschaft Richard Nixons in Washington im gleichen Jahr, setzte ein Paradigmenwechsel in der internationalen Politik ein.

Im August 1970 schlossen die Bundesrepublik und die Sowjetunion den Moskauer Vertrag, ihm folgte ein ähnlicher mit Polen noch im selben Jahr, danach – im September 1971 – kam das Vier-Mächte-Abkommen über Berlin (West) zustande, in dem die Siegermächte des 2. Weltkrieges die Westberlin-Frage erstmals vertraglich fixierten. Im Dezember 1972 folgte der Grundlagenvertrag zwischen Bonn und Berlin, mit der die Bundesrepublik endgültig Abschied nahm von ihrem bisherigen Alleinvertretungsanspruch.

Die neue Ostpolitik Willy Brandts trug Früchte. 1973 wurden die BRD und die DDR in die UNO aufgenommen. All das wäre aber ohne eine Weichenstellung der Großmächte nicht möglich gewesen. Nixon und Breshnew trafen sich am 26. Mai 1972 in Moskau und verabredeten, in Wien über die Verminderung der Streitkräfte und Rüstungen in Mitteleuropa (MBFR) zu beraten. Vor allem aber unterzeichneten sie ein erstes Abkommen über die Begrenzung strategischer Atomwaffen (SALT I).

Am 30. Mai 1972 hatten die NATO-Staaten sich in Bonn auf die multilaterale Vorbereitung einer Konferenz für Sicherheit und Zusammenarbeit in Europa (KSZE) verständigt. Die Staats- oder Regierungschefs Frankreichs, Japans und der Bundesrepublik konferierten 1972/73 ebenfalls in Moskau. Alle Zeichen deuteten auf Entspannung. Dieser Prozeß führte schließlich 1975 zur Konferenz von Helsinki. Bei diesem Gipfeltreffen von 35 Staatsoberhäuptern aller europäischer Staaten einschließlich Kanadas und den USA wurde eine Schlußakte unterzeichnet, mit der die Modalitäten eines friedlichen, kooperativen Miteinanders verabredet wurden.

Vor diesem Hintergrund begann ich meine Tätigkeit bei IBM-Sondersysteme. Mir war klar, daß das Tauwetter in den internationalen Beziehungen nicht automatisch zum Einfrieren aller Rüstungsprojekte führen würde. Doch daß die politischen Prozesse zu einem gewissen Umdenken bei Militärs und Waffenproduzenten führen mußten, war anzunehmen. Vielleicht war ich ein wenig blauäugig.

Anders kann ich mir mein Erschrecken nicht erklären, als ich mich in die Betriebsspezifikation eines Projektes mit der Bezeichnung »Tenne« vertiefte. Es war zunächst pure Neugier. Das geheimnisumwehte Vorhaben interessierte mich vor allem deshalb, weil vermutlich die meisten Mitarbeiter des Hauses seit 1972 damit beschäftigt waren. Ich neige dazu, mich immer mit einer Materie vertraut zu machen, mit der ich direkt oder indirekt zu tun habe. Dieses oberflächliche Mitschwafeln, die Kolportage von in der Presse angelesenem Halb- oder Viertelwissen, was hierzulande so meisterlich beherrscht wird, geht mir gegen den Strich. Also besorgte ich mir die Betriebsspezifikation, was nicht einmal schwer war.

Ich war kein Militär und kein Computerexperte, doch das, was ich mit klopfendem Herzen Seite um Seite las und vielleicht nur zur Hälfte verstand, genügte schon, um mir den Atem zu verschlagen. Es handelte sich gewissermaßen um die Planung des militärischen Erstschlages der NATO im Ostseeraum. Von Glücksburg aus, dem verbunkerten Marinehauptquartier, sollte mittels eines computergestützten Führungssystems der Angriff durch die Streitkräfte Nordsee in Kooperation mit NATO-Partnern gegen Stützpunkte und Einheiten des Warschauer Paktes befehligt werden. Die Soft- und Hardware für dieses Projekt wurden in unserem Hause gefertigt.

Das haute mich um. Bislang war ich stets vom Defensivcharakter der Bundeswehr ausgegangen; offiziell und öffentlich sprach man nur von der Landesverteidigung. Die NATO verstand sich in ihren Verlautbarungen als Verteidigungssystem. Alle Planungen gingen – angeblich – von einem Angriff des Warschauer Paktes aus, der abgewehrt werden müsse, nie las ich etwas von einem Präventivschlag. Mag sein, daß die sogenannte Vorneverteidigung die Option des Erstschlages einschloß – ich war in dieser Hinsicht zu sehr Laie, um dies im einzelnen zu wissen. Doch irgendetwas bäumte sich in mir auf. Gewiß, der Osten forderte gelegentlich, der Westen möge feierlich den Verzicht auf den Ersteinsatz von Atomwaffen erklären – schließlich habe man selbst bereits solches verkündet. Das sei, so hieß es auf unserer Seite, propagandistische Rhetorik. Erklären könne man viel – wenn man sich nicht über den Weg traue, seien solche Absichtsbekundungen nicht das Papier wert, auf dem sie stünden. Da war etwas dran. In der Vergangenheit brachen wiederholt Staaten völkerrechtliche Verträge – der deutsch-sowjetische Nichtangriffsvertrag von 1939 beispielsweise, der als Hitler-Stalin-Pakt in die Geschichte einging, hatte nicht den Überfall Nazideutschlands auf die UdSSR verhindern können.

Mir leuchteten solche Argumente durchaus ein, sie schienen logisch. Doch im Augenblick glaubte ich ihren doppelten Boden zu erkennen. Wenn man sich weigerte, auf den Ersteinsatz zu verzichten, und gleichzeitig an Plänen bastelte, wie durch einen Präventivschlag die Gegenseite zu Boden gestreckt werden könnte, war die Lauterkeit dahin.

Ich bekam Herzdrücken, als mir die Tragweite des Papieres mit dem sonderbaren Decknamen bewußt wurde. Das war das mögliche Auftaktszenario eines 3. Weltkrieges! Und was bedeutete »Tenne«? Ich hatte wiederholt bei den Kollegen vorgefühlt, die zuckten nur unwissend die Achsel.

Hier tickte eine Bombe, die mich um den Schlaf brachte.

In meiner Urteilsbegründung 1994 wurde die Bedeutung des Projektes in Hinblick auf die Erstschlagsoption durch vermeintliche Normalität wortreich heruntergespielt:

»Die Unterlagen behandeln die Einrichtung und den Betrieb des DV-gestützten Führungsinformationssystems des Flottenkommandos der Bundeswehr in Glücksburg, welchem sowohl im Frieden als auch im Krieg die Operationsführung in der Ostsee, in den Ostseeausgängen und im Nordflankenraum obliegt. Wegen der geographischen und operativen Gegebenheiten dieser Führungsaufgabe (geringe Entfernung zum potentiellen Gegner, hohe Zieldichte, kurze Reaktionszeiten, dreidimensionale Kriegsführung, schnelle Veränderung der Lage) sowie des stetig anwachsenden Fernmeldeaufkommens wurde die Einführung dieses Systems notwendig, um dem Befehlshaber der Flotte eine lagegerechte und militärisch wirksame Führung zu ermöglichen. Zu den Aufgaben von Befehlshaber und Flottenkommando gehört es insbesondere, die Flotte im Einsatz, das heißt im Frieden, in der Krise und im Krieg zu führen, die Einsatzfähigkeit der Flotte zu planen, herzustellen, zu erhalten und auszuwerten sowie den Such- und Rettungsdienst (SAR-Leitstelle) durchzuführen. Zur Erfüllung dieser Aufgaben müssen Lagebilder über die eigenen und fremden Streikräfte sowie die militärische Sicherheit erarbeitet, Operationspläne erstellt und auf ihrer Grundlage Operationsbefehle erarbeitet und erteilt werden; ferner sind die Marineschiffahrtsleitung (Naval Control of Shipping) durchzuführen, die Einzelausbildung zu planen, zu befehlen und auszuwerten, an der Planung und Leitung von NATO-Manövern mitzuwirken, organisatorische und infrastrukturelle Aufgaben sowie die Alarmierung und Mobilmachung zu planen und zu leiten, die materielle Versorgung, die Materialerhaltung und -bewirtschaftung, der Fernmeldeverbindungsdienst und der SAR-Dienst zu planen, zu leiten und zu befehlen sowie der Betrieb des Fernmeldezentrums durchzuführen. Um alle diese Aufgaben wahrnehmen zu können, benötigt das Marinehauptquartier (MHQ) im

Flottenkommando das Führungsinformationssystem (FüInfoSys) als zentrale Führungseinrichtung. Nur dadurch wird sichergestellt, daß der Befehlshaber situationsgerecht und wirksam die ihm unterstellten Seestreitkräfte und Marinefliegerkräfte sowie die im Krisen- oder Kriegsfall zugeteilten NATO-Verbände führen, im Krieg die Handelsschiffsbewegungen in Nord- und Ostsee zur Versorgung der Bundesrepublik Deutschland und der dort befindlichen NATO-Streitkräfte leiten, den Informationsaustausch mit den übergeordneten NATO-Dienststellen, der obersten Bundeswehrführung, der benachbarten Kommandobereiche und der unterstellten Einheiten führen, operative Maßnahmen mit den Land- und Luftstreitkräften koordinieren und zentral den Fernmeldeverkehr abwickeln kann...«

Das ganze Wortgeprassel besagt also kurz: keine Beunruhigung, alles ganz normal bis harmlos.

Umso unverständlicher dann jedoch die Conclusio: »Wegen der genannten Aufgaben und der zu ihrer Wahrnehmung erforderlichen Maßnahmen ist die Funktionsfähigkeit des Marinehauptquartiers einschließlich seines Führungsinformationssystems von herausragender Bedeutung für die äußere Sicherheit der Bundesrepublik Deutschland. Sofern ein potentieller Gegner die Möglichkeit erhält, diese Funktionsfähigkeit aufzuheben oder erheblich einzuschränken, wird dadurch die gesamte äußere Machtstellung der Bundesrepublik Deutschland und daher deren äußere Sicherheit in schwerwiegender Weise gefährdet.«

Das Staatsgeheimnis, an dem ich nun partizipierte, versetzte mich in ungewöhnliche Unruhe. Bisher glaubte ich an die Friedfertigkeit und die moralische Integrität unseres demokratischen Systems. Gewiß, der Krieg der Amerikaner in Vietnam ließ zuweilen Zweifel daran aufkommen, der Tod meines Schwagers in Alaska nicht minder. Doch mein Glaube war nicht grundsätzlich erschüttert worden. Die USA hatten in der Antihitlerkoalition einen entscheidenden Beitrag zur Beendigung des Krieges und der Nazi-Barbarei geleistet. Sie hatten meinen Vater befreit und ihn gepflegt, uns hatten sie in der Schule mit Lebensmitteln versorgt. Ich besuchte wiederholt meine Schwestern in den Staaten und lernte die Amerikaner als offene, sympathische und durchaus friedfertige Zeitgenossen kennen. Nein, ich war kein Anti-Amerikaner und wußte die Vorzüge der Demokratie, die sie uns gebracht hatten, sehr wohl zu schätzen. Nicht grundlos brachte ich mich als Sozialdemokrat in die Kommunalpolitik ein, versuchte die Möglichkeiten demokratischer Mitwirkung in kommunalen Belangen auszuschöpfen. Demokratie hieß für mich machen, nicht meckern. Gewiß wurden mir auch zunehmend die Grenzen und die Defizite unseres Rechtsstaates bewußt. Recht mußte nicht immer Gerechtigkeit bedeuten, und ich sah äußerst kritisch, daß Parlamentarismus zunehmend Klientelpolitik bedeutete. Wie in der Kommune, so auch im Land und in Bonn. Wer Einfluß hatte, setzte ihn auch ein. Bewegungen ohne Lobby gerieten ins Abseits. Und trotzdem: Ich war, aufs Ganze gesehen, mit dem System zufrieden.

Aber hatten wir das moralische Recht, uns über andere Systeme zu erheben, sie militärisch zu bedrohen? Theoretisch natürlich nur, für den Ernstfall. Doch wer beschloß, wann das sein würde? Es war zu bezweifeln, daß zu diesem Zweck vorher ein Volksentscheid oder eine Volksbefragung – die im übrigen im Grundgesetz nicht vorgesehen sind – stattfinden würde. Die Entscheidung würde von einer Handvoll Leute getroffen werden, die irgendwo in einem Bunker hockten und schließlich sagten: Los!

Ich war naiv, bestimmt, aber so naiv nun auch wieder nicht, um anzunehmen, daß in russischen Generalstäben nicht spiegelbildlich gedacht und geplant werden würde. Militärs sind auf der ganzen Welt gleich. Und alle reklamieren für sich, die Besseren zu sein. Sie wissen eine weltumspannende Idee oder die Freiheit auf ihrer Seite, Gott, Allah oder Buddha. Und die Vorstellung, die wirksameren Waffen zu haben, verführt, macht leichtsinnig, läßt die Furcht vor der eigenen Niederlage schwinden. Genau das ist es, was Kriege auslöst: Wenn eine Seite glaubt, die stärkeren Bataillone zu haben und überlegen zu sein. Erst die Anerkennung des atomaren Gleichgewichts hatte zum Einlenken gezwungen.

Wenn jetzt Schritte unternommen wurden, eine Überlegenheit über die andere Seite zu gewinnen, war die Balance dahin. Das mußte verhindert werden. Aber wie?

Indem »Tenne« publik gemacht wurde! Dann erfuhren davon die Russen, und die Waffe hatte ihre Wirkung verloren.

Ich fuhr nach Hamburg zum »Spiegel« und packte die von mir angefertigten Kopien auf den Tisch eines mir bekannten Redakteurs. Das Nachrichtenmagazin hatte seinerzeit viel Courage bewiesen und Verteidigungsminister Strauß hart attackiert. Das führte zwar zur Besetzung der Redaktion und zur Inhaftierung seines Herausgebers, aber eben auch zur Hebung des Ansehens des Blattes und zur Wertschätzung der Pressefreiheit. Vielleicht konnte auch in diesem Falle die Medienmacht helfen?

Nach zwei Tagen erhielt ich einen Anruf aus der Hansestadt. Ich solle mir die Unterlagen abholen, das Material sei ihnen zu heiß. Ansonsten: kein Kommentar. Offenkundig war man dort inzwischen staatstragend geworden. Ich holte meine Kopien wieder ab. Und reiste an einem Wochenende nach Wiesbaden zu einem Vertrauten, der ähnlich wie ich dachte und fühlte.

»Kannst Du mir helfen? Der ›Spiegel‹ hat keine Zivilcourage.«

Der Wiesbadener Vertraute brachte mich am Vormittag zu einem ihm bekannten Anwalt. Das verunsicherte mich zunächst ein wenig, weil ich niemanden mit hineinziehen wollte. Doch der Mann überzeugte mich gemeinsam mit meinem Bekannten, daß ich mir keine Sorgen machen müsse. Als Jurist unterliege er der Schweigepflicht. Er blinzelte mich über seiner Brille hinweg an: »Das gilt auch gegenüber MAD, BND und Verfassungsschutz...« Ich hatte ihn verstanden.

Ich händigte beiden die Unterlagen aus und verabschiedete mich. Sie sollten in Ruhe das Material studieren, ich würde mich am Abend wieder bei ihnen melden und um ihre Meinung bitten. Es könne ja sein, daß ich mich bei meinen Vermutungen täuschte und das Gras wachsen hörte.

Ich bummelte durch meine Heimatstadt, besuchte einige Bekannte und Freunde und kehrte dann, wie verabredet, in die Anwaltskanzlei zurück.

Der Jurist schien sichtlich erregt.

»Wissen Sie, was Sie uns da in die Hand gedrückt haben?«

Ich wußte nicht, ob er mich examinieren oder nur sein Erstaunen zum Ausdruck bringen wollte, und schwieg.

»Das ist das Programm des globalen Untergangs. So etwas können sich nur kranke Hirne oder gänzlich Perverse ausgedacht haben. Das ist unglaublich.«

Er zog hörbar die Luft durch die Nase. »Potentielle Selbstmörder sind das. Und uns nehmen sie ungefragt mit in die Katastrophe.«

Ich schwieg noch immer.

»Als Defensivkonstrukt ist der Plan völlig ungeeignet. Wenn die Gegenseite den Erstschlag führt, kommt ›Tenne‹ gar nicht zur Anwendung. Dafür bleibt keine Zeit mehr. Das bedeutet: ›Tenne‹ macht nur Sinn, wenn man in der Vorhand ist. Und das ist man nur, wenn man als erster losschlägt. Verstehen Sie?«

Ich nickte. Soweit hatte ich das Papier auch verstanden. »Und, was schlagen Sie vor?«

Er hatte von meinem gescheiterten Versuch, das Manuskript über den »Spiegel« in die Öffentlichkeit zu lancieren, bereits gehört. »Die Presse können Sie vergessen. Die angeblich so mutigen und mächtigen Journalisten sind, bei Lichte betrachtet, mehrheitlich nur kleine Kläffer. Ihre Unabhängigkeit verliert sich mit der Höhe ihrer Apanage. Glauben Sie, daß jemand seinen mit mehreren Tausend Mark dotierten Redaktionsessel und die vielen Vergünstigungen nebenbei freiwillig riskiert? Es gibt doch kaum eine Berufsgruppe in unserem Lande, die derart korrumpiert wird wie diese. Journalisten bekommen mit Presseausweis überall Rabatt, weil sie doch öffentliche Werbeträger sind – Autos, Kühlschränke, selbst Unterhosen bei Quelle kriegen sie mit Vergünstigung.«

»Die kriegen sie doch auf den Presseausweis, und der wird ihnen von der Journalistengewerkschaft oder -vereinigung ausgestellt, nicht von der Redaktion«, warf mein Verwandter ein.

Der Anwalt winkte ab und blickte mir in die Augen. »Na und? Wenn man sich als Fester oder Freier nicht dem Diktum der Chefredaktion unterwirft, ist man draußen. Ohne Kohle keine Bestellung, ohne Bestellung kein Rabatt. So kriegt man eine gleichgeschaltete, zahnlose, brave Presse, Herr Gebauer.«

»Und die Justiz?«

Der Anwalt brach in homerisches Gelächter aus.

»Im Ernst?«

Ich nickte.

»Wenn Sie diesen Stapel hier«, er hob den Packen meiner Kopien in die Höhe und ließ ihn auf den Schreibtisch fallen, »einem Staatsanwalt auf den Tisch legen und erklären: Hier planen ein paar

Wahnsinnige den Erstschlag. Die Planung eines Krieges verstößt gegen unser Grundgesetz und gegen diverse Gesetze, zudem ist Gefahr im Verzuge – also ermitteln Sie zügig und verhindern Sie, daß dieser Plan Wirklichkeit wird. Wenden Sie Schaden von unserem Lande ab... Wissen Sie, was passiert? Der liest nur die fett gedruckte Zeile, die auf jeder Seite oben zu finden ist: Streng geheim. Dann wird er nach dem Staatsschutz rufen, der Sie in die Mangel nehmen wird, um in Erfahrung zu bringen, woher Sie die Unterlagen haben. Und wenn man das weiß, wird man Sie – nicht die Urheber des Papiers – belangen, weil Sie gegen alle möglichen Paragraphen verstoßen haben. Sie sind der Staatsfeind, niemand sonst.«

Scheiße, dachte ich, der hat recht. Das kann nur zum Bumerang werden. »Und, was raten Sie?«

»Informieren Sie die Gegenseite direkt!«

»Wie bitte?« Ich glaubte mich verhört zu haben.

»Gehen Sie 'rüber. Informieren Sie Ostberlin, was hier in Wilhelmshaven ausgebrütet wird. Dann ist die Luft raus aus dem Ballon.«

Im Raum war es totenstill. Mir hatte es den Atem verschlagen. Auch mein Bekannter schwieg. Der Anwalt musterte mich aufmerksam, in seinem Blick glimmte etwas Irritation, eine merkwürdige Mischung aus Triumph und Angst, zu weit vorgeprescht zu sein. Ich zögerte mit einer Antwort. Daran hatte ich erstens bis dato noch nie gedacht, zweitens besaß ich keinerlei Beziehungen zur DDR. Es gab weder Verwandte dort, noch interessierte mich, was hinter dem Harz passierte. Dieses Land war für mich Terra incognita. Ich kannte Amerika besser. Aber immerhin: Das war ein denkbarer Weg. Wenn ich die Unterlagen für »Tenne« in Ostberlin abgab, erfuhr es der ganze Warschauer Pakt. Das war so sicher wie das Amen in der Kirche. Allerdings überschritt ich damit den Rubikon – mit allen Konsequenzen. So lange ich das, was ich wußte, in der Bundesrepublik öffentlich machte, verstieß ich nur gegen meinen Arbeitsvertrag, verhielt ich mich gegenüber meinem Arbeitgeber illoyal. Wenn ich es in einen anderen Staat trug, zumal einen feindlichen – was so nie gesagt wurde, aber die DDR war es natürlich objektiv –, dann war das eine andere Spielklasse. Fiel das schon unter Hoch- und Landesverrat? Gab es diese Kategorie überhaupt bei uns? Ich kannte mich in unserem Strafgesetzbuch nicht aus, hatte es noch nie in der

Hand gehabt. Doch das war letztlich unerheblich. Wichtiger schien, daß die militärstrategische Parität zwischen West und Ost erhalten blieb. Sie war nach meiner Auffassung die entscheidende Voraussetzung für den Frieden in Europa und in der Welt.

»Ich mach's.«

Der Anwalt lächelte anerkennend-freundlich. »Ich habe eine Kontaktadresse in Ostberlin, bei der Sie sich melden – zunächst ohne diese Kopien. Sie fahren mit dem Zug bis Bahnhof Zoo in Westberlin, dann mit der S-Bahn zur Friedrichstraße. Dort passieren Sie die Grenze. Am Bahnhof nehmen Sie ein Taxi und fahren damit nach Lichtenberg.« Er nannte mir Straße und Hausnummer und einen Namen, nach dem ich verlangen sollte. Vermutlich werde man mich fragen, wer mich geschickt hätte, sagte er, doch darüber solle ich schweigen. Keine Namen, keine Adresse, keine Angaben. Die Jungs drüben seien zwar ziemlich clever, doch ab und an gibt es auch bei ihnen ein Loch... Er wolle jedenfalls nichts riskieren.

Ich hatte ihn verstanden. Ab jetzt war Schluß mit lustig. Für mich galten fortan die Regeln der Konspiration.

Am 21. März 1975 reiste ich nach Berlin. Wie vorgeschlagen stieg ich in die S-Bahn und fuhr zum Bahnhof Friedrichstraße, der bereits auf dem Territorium der DDR lag. Der oberirdische Teil war halbiert. Jenseits einer Mauer endete die Stadtbahn der Hauptstadt, diesseits die von Westberlin. Dazwischen lag ein Fernbahngleis, auf dem die sogenannten Interzonenzüge verkehrten. Die Reisenden mußten hinter einer weißen Linie so lange ausharren, bis die DDR-Grenzer die Waggons genauestens untersucht hatten und zum Einsteigen freigaben. Ein Schäferhund wurde unter den Wagen hindurchgejagt, parallel zu ihm lief auf dem Bahnsteig der Hundeführer. An der Stirnseite der Bahnhofshalle, auf einer Art Galerie, standen Wachposten und kontrollierten das Treiben zu ihren Füßen. Die Szenerie mutete ein wenig gespenstisch an, auf Menschen mit schwachem Gemüt mußte es ganz gewiß beängstigend wirken.

Ich stieg die Stufen hinunter und folgte den Pfeilen, die zum Grenzübergang wiesen. Es ging noch weiter hinab zur U-Bahn und zu einer anderen S-Bahn-Linie, die Ostberlin in Nord-Süd-Richtung durchquerten, ohne an anderer Stelle in der DDR-Hauptstadt zu halten. Nur hier taten sie es, damit Westberliner Reisende in die S-Bahn umsteigen konnten oder, sehr zum Leidwesen des Zolls, um sich mit billigen Zigaretten oder Schnaps in einem der zahlreichen Intershops einzudecken, die die DDR hier etabliert hatte. Ich spielte auch kurzzeitig mit dem Gedanken, mir eine Stange Zigaretten in die Tasche zu stecken, tat es aber dann doch nicht, was sich als richtig erwies: Bei meiner Rückkehr sah ich, wie Zollfahnder in Zivil am Bahnhof Zoo »Handelsreisenden« die Taschen filzten und die Intershop-Waren beschlagnahmten.

An der Grenzschleuse reihte ich mich in eine Schlange ein, füllte die Karte aus, auf der ich Name und Adresse angeben mußte sowie den Zweck meines Besuches («Tourist«). Die schob ich zusammen mit meinem Reisepaß und meinem Ausweis über den Tresen in Schulterhöhe, hinter dem ein dicker Grenzer in Uniform erhöht saß. Der Spalt war keine dreißig Zentimeter hoch, den Rest verdeckte eine Glasscheibe. Das Gesicht des Mannes wirkte sehr dienstlich, nicht unhöflich, aber erkennbar distanziert. Als er nach genauem Studium meiner Papiere den Arm hob und einen Stempel in meinen Paß hämmerte, wußte ich, daß ich einen saublöden Fehler gemacht hatte. Wie konnte ich mir in ein Reisedokument, in das ein Dauervisum für die USA eingetragen war, Hammer, Zirkel und Ährenkranz einstempeln lassen! Ich ohrfeigte mich in Gedanken und wußte, was ich nach meiner Rückkehr als erstes zu tun hatte: mir neue Reisepapiere zu besorgen und diesen Paß als verloren zu melden.

Nachdem ich meine obligaten 15 Westmark in DDR-Mark eingetauscht hatte (die Anhebung auf 25 Mark kam erst später), drängte ich hinaus ins Freie. Draußen warteten bereits einige Dutzend Personen auf ein Taxi. Bei uns war es umgekehrt: Da warteten die Taxifahrer auf Gäste. Und wenn mal ein Taxi vorfuhr, stieg der Fahrer aus, rief die Richtung, die ihm sein Fahrgast genannt hatte, in die Warteschlange, worauf sich immer einige Leute fanden, die in eben jene Richtung wollten. So wurde die Zahl der Wartenden immer kleiner. Und endlich war auch ich an der Reihe. Ich stieg hinten ein, nannte die Adresse, der Mann gab Gas. Er hatte es unterlassen, Mitfahrer zu gewinnen. In der Magdalenenstraße ließ er mich aussteigen. Ich reichte ihm die 15 DDR-Mark, die ich eben erhalten hatte, und noch zehn Westmark. Er bedankte sich höflich, nicht gerade überschwenglich, wie ich es vielleicht erwartet hatte. Das irritierte mich ein wenig. Zu Hause hätte man mir dafür servil die Tür aufgerissen. Der sagte nur »Danke und Auf Wiedersehen«, steckte die Kohle ein und fuhr davon. Ich wußte nicht, ob ich soviel Selbstbewußtsein und Selbstachtung gut finden oder beleidigt sein sollte.

Wenig später saß ich einem Mann gegenüber, der sich mir als Winkler vorstellte. Im Prozeß gegen mich wurde er als Zeuge Wolfgang M. geführt, Oberstleutnant der Abt. 2 der Hauptabteilung II im Ministerium für Staatssicherheit. Er trug Zivil, war durchaus freundlich, aber reserviert. Trotzdem wirkte er nicht unsympathisch. Er beherrschte erkennbar das Einmaleins des Geheimdienstlers: bedeckt halten, den anderen kommen lassen, keine Reaktion zeigen, prüfen, ob es ehrlich oder eine Provokation ist.

Ich stellte mich vor, erzählte was ich mache und welche Gründe mich veranlaßt hätten, hier vorstellig zu werden. Er hörte sich geduldig an, was ich anbot, und fragte dann nur: »Wieviel?«

Ich glaubte, mich verhört zu haben und fragte zurück, was er meine.

»Na, wieviel Sie für diese Informationen haben wollen?«

»Sie meinen Geld?«

»Sicher. Alles hat seinen Preis. Auch Informationen. Also: Was verlangen Sie für die Unterlagen, die Sie uns anbieten?«

Meine Überraschung war echt. Daran hatte ich nie gedacht. Ich hatte keine Schulden und keine Wünsche, die ich durch mein normales Einkommen nicht hätte befriedigen können. »Ich will nichts. Das heißt: Wenn ich meine Reisekosten und Spesen zurückerstattet bekäme, würde ich mich freuen. Ließe sich das einrichten?«

Über das Gesicht von »Winkler« huschte ein leises Lächeln. Entweder hielt der mich für durchtrieben oder für bescheuert.

»Das läßt sich einrichten.«

Ich greife vor: In der Urteilsbegründung 1994 hieß es, ich habe »für die Verratstätigkeit insgesamt mindestens 40.000,- DM« erhalten. Das klingt gewaltig, und die Charakterisierung als Judaslohn ist nicht zu überlesen. Halten zu Gnaden: Ich habe mich mit Winkler zwischen 1975 und 1980 an die zwanzig Mal getroffen, meist in Berlin. Man addiere die Fahrkosten und die Hotelrechnung. Hinzu kam die Miete für ein Appartment in Wilhelmshaven, das ich mir im Mai 1976 in der Nähe meiner Arbeitsstelle mit Zustimmung Berlins besorgte, um ungestört Dokumente kopieren zu können. Dazu stellte man mir japanische Fototechnik zur Verfügung – die ich in den 80er Jahren ebenfalls wieder ablieferte. Die Übergabe erfolgte auf einem Parkplatz an der Transitstrecke. Nein, ich habe mir weder etwas schenken lassen, noch habe ich mehr Geld bekommen oder genommen, als ich zuvor ausgegeben hatte. Ich war und bin nicht käuflich. Dieses Faktum konnte auch das Gericht nicht gänzlich irgnorieren, wenngleich es natürlich das Klischee bediente und zu meiner ersten Reise nach Berlin bemerkte: »Aus finanziellen, in erster Linie aber aus politischen Gründen wollte er sich für eine nachrichtendienstliche Tätigkeit anbieten.« Man beachte die Reihenfolge und die Unlogik der Sprache.

Im weiteren wollte »Winkler« natürlich in Erfahrung bringen, wer mich zu ihm geschickt hatte. Ich machte eine ausweichende Bemerkung und bat um Verständnis, daß ich keine Namen nennen wolle. Er gab sich damit zufrieden und insistierte nicht weiter. Ich müsse jedoch ihn verstehen, wenn er weiter skeptisch bliebe. Er wolle erst Unterlagen sehen, die sie prüfen müßten, um sicher zu gehen, daß sie echt seien und mein Angebot ehrlich sein.

Ich lächelte zurück: »Die Unterlagen können zwar echt, aber ich kann dennoch ein falscher Hund sein. Ich kann ja geschickt worden sein.«

»Winkler« verzog ein wenig das Gesicht. »Kann sein, muß nicht sein. Auch das werden wir überprüfen.«

Wir hatten uns verstanden.

Im weiteren zeigte mir »Winkler« das Schlupfloch, durch das ich mich noch zurückziehen könnte. Falls ich davon keinen Gebrauch machen möchte und mich auf eine Zusammenarbeit mit »den Aufklärungsorganen« der DDR einließe, würde dies erhebliche Konsequenzen für mein weiteres Leben haben. »Sie werden ein zweites Leben führen und Argwohn und Mißtrauen zu Ihren ständigen Begleitern machen. Jeder Fehler kann den Kopf und die Existenz kosten. Zwar gibt es gewisse Frühwarnsysteme, über die wir Sie warnen können, wenn Gefahr im Verzuge ist, doch meist sind Sie auf sich allein gestellt. Seien Sie versichert: Bequem ist das nicht, was da auf Sie zukommen wird. Und lukrativ schon gar nicht. Es gehört viel Idealismus dazu...«

Ich nickte Zustimmung. Dessen war ich mir durchaus bewußt, wobei ich jetzt, fast ein Vierteljahrhundert nach diesem Gespräch, zugeben muß, daß das spätere Leben noch ein wenig dramatischer verlief als avisiert. Das ständige Gehetztsein, das fortgesetzte Denken in zwei Welten und auf zwei Ebenen zerrte stärker an den Nerven als befürchtet. Um sich nicht zu verquatschen, zog man sich innerlich aus der Gesellschaft zurück, auch wenn man durchaus im öffentlichen Leben stand. Man errichtete Schutzmauern um sich, hinter denen man plötzlich verschwand. Man war isoliert. Offenheit, die einem entgegengebracht wurde, konnte man nicht mit gleicher Münze bezahlen. Jedes Wort, das ins Ohr drang, wurde auf seine nachrichtendienstliche Verwertbarkeit überprüft. Der banalste Satz wurde abgeklopft, ob er nicht eine Botschaft enthielt, eine Chiffre. Was wollte mein Gegenüber mit der Feststellung sagen: »Gestern hat es geregnet, aber heute scheint gottlob die Sonne«? Der Aberwitz machte sich in meinem Leben breit, er wucherte wie ein Krebs und überlagerte zunehmend alle natürlichen, menschlichen Reaktionen und Gesten.

»Unsere Zusammenarbeit gilt vorerst nur für das Projekt ›Tenne‹. Ich möchte aussteigen können, wenn es erledigt ist«, schränkte ich ein. »Diese Option möchte ich mir erhalten.«

»Winkler« widersprach nicht und kommentierte auch meinen Vorschlag nicht. Statt dessen ging er zum Technischen über.

»Ich würde Sie bitten, zum nächsten Treff die Unterlagen mitzubringen, damit wir sie studieren können. Ich nenne Ihnen drei Termine – es sind immer Wochenenden –, von denen Sie einen wählen müssen. Merken Sie sich die Daten oder notieren Sie sie, aber bitte so, daß Fremde nichts damit anfangen können. Dann gebe ich Ihnen eine Telefonnummer. Hier.« Er schob mir einen Zettel zu. »Der Anschluß ist Tag und Nacht besetzt. Sie sollten sich die Nummer einprägen. Und merken Sie sich das Stichwort ›Möwe‹. Wenn Sie sich für einen Termin – 1, 2 oder 3 – entschieden haben, rufen Sie dort an und sagen nur ›Möwe 1‹ oder ›Möwe 3‹. Mehr nicht. An diesem Tag werden wir uns Punkt 10 Uhr im Bahnhof Friedrichstraße treffen. Ich werde auf der Treppe im Vorraum stehen. Wir begrüßen uns nicht. Wenn wir uns gesehen haben, werde ich gehen. Sie folgen mir unauffällig und in angemessenem Abstand. In einer Seitenstraße steht mein Wagen... Richten Sie sich auf eine Übernachtung ein. Unsere Auswerter werden vermutlich einen Tag brauchen, und dann werden Sie Ihnen einige Fragen stellen. Wir werden uns in der Zwischenzeit ein wenig Berlin anschauen. Kennen Sie die DDR-Hauptstadt?«

Ich schüttelte den Kopf. Woher denn.

»Ich bringe Sie jetzt zum Bahnhof Friedrichstraße. Alles weitere dann wie verabredet.« Winkler erhob sich und reichte mir die Hand. »Auf gute Zusammenarbeit.«

»Winkler« zog seine Mundwinkel auffällig nach oben.

Zurück in meinem Hotel in Westberlin suchte ich mir einen Platz an der Bar. Das Leben hier war laut und grell, kein Vergleich mit dem beschaulichen Wilhelmshaven. In den Nischen und auf den Barhockern parlierten Pärchen, die Damen waren auffällig geschminkt. Für mich war keine übrig, und so konnte ich ungestört tief in mein Glas und in mein Innerstes starren. Ich war mir bewußt, etwas Verbotenes getan zu haben – doch mein Gewissen regte sich nicht. Kein Unrechtsbewußtsein meldete sich zu Wort. Nichts. Ich war auch nicht sonderlich stolz. Ich hatte etwas getan, was ich glaubte tun zu müssen. Gänzlich unheldisch, nichts da von »Ein Mann geht seinen Weg«. Es war notwendig und Schluß.

Einige Tage nach meiner Rückkehr aus Berlin – für Marianne war ich in dienstlicher Angelegenheit in Süddeutschland unterwegs gewesen – erhielt ich eine Vorladung nach Bonn. Im Bundesministerium für Wirtschaft erwartete man mich in der für die Sicherheit in der Rüstungsindustrie zuständigen Abteilung. Gegenstand des avisierten Gespräches war meine erwogene Berufung als Sicherheitsbeauftrager.

In einem großzügig geschnittenen und ausgestatteten Büro – nicht zu vergleichen mit dem spartanisch eingerichteten Zimmerchen in Ostberlin, das ich jüngst gesehen hatte – empfing mich ein Mann, der sich als Dr. K. vorstellte. Der zweite Mann im Raum hieß

W., der sich als Hauptsicherheitsbeautragter von IBM Deutschland zu erkennen gab. K. winkte uns in die Sitzecke, wo bereits Kaffeetassen standen, und griff sich zwei Aktenordner von seinem Schreibtisch, die er mit hinübernahm. Auf beiden Rücken stand mein Name.

»Ihre Sicherheitsüberprüfung ist erfolgt, Herr Gebauer. Dabei sind einige – ich will mal sagen – Ungereimtheiten aufgetaucht, die wir gern gemeinsam mit Ihnen geklärt hätten.« Der Ministerialbeamte hüstelte ein wenig verlegen, als wäre ihm das Gespräch im Grunde peinlich, und begann in den vergilbten Akten zu blättern.

»Das Landesamt für Verfassungsschutz Hessen merkt kritisch an, Ihr Vater sei vermutlich Kommunist gewesen und mehrfach vorbestraft, auch wegen Totschlags…«

Noch ehe K. fortfahren konnte, fiel ich ihm ins Wort, wofür ich mich aber gleich wieder entschuldigte. Doch die Vorhaltung war derart ungeheuerlich, daß ich nicht an mich halten konnte.

»Mein Vater hat wiederholt gesessen, stimmt. Ausnahmslos in Zuchthäusern und in Konzentrationslagern der Nazis. Daran ist er auch gestorben. Und bei dem Totschlag, an dem er beteiligt und dafür zu dreieinhalb Jahren verurteilt worden war, handelte es sich wohl doch eher um einen tragischen Unfall. Das passierte übrigens noch vor meiner Geburt – was also hat das mit meinem Leben zu tun? Ich dachte, Sippenhaft gab es nur bei den Nazis.«

Dr. K. hob beschwichtigend den Arm. Ich solle das nicht falsch verstehen, mir halte man die politische Gesinnung meines Vaters keineswegs vor.

»Der war übrigens eingeschriebener Sozialdemokrat, nicht Kommunist«, trug ich wütend nach.

»Ich habe nichts gegen Kommunisten«, lenkte K. ein. »Ich erkenne ihre Leistungen im Widerstand gegen die Nationalsozialisten durchaus an, keine Frage.«

»Und warum kramt man diese alten Sachen wieder hervor?«

K. blieb die Antwort schuldig und wechselte das Thema.

»Hier gibt es eine Aktennotiz von Ihrer Musterung. Sie sollen dort erklärt haben – ich zitiere wörtlich: Nach diesem Krieg habe ich mir geschworen, nie wieder eine Waffe in die Hand zu nehmen. Außerdem bin ich nicht bereit, auf meine Brüder im Osten zu schießen. Ich bin Antifaschist und Pazifist. Zitat Ende.« K. blickte vom Aktenordner auf und mir in die Augen. »Was sagen Sie dazu?«

»Nichts. Kann ich sofort wieder unterschreiben.«

K. seufzte vernehmlich. »Jaja, aber die Zeiten haben sich doch geändert. Sie ersparen mir also nicht die Frage: Wie stehen Sie zu unserem Staat und zu seiner verfassungsmässigen Ordnung?«

»Wenn das Grundgesetz hält, was es verspricht, finde ich es sehr ihn Ordnung.«

Mein Examinator atmete erleichtert auf und schien innerlich ein Häkchen hinter dem Stichwort zu machen. Fast tat er mir schon leid. K. war nicht unfreundlich oder unwirsch, er arbeitete ein auch ihm offenbar unangenehmes Programm ab.

»Und vielleicht können Sie mir, Herr Gebauer, auch erklären, was es mit Ihrer Jugendstrafe auf sich hat. Da blickte nicht einmal der Verfassungsschutz durch. Sie wurden, steht hier, als 15jähriger von einem Jugendschöffengericht in Wiesbaden wegen Totschlags – ein Wachmann der US-Army war erschossen worden – zu 10 Jahren Jugendstrafe verurteilt. Dieses Urteil wurde aber ohne Gerichtsverhandlung wenige Wochen später annulliert, Sie wurden praktisch freigesprochen. Als Begründung hieß es, die deutschen Ermittlungsbehörden hätten zwingend festgestellt, daß der Verurteilte den Totschlag nicht begangen habe. Sodann verhängte das Gericht aber wegen Vortäuschung einer Straftat eine Arreststrafe von vier Wochenenden. Und nun kommt es dicke.« K. machte eine Pause, um die Spannung zu erhöhen.

»Ein amerikanisches Militärgericht verurteilte Sie zeitgleich auf der Basis eines ›Order of Crime‹ des US-Generalgerichts in Frankfurt zu 25 Jahren Haft wegen unerlaubten Waffenbesitzes und Diebstahl von Militäreigentum. Allerdings geht aus den Akten nicht hervor, ob diese Strafe außer Vollzug gesetzt wurde, oder ob Sie sie angetreten haben. Was ist denn davon wahr, Herr Gebauer?«

»Alles und nichts, Herr Dr. K. Ich habe weder im Jugendarrest noch in einem amerikanischen Militärgefängnis jemals einen Tag zubringen müssen, ich bin nicht vorbestraft und kann nur bestätigen: Das Leben damals war so chaotisch wie diese Akten da.«

K. klappte den Aktenordner zu. »So etwas habe ich mir schon gedacht. In der Nachkriegszeit ging es drunter und drüber, es war schlimmer als in den Tagen des Krieges. Wir haben es ja alle erlebt.« Er griff nach seiner Kaffeetasse und trank genüßlich und sichtlich erleichtert.

So souverän und korrekt urteilte 1994 das Kammergericht nicht, dort unterstellten sie mir, wie bereits zitiert, ich habe »wegen weiterer Delikte eine Freiheitsstrafe von 25 Jahren« erhalten, »die von 1958 bis 1966 teilweise vollstreckt wurde« – was objektiv falsch war. Und eine halbe Seite später hielten sie mir vor, ich habe in meinen Bewerbungsunterlagen bei IBM »nichts von den früheren Verurteilungen und der langjährigen Haftzeit« mitgeteilt, »die vorgedruckte Frage in dem von ihm auszufüllenden Bewerbungsbogen, ob er in den letzten fünf Jahren rechtskräftig zu einer Freiheitsstrafe verurteilt worden sei, beantwortete er wahrheitsgemäß mit ›Nein‹.«

Wie man sieht, sind deutsche Richter durchaus imstande, aus der harmlosen Wahrheit einen Vorwurf zu drechseln, wenn es denn als nötig erachtet wird.

K. setzte die Tasse wieder auf den Tisch. »Ich werde bei der Rückgabe der Akten einen entsprechenden Vermerk machen. Sie sind nachweislich in keiner Form negativ in Erscheinung getreten, und ihre Tätigkeit bei IBM ist von guten bis sehr guten Zeugnissen begleitet. Wenn es nicht so wäre, hätte man Sie auch nicht für diese verantwortungsvolle Aufgabe vorgesehen, nicht wahr.«

Er machte wieder eine Pause und schaute zu W. »Wofür Sie zuständig sein werden, hat man Ihnen bereits erläutert. Bei der Registratur der Unterlagen werden ihnen ehemalige Angehörige der Bundesmarine zur Seite stehen. Sie sind im Umgang mit Verschlußsachen aus dem Sicherheitsbereich geübt und stehen kurz vor ihrer Pensionierung, also alte Hasen, denen man noch mal zeigen möchte, daß sie unverzichtbar sind. Außerdem sparen wir die Überprüfungskosten. Die Leute kennen wir in- und auswendig.« K. ließ ein keckes Lachen vernehmen, in das W. mit einfiel.

»Ihr unmittelbarer Vorgesetzter ist Dr. W. in Bonn, nur ihm sind Sie rechenschaftspflichtig – dem Leiter der Niederlassung in Wilhelmshaven nur bedingt und ausschließlich nach Rücksprache mit Herrn Dr. W. Die Übergabe der Geheimregistratur an Sie erfolgt in Wilhelmshaven. Zudem werden Sie eine Zusatzvereinbarung zu Ihrem Arbeitsvertrag unterschreiben, die Sie zu besonderer Sorgfalt im Umgang mit geheimen Unterlagen und zur Durchsetzung der Sicherheitsbestimmungen bei den Mitarbeitern des Unternehmens verpflichtet.

Aufgrund der Sicherheitsbestimmungen in der Rüstungsindustrie sind Sie gehalten, mit den örtlichen Vertretern des MAD in Verbindung zu treten und bei Bedarf Auskünfte über Mitarbeiter zu geben, sofern sie für die Marine tätig sind. Für den zivilen Teil ist das Landesamt für Verfassungsschutz, Sitz Hannover, zuständig. Wenn also der private Bereich von Mitarbeitern gefährdet ist und es irgendwelche Probleme gibt, müssen Sie die Kollegen dort informieren. Nachricht geht auch an Herrn Dr. W.

Wenn Sie oder Mitarbeiter ins Ausland reisen, setzen Sie bitte den Bundesnachrichtendienst in Kenntnis. Es ist ja nicht auszuschließen, daß es dort Anwerbungsversuche fremder Geheimdienste gibt oder dergleichen.

Grundsätzlich gilt für Ihre Verbindung mit den drei Diensten: Die haben sich nicht in Ihre Arbeit einzumischen, schon gar nicht dürfen Sie Ihnen Anweisungen erteilen. Sollte es Probleme geben, oder wenn Zweifel auftauchen – Anruf bei Dr. W.

Ich selbst werde die drei Dienste über den Wechsel des Sicherheitsbeauftragten informieren. Sie können davon ausgehen, daß sich bald Mitarbeiter der MAD-Gruppe 22 aus Wilhelmshaven, des niedersächsischen Verfassungsschutzes und des BND bei Ihnen melden werden. Seien Sie freundlich – die Herren machen auch nur Ihren Job. Sollten sie von Ihnen irgendwelche Auskünfte über Mitarbeiter des Betriebes haben wollen, so können Sie dieses Ansinnen zurückweisen. Das ist denen nicht erlaubt, wird aber immer wieder versucht. Sie können sich dabei auf Ihren begrenzten Auftrag innerhalb des Unternehmens zurückziehen. Die sollen Ihre Schnüffelarbeit gefälligst selbst machen und nicht andere dafür einspannen.«

K. trank wieder einen Schluck. Es klang fast wie eine Entschuldigung, als er erklärte: »Zwischen IBM-Sondersysteme und den Bundesministerien für Wirtschaft und für Verteidigung gibt es vertragliche Verabredungen. Das ist ein sehr sensibler Bereich, der mit Hilfe der Dienste abgesichert werden muß. Sie müssen jede Veränderung, jede potentielle Gefahr für das Unternehmen erkennen und abwehren... Aber das darf Sie nicht weiter berühren. Alles Gute für Sie. Kommen Sie gut nach Hause.«

Dr. K. und Dr. W. erhoben sich, für sie war das Gespräch damit beendet. Sie reichten mir zum Abschied die Hand, besiegelten gleichsam unseren geheimen Kontrakt. Nun saß ich mit im Boot. Dem zweiten.

Zurück in Wilhelmshaven hockte ich mich mit Otto J. zusammen. Ich frotzelte, da habe er mir einen schönen Bären aufgebunden – von wegen Panzerschränke bewachen und so. In Bonn habe man mir reinen Wein eingeschenkt. Von Geheimdiensten habe er mir nichts gesagt.

J. feixte wissend. »Und – was willste wissen?«

Ich hob die Achsel.

»Also, diese Brüder sind ausgemachte Schlitzohren, das wirst du bald merken. Hüte dich vor allem vor denen vom MAD. Die sind für die reine militärische Spionageabwehr zuständig – aber was darunter fällt, definieren die selbst. Die wollen Auskünfte übers Personal, fragen nach privaten Dingen – das mußt du denen aber nicht sagen. Die kannst du sogar vom Betriebsgelände weisen. Dann werden sie dich unter Umständen zum Rapport in die Dienststelle bitten. Auch da mußt du nicht hingehen. Es ist schwierig, diesen schmalen Grat zwischen Kooperation und Ablehnung zu gehen.« Otto J. kratzte sich am Kopf. »Ich war auch immer im Zwiespalt. Einerseits weiß man, daß man sie braucht – andererseits sind sie unangenehm wie Schmeißfliegen. Man sieht sie lieber von hinten als von vorn. Wenn du dich einmal mit ihnen eingelassen hast, wirst du sie nie wieder los. Reichst du ihnen den kleinen Finger, stellst du wenig später erstaunt fest, daß sie bereits die ganze Hand umkrallen. Und läßt du dich mit dem einen ein, hast du umgehend auch die anderen am Hacken. Ach, ich kann dir da auch nicht helfen. Das ist eben so.«

Ich glaubte, ihn verstanden zu haben, auch wenn er sehr allgemein und abstrakt redete.

»Am liebsten ist ihnen der gläserne Mensch. Da können sie durchschauen und sehen jedes Problemchen. Für sie ist jeder ein einziges Sicherheitsrisiko. Das möchten sie ausmerzen. Als ich den Posten übernahm, habe ich nie die Auslandsreisen unserer Mitarbeiter an den BND gemeldet. Eines Tages standen sie auf der Matte und rüffelten mich, als hätte ich sonstwas verbrochen. Fortan sollte ich selbst die Urlaubsaufenthalte aller Mitarbeiter melden. Das habe ich in Bonn kritisch angemerkt, und dort meinte man auch, daß dies ein wenig zu weit ginge.«

J. machte mich auf die aus seiner Sicht größten Probleme aufmerksam. Ich müsse unbedingt darauf achten, daß am Abend alle geheimen Unterlagen wieder im Tresor seien. Die Herren Akademiker neigten etwas zur Schlampigkeit und würden oft die Papiere auf ihren Schreibtischen vergessen. Ferner müßte die Sekretärin an der Rezeption penibel notieren, wer wann zwischendurch den Betrieb verlasse, und wann er wiederkehrte. Ich müsse jederzeit wissen, wo sich tagsüber unsere Leute aufhielten. Das gelte auch für mich selbst. Als Sicherheitsbeauftragter sei ich zwar dem Geschäftsführer nicht rechenschaftspflichtig, doch es sei außerordentlich hilfreich, wenn ich in meinem Terminkalender präzise vermerkte, wann ich mich wo aufhalten werde bzw. aufgehalten habe. Dadurch könne ich später immer alles genau rekonstruieren.

J. schlug vor, die Übergabe und meine Amtseinführung am Montag, dem 20. November 1975, vorzunehmen. Erstens sei am Montag ohnehin nicht viel los, da würde nur Zeitung gelesen und in der Cafeteria das Wochenende ausgewertet werden. Zweitens würde er vorher einen Aushang machen, daß wegen des Wechsels morgens keine Unterlagen ausgegeben werden würden und es deshalb sinnvoll wäre, Überstunden abzubummeln. So hätten wir genügend Zeit und Ruhe, die Übergabe über die Bühne zu bringen.

Und so geschah es.

Jedes einzelne Blatt, jedes Dokument wurde in die Hand genommen und die Nummer mit der Registratur in den Büchern überprüft. Es geht nichts über deutsche Ordnung und Gründlichkeit. Otto J. machte keinen Hehl daraus, wie froh er war, diesen ganzen Krempel loszuwerden, den ich nunmehr am Halse hatte. Und ich sah zugleich auch noch die Arbeit für die andere Feldpostnummer, die da auf mich zukam. Mein Gott, ehe ich das alles nach Wichtigkeit gesichtet hatte! Und dann mußte es ja auch noch kopiert werden ...

Am Abend gab ich meinen Einstand im »Goldenen Helm«. Dazu war Dr. W. aus Bonn erschienen, der Leiter der Niederlassung,

Dr. H., und mein nunmehriger Vorgänger Otto J. Wir aßen gesittet und tranken ein paar Biere. Otto raunte mir zu, daß mein Einstand beim MAD nicht so harmlos verlaufen werde. Deren Chef, ein Fregattenkapitän mit einem »von« im Namen, sei ein arrogantes, versoffenes Arschloch. Seine Paladine wären im Vergleich zu ihm erträglich, doch saufen würden die ebenfalls wie die Löcher. »Ich habe mich von deren Herrenabenden immer ferngehalten. Nach Möglichkeit versuche du das auch.«

Ich lächelte milde. »Klar, Otto, mich trinkt keiner untern Tisch. Prost.«

Ich winkte nach dem Kellner und ließ mir die Rechnung bringen. Der Geschäftsführer, Dr. H., beugte sich zu mir über den Tisch: »Herr Gebauer, auch wenn Sie jetzt soviel Geld wie ein Abteilungsleiter verdienen – das müssen Sie nicht bezahlen. Rechnen Sie das als Arbeitsessen mit den Spesen ab.«

Er blinzelte mir zu und ließ sich zurück auf seinen Stuhl fallen.

4. Kapitel

Nunmehr herrschte ich über alle Projektunterlagen und die Personalakten der Mitarbeiter. Ich durfte sie jederzeit – und im Unterschied zu anderen Abteilungsleitern – ohne Rücksprache mit der Leitung einsehen. Das Personalbüro war entsprechend eingewiesen, mir jede gewünschte Akte auszuhändigen. Auch Mitarbeitern stand laut Betriebsbestimmung dieses Recht, die eigene Personalakte einsehen zu dürfen, zu – mit einer Einschränkung: die Sicherheitsüberprüfungsberichte wurden vorher herausgenommen. Wenn jemand darauf bestand, sie dennoch einsehen zu wollen, mußte ich künftig darüber entscheiden. Lehnte ich ab und der Betreffende bestand weiterhin auf Kenntnisnahme, mußte ich den Betriebsrat anrufen. Als letzte Instanz wurde schließlich Dr. W. aus Bonn ins Feld geführt, der als ultimativer Richter zu entscheiden hatte, ob man den Fragesteller in seine Akten schauen ließ oder nicht. Der Niederlassungsleiter wollte unbedingt aus einer solchen Kontroverse herausgehalten werden. Das konnte ich verstehen: Welcher Chef macht sich schon gern unbeliebt bei seinen Leuten? Außerdem sollte dadurch der Eindruck vermittelt werden, daß die Wirtschaft überhaupt nichts mit den militärischen und Sicherheitsbelangen zu tun hatte. Das waren angeblich zwei verschiedene Schuhe. Ein wenig schizophren schien mir das schon.

Zunächst studierte ich alle Personalunterlagen, um mir einen Überblick zu verschaffen, wer in unserem Hause arbeitete. Das passierte nicht aus privater Neugier, ich bin nie ein Schnüffler gewesen, die Privatsphäre meiner Mitmenschen hielt und halte ich für ein schützenswertes Gut. Insofern ist mir die Wahrung dieses Teils unseres Grundgesetzes unverändert wichtig. Doch ich räume ein, daß die Lektüre dieser Unterlagen, namentlich der selbstverfaßten Lebensläufe, sehr aufschlußreich war. Die Herkunft nicht weniger Mitarbeiter, vor allem der leitenden, lag meist im politischen Nebel. Sie kamen aus gutsituierten Verhältnissen und Kreisen, die zweifellos in den Jahren bis 1945 nicht unbedingt zum Widerstand gerechnet hatten. Die aufgeführten Berufe und Tätigkeiten der Väter wären ohne Mitgliedschaft in der NSDAP nicht möglich gewesen. Doch dieses Thema kam in den Lebensläufen nicht vor. Zweifellos war es richtig und auch verständlich, daß man die Verstrickung der Väter in den Nationalsozialismus nicht hervorkehrte – ich selbst hatte mich nicht grundlos in Bonn dagegen verwahrt, mich für meinen Vater in Sippenhaft zu nehmen (was natürlich insofern nicht vergleichbar ist, als ich durchaus zu dem, was mein Vater gegen die Nazis getan hatte, positiv stand). Aber es war auffällig, wie wortreich und ignorant dieses Problem durchgängig in den Biographien umschifft wurde. Keine Frage: Darüber war in den Familien nie oder selten gesprochen worden. Es gab keinen Bruch 1945, kein Bedürfnis nach Auseinandersetzung mit dem Nationalsozialismus im Kreis der Verwandten. Und diese vermeintlich unpolitische Unbedarftheit pflanzte sich nun offenkundig fort. Es wäre zu einfach, hier ein Kontinuum zu behaupten – das würde unterstellen, daß in den letzten 30 Jahren keine bewußtseinsverändernden Prozesse in dieser Republik stattgefunden hätten. Zudem: Bis vor kurzem hatte ein Kanzler an der Spitze der Republik gestanden, der aktiv gegen die Nazis kämpfte. Doch in den fünfziger und sechziger Jahren gehörten der Bundesregierung auch etliche vormalige Exponenten des Nazireiches an. Kein Nazirichter war jemals vor Gericht gestellt worden, und Baden-Württembergs Ministerpräsident Filbinger, einer von diesen, der noch im Mai 1945 junge Militärangehörige zum Tode verurteilt hatte, erklärte sein Erstaunen über den kollektiven Unmut der Nachgeborenen: Was gestern Recht war, könne heute nicht Unrecht sein. Zur Ehre der demokratischen Öffentlichkeit muß gesagt werden, daß sie einen solchen Unverbesserlichen aus dem Amte trieb. Aber ich bin mir noch immer nicht sicher, ob dies ein Akt der Selbstreinigung war, oder ob man, wie oft in solchen anrüchigen Fällen, dies mehr für das Ausland tat. Man mochte nicht den Eindruck entstehen lassen, die offizielle Bundesrepublik habe ihre Lektion in Sachen Demokratie nicht gelernt.

Ich übernahm mein Amt mit dem Ehrgeiz, meine Arbeit im Sinne meiner Vorgesetzten ordentlich zu machen und keinerlei Anlaß zur Kritik zu liefern. Kritik zöge Nachforschungen nach sich, die mich gefährden würden.

Wenn ich mich also nicht selbst gefährden wollte, mußte ich alles unternehmen, daß in meinem Laden Ordnung herrschte. Und so hielt ich es seit dem ersten Tage. Neue Besen kehren gut, höhnte man mir bald entgegen, als ich zunächst unterband, daß die Schreibkräfte tagsüber – also während der Arbeitszeit – ihre Einkäufe tätigten. Binnen kurzer Zeit hatte ich zwanzig Frauen, zumeist Sekretärinnen, gegen mich. In einem Rundschreiben informierte ich alle Mitarbeiter, daß aus sicherheitspolitischen Gründen die Erledigung privater Angelegenheiten während der Arbeitszeit und außer Haus künftig nicht mehr gestattet seien. Und in der Tat: Wer vorgab, einkaufen zu gehen, den Arzt zu besuchen oder irgendwelche Behördengänge zu erledigen, konnte auch Akten in die Stadt tragen. Insofern hatte ich die Betriebsleitung als auch den Betriebsrat auf meiner Seite.

Sodann unterband ich die als Modenschauen bezeichneten Frauenrunden in der Cafeteria, zu der sich an jedem Morgen die Damen des Hauses versammelten und Arbeitszeit vertratschten. Nun hatte ich überhaupt nichts gegen innerbetriebliche Kommunikation, doch mein Verständnis von Gerechtigkeit und Disziplin regte sich auch an diesem Punkte: Während die einen angestrengt arbeiteten – für einen guten oder schlechten Zweck war dabei unerheblich –, durfte nicht ein anderer Teil der Belegschaft untätig die Zeit vertrödeln. Das vertrug auf Dauer der Betriebsfrieden nicht. Und den wollte ich um jeden Preis herstellen. Auch zu dem Preis, den ich zahlte: Ich war bald der einsamste Mensch im ganzen Laden. Man sprach mit mir nur noch das Nötigste – ansonsten war ich Luft. Einerseits empfand ich diese Ausgrenzung als unangenehm – andererseits war dies durchaus auch von Vorteil: Ich konnte relativ ungestört meine Kreise ziehen. Ich begann mich in die geheimen Unterlagen einzulesen, kopierte die, die mir wichtig schienen, und deponierte die Abschriften in einem Versteck im Abfallkeller.

Nach etwa vierzehn Tagen im Amt, es war Anfang Dezember, die Stadt hatte sich bereits zum bevorstehenden Weihnachtsfest herausgeputzt, und auch im Foyer der Firma glänzte bereits ein Tannenbaum, ereilte mich ein Anruf. Es war der MAD. Man lud mich freundlich zum Vorstellungsgespräch nach Ebkeriege, einem Stadtteil von Wilhelmshaven, ein. Auf dem dortigen weitläufigen Kasernengelände saß die MAD-Gruppe 22 in einem vergitterten Flachbau, der »Baracke«. Ich fuhr mit leicht weichen Knien mit dem Auto zur Dienststelle. Dort erwartete mich Fregattenkapitän von P., der mir vier seiner engsten Mitarbeiter vorstellte. Die hatten sich nebeneinander aufgestellt und knallten die Hacken zusammen, als sie mir nach der Nennung ihres Namens und Dienstgrades – vom Leutnant bis zum Hauptbootsmann – die Hand reichten. Mein Gott, was für ein Aufgebot. Und dabei war ich, nach meinem Selbstverständnis, eine zivile Null. Wieso nahmen die mich so wichtig? Das ganze Zeremoniell ging erkennbar über ein freundliches Kennenlernen hinaus. Das irritierte mich.

Der Chef lud zu Tisch. Eine Sekretärin brachte Kaffee und Gebäck. Wir knabberten Kekse und plauderten Unverbindliches, wobei ich meinte, daß sich Otto J. mit seiner Einschätzung meines Gegenübers ein wenig vertan zu haben schien. Fregattenkapitän von P. machte auf mich einen sehr höflichen, sehr korrekten Eindruck, er war ein netter, charmanter Unterhalter mit sehr gepflegten Umgangsformen. So besaß ich den Mut, mich für den freundlichen Empfang zu bedanken und zugleich mein Erstaunen darüber zu erklären, schließlich sei ich ungedienter Zivilist.

Von P. wiegelte mit einer lässigen Geste ab. Offenbar habe man mir noch nicht erklärt, daß ich als Sicherheitsbeauftragter in der Wirtschaft in ihrer Wahrnehmung den Sicherheitsbeauftragten im Bundeswehrbereich gleichgestellt sei, und dies wären ausnahmlos Offiziere. Insofern könne ich mich im Range eines Offiziers wähnen und müsse nicht an Minderwertigkeitskomplexen leiden. Ich lächelte über diese Erklärung. (Daß es sich genau so verhielt, sollte ich später an einem simplen Vorgang demonstriert bekommen: Man kritisierte mich verhalten, wenn ich in Dienststellen der Marine nicht standesgemäß das Offizierskasino aufsuchte, sondern in der Mannschaftsmesse mein Essen einnahm. Ich hätte nie angenommen, daß der Standesdünkel in der Bürgerarmee noch derart ausgeprägt sein würde.)

Der Fregattenkapitän kam schon bald zum offiziellen Teil seiner Rede. Er sprach militärisch knapp und präzise, den Blick in meine Augen gerichtet. Ich hielt stand und wich ihm nicht aus. Seine Mitarbeiter saßen unterdessen stumm auf ihren Stühlen.

»Herr Gebauer, ich darf Sie in aller Form in der Dienststelle des MAD als unseren künftigen indirekten Mitarbeiter willkommen heißen.«

Den Begriff des »inoffiziellen Mitarbeiters« gebrauchte er nicht. Der kam im übrigen auch erst nach dem Ende der DDR und bei der allgemeinen Stasi-Hatz in Verkehr. Bis dato kannte kaum jemand außerhalb des MfS dieses nunmehr stigmatisierende Kürzel IM. Aber ob nun inoffizieller oder indirekter Mitarbeiter: Die Initialen sind nicht zufällig identisch. Kurzum, per Handschlag war ich nunmehr IM des MAD.

»Was Ihre Aufgaben in der Firma sind, muß ich Ihnen nicht sagen, darüber sind Sie von Ihren unmittelbaren Vorgesetzten hinreichend informiert worden. Sie sollten nur wissen, daß wir einen gemeinsamen Auftraggeber haben, die Marine. Und unser Auftrag lautet, möglichen Schaden zu verhindern, der bei der Entwicklung des Projektes »Tenne« eintreten könnte. In diesem Sinne ist auch das Landesamt für Verfassungsschutz und der Bundesnachrichtendienst aktiv. Da gibt es mitunter Kompetenzgerangel. Für uns aber sollte klar sein: Das ist unser Baby, also tragen wir auch die größte Verantwortung.«

Die Herren an seiner Seite nickten beifällig. Ich schwieg weiter und blickte unbeeindruckt in die Augen meines Gegenübers.

»Ich will Ihnen, Herr Gebauer, nicht verschweigen, daß wir in bezug auf die Zusammenarbeit mit Ihrem Vorgänger nicht zufrieden waren. Wir standen kurz davor, in Bonn auf der Hardthöhe vorstellig zu werden. Ich unterließ es, als wir erfuhren, daß ein neuer Sicherheitsbeauftragter bei IBM kommen würde.«

»Was hatten Sie an ihm auszusetzen?«, erkundigte ich mich interessiert. Ich wollte dies jedoch nicht wissen, um meinen Vorgänger zu desavouieren, sondern um in Erfahrung zu bringen, wo die neuralgischen Stellen in meiner künftigen Zusammenarbeit liegen könnten.

»Er hielt sich erkennbar auf Distanz zu uns, lieferte uns kaum und wenn, dann nur unvollständig, Informationen über Mitarbeiter. Wir mußten oft über Dritte gehen, um uns ein Bild zu machen, ob jemand gegen die Sicherheitsbestimmungen verstieß oder nicht. Das alles war unergiebig, mitunter ärgerlich.«

Das konnte ich – aus seiner Sicht – verstehen. Auf der anderen Seite hatte sich Otto J. völlig korrekt verhalten. Es gab hier also einen objektiven Interessenkonflikt, den man nicht aufheben konnte. Man konnte ihn nur mildern, indem man sich kooperativ verhielt.

»Seien Sie versichert, daß Sie mit dieser Art Ärger nicht zu rechnen haben«, erklärte ich. »Mir steht das Hemd näher als der Rock, ich bin ein harmoniebedürftiger Mensch und gehe jedem Ärger aus dem Wege…«

Der Fregattenkapitän ließ ein leichtes Lachen vernehmen. »Da hört man aber momentan anderes aus der Firma.«

Ich verstand seine Anspielung. »Ach, wissen Sie, man kann nicht die Fackel der Wahrheit durch die Menge tragen, ohne jemanden den Bart zu sengen. Wenn Sie verstehen, was ich meine.«

Er griente.

»Ich will offen und vertrauensvoll mit allen drei Diensten zusammenarbeiten – Ihre Reibereien mit der Konkurrenz interessieren mich dabei nicht, die müssen Sie untereinander austragen. Gegenseitiges Vertrauen, offener Austausch von relevanten Informationen und gemeinsame Abwehr von Fremdeinblicken – das sind die Essentials, auf die wir uns verständigen sollten. Was gestern war, ist Schnee vom letzten Winter – wir sollten uns auf eine gemeinsame Zukunft einrichten.«

Die Unifomierten nickten kollektiv Zustimmung. Das riß mich zu einer Schlußbemerkung hin, die nicht einmal gespielt war. »Im übrigen habe ich zur Marine ein positives Verhältnis – als Junge wollte ich immer U-Boot-Kommandant werden!«

Fregattenkapitän von P. lachte herzhaft. Das könne er durchaus sicherstellen. Sobald ein U-Boot im Hafen festmache, wolle er mich informieren und mit mir an Bord gehen, damit ich wenigstens einmal besuchsweise meinen Kindertraum verwirklichen könnte. Er fragte nicht, wo dieses naive, pubertäre Interesse herrührte. Natürlich hatte ihn die Nazipropaganda geweckt, die zu Beginn der vierziger Jahre jedes mit Torpedos auf dem Atlantik versenkte Schiff feierte. Die bärtigen U-Bootfahrer, vornehmlich die Kommandanten, waren die Idole jeder UFA-Wochenschau. Wir Halbwüchsigen wollten alle so werden wie Prien und seinesgleichen. Das verlor sich bald, und später schlug die Bewunderung in Mitleid um: Von den etwa 47.000 U-Bootfahrern hatten nur etwas mehr als 6.000 den Krieg überlebt. Die übergroße Mehrheit der Seemänner ertrank draußen auf dem Atlantik, starb sinnlos wie ihre Opfer, die sie zuvor versenkten.

Nach einer Pause wurde der MAD-Chef wieder erkennbar ernst. Er habe da ein Problem, daß er mit mir erörtern wolle.

»Sie wissen, daß jeder durchgecheckt wird, bevor er in VS-Bereichen der Rüstung eingestellt wird. Auch Sie.«

»Ich weiß.«

»Ich kenne übrigens Ihr Ergebnis. Bonn hat Ihnen ein sehr gutes Zeugnis ausgestellt. Deshalb rede ich auch ganz offen mit Ihnen.«

»Wo ist das Problem?«, erkundigte ich mich aufgeschlossen.

»Homosexualtität wird dabei nicht berücksichtigt.«

Das überraschte mich denn doch ein wenig. »Ich wußte nicht, daß sexuelle Präferenzen und nationale Sicherheit etwas miteinander zu tun hätten.«

Aus dem Gesicht des Fregattenkapitäns verlor sich die Heiterkeit endgültig. »Homos sind erpreßbar und damit unter Umständen ein Sicherheitsrisiko.«

Ja, meinte ich nachdenklich, da könne etwas dran sein. Doch was hätte ich damit zu tun?

»In Ihrer Firma gibt es so eine Tunte. Fachlich hat er die besten Zeugnisse, er ist unauffällig und deshalb durch alle Sicherheitsnetze gerutscht. Aber der muß aus dem Sicherheitsbereich raus. Bringen Sie ihn in der Verwaltung unter, oder veranlassen Sie, daß er in eine andere IBM-Niederlassung versetzt wird.«

Das war starker Tobak. Der MAD wollte also mit meiner Hilfe Personalpolitik machen – wogegen ich schon aus Prinzip war. Wie kam ein Geheimdienst dazu, über die berufliche Entwicklung unbescholtener Staatsbürger zu befinden? Andererseits konnte ich das ungehörige Ansinnen nicht in dieser Deutlichkeit zurückweisen. Dann wäre ich sofort unten durch bei denen. Und wenn es sich um einen Test handelte? Daß es weniger um den homosexuellen Kollegen, sondern mehr um mich ging: Wie würde ich mich in einem solchen

Falle entscheiden? Als Demokrat, der das ablehnen mußte, als Opportunist, der dem Geheimdienst zum Munde redete? Welcher war ihnen lieber – einer mit Rückgrat oder ein Weichei?

»Ich würde eine andere Lösung favorisieren«, warf ich ein.

Der Fregattenkapitän zog die eine Augenbraue in die Höhe. »So. Welche?«

»Wenn wir ihn weglobten, wäre das Problem nur hier aus der Welt – IBM arbeitet auch in anderen Niederlassungen an sicherheitsrelevanter Hochtechnologie. Zudem bewertet IBM die berufliche Qualifikation höher als das Intimleben seiner Mitarbeiter.« Ich machte eine Pause.

»In der Niederlassung wird bereits hinter vorgehaltener Hand getuschelt, daß der Mann homosexuell sei. Er sollte es öffentlich machen. Ich werde mit ihm sprechen und ihm bewußt machen, daß er sich outen sollte. Damit ist es kein Geheimnis mehr, mit dem er erpreßt werden könnte.«

Der MAD-Chef schaute mich an, seine Mundwinkel umspielte ein leichtes Lächeln. Er wirkte ein wenig überrascht. »Eine interessante Überlegung. Wir werden darüber nachdenken.«

»Wann?« Ich setzte sofort nach.

»Nun, ich werde mit unserer Rechtsabteilung in Köln Rücksprache nehmen und Ihren Vorschlag – den ich im übrigen für sehr fair halte, der aber unseren Vorschriften entgegensteht – dort nachdrücklich vortragen. Ungeachtet der Entscheidung aus Köln würde ich Sie bitten, bereits jetzt das Gespräch mit dem Mann zu führen und ihn auf mögliche Entwicklungen vorzubereiten.«

Dieses Ansinnen wies ich entrüstet zurück. Ich werde den Teufel tun und keine schlafenden Hunde wecken, erklärte ich scharf. Mit dem Mann wolle ich erst dann reden, wenn alles in Sack und Tüten wäre und Köln Zustimmung erteilt. Vorher nicht. Ich handele nicht mit sauren Zitronen, sagte ich.

Der Fregattenkapitän akzeptierte meinen Einwand, was hätte er auch anderes tun können. Sodann holte er ein zweites Personalproblem auf den Tisch. Da wäre Eile geboten.

»Wie Sie vielleicht wissen, sollen demnächst bei einem Seemanöver Elemente von »Tenne« unter gefechtsnahen Bedingungen getestet werden. Wir wollen gemeinsam mit IBM die Funktionsfähigkeit der computergestützten Leitsysteme auf See prüfen. Dazu werden Mitarbeiter von IBM an Bord gehen, sogenannte Freiwillige. Unter den in Frage kommenden Spezialisten ist ein schwarzes Schaf, den wollen wir auf keinen Fall dabei haben.«

Ich zeigte mich erstaunt. Was sollte denn der auf dem Kerbholz haben, was ich aus seiner Akte nicht wußte?

»Nach Erkenntnissen des Verfassungschutzes in Köln war dieser Mann als Student in der linken Szene involviert. Er hat überdies den Wehrdienst verweigert und wurde auch als Wehrdienstverweigerer anerkannt. Ein solcher Mann kommt mir nicht an Bord.«

Das verschlug mir dann doch ein wenig den Atem. Hier hatte jemand seine legitimen demokratischen Rechte wahrgenommen und galt damit als potentieller Feind der freiheitlich-demokratischen Grundordnung. Und dieser Vorwurf wurde hier auch noch so deutlich ausgesprochen. Ich war mehr als erschrocken. Das war nicht minder schäbig als die Praxis in der DDR, den nicht ganz Linientreuen zu unterstellen, sie wären potentielle Gegner der Arbeiter-und-Bauernmacht, wie es dort hieß. Darüber entrüstete man sich von Staats wegen in der Bundesrepublik, und die Gutgläubigen plapperten es nach. Bei Lichte besehen, fand hier dasselbe statt: Mir gegenüber saßen fünf Pharisäer.

»Der genannte Systemingenieur ist einer unserer besten Leute«, warf ich zaghaft ein. »Vielleicht denkt er heute über seine Vergangenheit ganz anders?«

Der MAD-Chef machte eine wegwerfende Handbewegung, seine Stimme schnitt wie eine Sichel durch die Luft. »Da hat einer dran gedreht. Der hat sich nicht geändert. Das kriegen wir noch raus, wie der bis an die Stelle vordringen konnte. Der Mann muß gehen, basta. Sie und die Firma können allenfalls noch dafür sorgen, daß er einen erträglichen Abgang bekommt. Wir wollen kein Aufsehen. Das wäre auch nicht gut für »Tenne«.«

Ich merkte, in diesem Falle biß ich auf Granit, würde ich den Mann verteidigen. Der Stab über ihn war bereits gebrochen. Also willigte ich zähneknirschend ein, was mir unerwartet Anerkennung eintrug.

»Ich wußte, Sie sind der richtige Mann. Wir werden uns verstehen.«

Nun hatte ich ein Problem auf dem Tisch. Wie konnte ich einen Mann loswerden, ohne daß er selbst oder die Belegschaft über die wahren Ursachen seines Weggangs unterrichtet wurden? Schlechte Arbeit konnte ihm nicht nachgesagt werden, er wurde zudem nachweislich gebraucht. Natürlich war ich nicht der Personalchef, das war dessen Problem – sollte er doch zusehen, wie er es löste. Ich mußte nur darüber nachsinnen, wie ich eine Weisung des MAD zu deren Zufriedenheit ausführte, ohne mich dabei in die Nesseln zu setzen.

Ich dachte bereits, daß mit diesem Punkt die Tagesordnung erschöpft sei, doch ich sollte mich geirrt haben. Von P. hatte noch einige Positionen auf seiner Liste, die er in Vorbereitung auf unser erstes Gespräch in seinem Kopf skizziert hatte.

»Drogen«, sagte er. »Wir haben damit Schwierigkeiten.«

Ich nickte verständnisvoll, fragte aber: »Inwiefern?«

Es gebe in Wilhelmshaven einige einschlägige Lokale, in denen mit Drogen gehandelt werden würde, sagte der Fregattenkapitän.

Das sei mir durchaus bekannt, sagte ich. Ob dies nicht eine Angelegenheit des Drogendezernats der Polizei sei. Was habe der MAD damit zu tun?

Der Fregattenkapitän lächelte süß-sauer. »Da verkehren nicht nur unsere Leute von der Marine, sondern auch Kollegen von IBM.«

Ich hob die Schultern. »Wir sind ein freies Land.«

»So ist es. Aber wer Drogen nimmt, kann abhängig werden. Und wer abhängig ist, dreht früher oder später durch. Außerdem verdient niemand selbst bei Ihnen soviel, daß er die Sucht aus den laufenden Einnahmen finanzieren könnte. Also gibt es einen erhöhten Geldbedarf – da verkauft man alles. Unter Umständen auch Geheimnisse an den Feind...«

Dieser Logik konnte ich wenig entgegensetzen. »Sicher. Aber wissen Sie denn, ob unter den IBM-Leuten Drogenabhängige sind? Die Tatsache, daß man bestimmte Lokale aufsucht, muß doch nicht zwangsläufig bedeuten, auch Junkie zu sein.«

Nein, sagte der Dienststellenleiter, davon wüßten sie nichts. Er wollte nur auf das Problem aufmerksam machen. »Nicht genug, daß wir auf unsere Leute aufpassen müssen – jetzt haben wir auch noch über hundert von IBM auf dem Hals.« Es gebe Studien der CIA, so der Fregattenkapitän, in denen nachgewiesen werde, daß »der Gegner« bewußt Drogen zur Zersetzung der Wehrkraft einsetzen würde.

»Na, kommen Sie«, hielt ich dagegen, »daß die meisten GIs in Vietnam an der Nadel hingen und das Drogenproblem in die Staaten getragen haben, kann man kaum dem Vietcong ankreiden. Und wenn in Wilhelmshaven gefixt und Haschisch geraucht wird, liefert bestimmt nicht der Warschauer Pakt den Stoff.«

Mein Gegenüber signalisierte mit einer Handbewegung, daß er das nicht so sehe. Man wissen noch nicht, wo das Zeug herkäme, sagte er, und würde es wohl auch nie erfahren, wenn man ausschließlich so arbeiten würde wie das Drogendezernat. Die schnappten sich die kleinen Dealer und Fixer, doch an die Großhändler und Strippenzieher würde man so nicht herankommen. »Sehen Sie: Unter den Wehrpflichtigen, die Jahr um Jahr zur Marine und zum Heer kommen, sind Abhängige, die bringen das Problem mit in die Bundeswehr. Das ist für uns ein beachtliches Problem mit sicherheitsrelevanten Implikationen. Das bekommen wir nicht gelöst, wenn wir die Verbraucher wegfangen. Wir müssen an die Wurzeln. Also beobachten wir die Verbraucher. So arbeiten wir uns Schritt für Schritt zu den Strippenziehern vor.«

Das schien mir einleuchtend. Aber viel verhängnisvoller war nach meinem Eindruck eine legale Droge.

Auch das war dem Fregattenkapitän bekannt. »Natürlich wird gesoffen. Dagegen habe ich nichts. Ich habe nur etwas dagegen, wenn im Dienst an Bord getrunken wird. Wir machen zuweilen Stichproben«, erklärte er und beugte sich zu mir über den Tisch. »Wir nehmen bei Besatzungen, die auslaufen, Urin und Blut, um Drogen oder Alkohol festzustellen. Das hat genau die abschreckende Wirkung erzielt, die wir haben wollten. Aber wir können damit nicht verhindern, daß auf See getrunken oder gekifft wird. So ein Schiff ist bis unters Deck vollgestopft mit Sprengstoff. Raketen, Torpedos, Flak, Handfeuerwaffen – je nachdem, um welchen Typ es sich handelt. Auf See befinden die sich immer im Kriegszustand. Da sind die Schiffe der Sowjets, in der Ostsee noch die von der DDR-Volksmarine und den Polen. Wenn da einer mal durchdreht und im Vollrausch auf den roten Knopf drückt, haben wir den Dritten Weltkrieg. Verstehen Sie?«

Ich verstand. Von dieser Seite hatte ich das Problem noch nicht betrachtet. Und – Ironie der Geschichte – in diesem Punkte stimmte ich mit ihm wirklich völlig überein. Es existierte ein kongruentes Interesse, die Gefahr eines unkontrollierten Konfliktes zu mindern. Ohne jede Einschränkung machte ich dem MAD-Mann das Angebot, ihn zu informieren, wenn ich bei meinen Leuten eine ausgeprägte Affinität zu Drogen und zum Drogenmilieu feststellen sollte. Im Gegenzug wollte ich natürlich Hinweise vom MAD haben, wenn sie auf ihrer Seite fündig werden sollten.

»Ein letzter Punkt.« Fregattenkapitän von P. arbeitete wie ein Computer seinen Fahrplan ab. Was kommt denn nun noch, dachte ich.

»Wie Ihnen bekannt ist, dürfen Mitarbeiter von IBM zwar nach Westberlin, aber nicht über die Transitstrecke. Das ist Ihnen wie auch anderen Berufsgruppen strikt untersagt.«

Das wisse ich, sagte ich, obgleich ich ein solches Reiseverbot für unzulässig hielt. Das sagte ich natürlich nicht. Hier herrschte die gleiche Heuchelei wie auf anderen Feldern. Der DDR wurde zu Recht vorgehalten, daß sie ihre Bürger einmauerte und ihnen Freizügigkeit aus Gründen der Staatsräson verweigerte. Die Freiheit, sich auf der Erde zu bewegen, wie man es mochte, war und ist ein grundsätzliches Menschenrecht – es vorzuenthalten, war unstatthaft und konnte nicht mit Verweis auf die Gewährung anderer Menschenrechte aus der Welt geschafft werden. Doch hier passierte das gleiche. Bundesbürgern wurde untersagt, in oder durch die DDR bzw. andere Ostblockstaaten zu reisen.

»Ist das nicht mehr eine Aufgabe des Verfassungsschutzes?« fragte ich scheinheilig und wohl wissend, daß es genauso war. Die Kontrolle der Transitreisenden von und nach Westberlin fiel in sein Ressort. Die Verfassungsschützer hockten mit beim BGS an der Grenze und schauten den Grenzern unstatthaft bei der Kontrolle der Pässe über die Schultern.

Der Fregattenkapitän wiegelte ab. »In gewisser Weise schon, doch wenn es uns tangiert, haben auch wir ein Auge darauf, wenn Leute aus unserer Obhut in den Einflußbereich des potentiellen Gegners geraten.«

Der MAD wisse jedenfalls, daß einige IBM-Mitarbeiter sich über diese Weisung regelmäßig hinwegsetzten und über die Autobahn nach Westberlin fahren würden. In der Vergangenheit habe man dies meinem Vorgänger mit dem Hinweis gesteckt, es künftig zu unterbinden. Der jedoch habe das ignoriert, er sei nicht aktiv geworden. Er hoffe, daß sich das künftig ändern werde.

»Worauf Sie sich verlassen können, Herr Fregattenkapitän«, sagte ich aus dem gleichen Grunde, weshalb ich auch an anderer Stelle Bereitschaft zur Zusammenarbeit signalisiert hatte. Ich wollte Ruhe im Schiff und nicht ständig irgendwelche Schnüffler an Bord haben, die wegen Bagatellen aktiv wurden.

Der MAD-Chef meinte dennoch, mich aufklären zu müssen. »Sehen Sie, die Reise im Transit kann wirklich ganz harmlos sein. Daß aber die Gegenseite jeden Rastplatz überwacht, ist so sicher wie sonst was. Die werden immer nach Gründen suchen, einen Bundesbürger unter Druck setzen zu können – und sei es nur, daß er in eine fingierte Geschwindigkeitskontrolle gerät, um ihm belastendes Material unterzuschieben und dergleichen, damit er anschließend erpreßt werden kann. Sie können sicher sein, daß die die Kennzeichen der Mitarbeiter von IBM kennen. Jede Putzfrau kann die ihnen gemeldet haben... Apropos Putzfrau«, er kramte im Gedächtnis, offenbar hatte er einen Tagesordnungspunkt übersehen. »Uns liegt von der bei IBM beschäftigten Reinigungsfirma nur eine pauschale Versicherung vor, daß alle Damen ein polizeiliches Führungszeugnis vorgelegt hätten. Das genügt uns nicht. IBM hat es sich ziemlich leicht gemacht; ich vermute mal aus Kostengründen. Eine individuelle Überprüfung ist, wie Sie wissen, sehr aufwendig und damit sehr teuer. Ich würde Sie also bitten, auch auf dieses Personal ein sehr wachsames Auge zu richten.«

Ich nickte. Mein Gott, worum die sich beim MAD alles kümmerten.

»So«, meinte der Fregattenkapitän und schnippte mit den Fingern, »damit hätten wir das Dienstliche besprochen. Nunmehr kommen wir zum privaten Teil. Hauptbootsmann B. wird Ihr unmittelbarer Partner sein, tauschen Sie mit Ihm Telefonnummern und Adressen aus. Er wird Sie anschließend noch durch unsere Büroräume führen und Sie mit den anderen Mitarbeitern bekannt machen. Wenn Sie sich nur unterhalten wollen, können Sie unseren gemütlichen Aufenthaltsraum nutzen – wenn Sie etwas trin-ken wollen, müssen Sie in die Kantine gehen. In der Dienststelle herrscht striktes Alkoholverbot. Was nicht heißt«, er schnippte ungeduldig zum zweiten Mal mit seinen Fingern, »daß wir unsere Zusammenarbeit nicht mit einem guten Tropfen begießen sollten.«

Nunmehr hatte die Sekretärin im Vorzimmer das Zeichen ihres Chefs verstanden. Die Tür öffnete sich, und es wurde ein Tablett mit gefüllten Cognac-Schwenkern hereingetragen. »Prost«, sagte der Fregattenkapitän und stieß sein Glas an das meine. Die anderen folgten seinem Beispiel. Wenn mich die in Ostberlin so sehen könnten, dachte ich. Entweder flögen dort vor Freude die Sektkorken oder sie witterten Ungemach. Egal, das Spiel mit doppeltem Boden war nun im Gange.

Im Anschluß ging der Hauptbootsmann mit mir durch das MAD-Objekt. Er stellte sich mir als »Emil« vor und machte einen freundlichen Eindruck. Es war ein älterer Kollege, der auf die Pensionierung zusteuerte.

In den einzelnen Büros saßen Menschen in Uniform und in Zivil, es sah wie überall aus. In einem größeren Raum, der mit Fernschreibern und Stahlschränken vollgestellt war, arbeiteten drei Damen. Zwei von ihnen begrüßten mich sehr freundlich, die dritte schaute nur kurz auf und nickte mit dem Kopf, als ich Guten Tag sagte. Sie wirkte sehr ernst und unterschied sich auch dadurch von ihren Kolleginnen, daß sie kein Make-up aufgetragen hatte. Irgend etwas faszinierte mich auf den ersten Blick an dieser Frau.

In der Kantine, in die mich Emil nach unserem Rundgang zu einem Bier einlud, kam ich auf diese Frau zu sprechen. »Eine sehr fleißige Kollegin«, sagte er. »Ich habe häufig mit ihr zu tun. Wirklich sehr gut. Aber so lange ich sie kenne, habe ich die noch nie lachen gesehen. Sie muß eine schreckliche Ehe hinter sich haben. Ist seit einigen Jahren geschieden.« Emil nippte an seinem Bier und tat so, als könne er Gedanken lesen. »Als Mann hast du keine Chance. Die hat bisher jeden abblitzen lassen. Wir nennen sie nur Mauerblümchen oder stilles Wasser. Aber du weißt ja«, er stieß mir den Ellenbogen in die Seite, »stille Wasser sind tief.« Er ließ ein guturales Lachen ertönen und hob zwei Finger. Der Kantinenwirt nickte.

»In ein paar Jahren mustere ich hier ab und gehe in Pension. Dann können die mir alle mal am Hobel blasen...« Emil nahm einen tiefen Zug.

»Wieso, gefällt dir dein Job nicht?«

»Hör mir doch auf«, knurrte Emil. »Hier gibt es keine geregelten Dienstzeiten, wir sind rund um die Uhr im Dienst, Tag und Nacht können sie dich holen. Das ist wie lebenslänglich Knast. Du bist leibeigen, nicht mehr Herr deines eigenen Lebens. Verstehst du?«

Ich glaubte zu ahnen, was er meinte, ohne die Details zu kennen. In dieser Hinsicht glichen sich wohl alle Dienste, die konspirativ arbeiteten und naturgemäß alle Mitarbeiter total vereinnahmten. Man sprach nicht grundlos von der »Familie«. Sie fühlte sich für jeden Mitarbeiter vollständig verantwortlich – und verlangte dafür im Gegenzug die totale Ein- und Unterordnung unter die Interessen der »Familie«.

»Die Drogensache, von der der Chef gesprochen hat, gehört natürlich in das 7. Kommissariat der Polizei in Wilhelmshaven, da hattest du völlig recht. Aber weil der Heiligenschein der Marine nicht Schaden nehmen darf, müssen wir das alles regeln. Wir haben in jeder Kneipe unsere Informanten sitzen, ein Spitzelsystem aus erpreßten Marinern. Wir haben sie alle unter Druck gesetzt, wenn wir ihnen was nachweisen konnten: Entweder ihr arbeitet für uns oder ihr fliegt in Unehren aus der Marine. Was meinst du, wie die alle umfallen.«

Das sei doch illegal, warf ich ein.

»Na klar. Nur manchmal, wenn es zu dicke war, informierten wir den Staatsanwalt. Aber ansonsten haben wir jeden Gesetzesbruch, der uns nützlich war, gedeckelt und den Delinquenten an die Kette gelegt. Du wirst schon sehen, wie das läuft.« Er hob wieder zwei Finger. Der Wirt war schon auf dem Weg.

»Du hast bei unserem Alten ein Stein im Brett, das habe ich gemerkt«, meinte Emil am Ende des Gespräches und schob mir seine Visitenkarte über den Tisch. »Hier erreichst du mich. Wenn möglich aber nicht in der Nacht.« Er blinzelte mich vieldeutig an. Ich hatte ihn verstanden und wirklich keine Ambitionen, mit ihm eine Geheimdienst-Ehe einzugehen.

In den nächsten Wochen hatte ich viel zu tun. Zum einen mußte ich die von Fregattenkapitän von P. mir angetragenen Wünsche realisieren, um meine Zuverlässigkeit unter Beweis zu stellen, zum anderen wollte ich meine Partner in Ostberlin über die Entwicklungen in Wilhelmshaven informieren. Also rief ich »Möwe« an, um mein Kommen zu avisieren. Zum dritten – ich war Mitte Vierzig und mit einer Rollstullfahrerin verheiratet – zog es mich mit magischer Gewalt zu diesem Mauerblümchen in die MAD-Dienststelle. Das war der ausschließliche Grund, weshalb ich in der nächsten Zeit wiederholt dort vorstellig wurde, mein Essen in der Kantine einnahm und, sofern sich Gelegenheit bot, mich dabei an ihren Tisch setzte. Wir aßen schweigend, außer »Mahlzeit« und ein paar kurzen Bemerkungen übers Wetter sagten wir nichts. Dann trennten wir uns schon.

Die Kollegen des MAD registrierten meine häufigen Besuche mit Wohlgefallen, nahmen sie doch an, dies sei auf mein Interesse an einer gedeihlichen Zusammenarbeit zurückzuführen. Ich schien diesem Eindruck auch zuzuarbeiten, indem ich regelmäßig über den Fortgang meiner Aktivitäten bei IBM berichtete.

So hatte ich – entgegen meiner ursprünglichen Absicht – doch das Gespräch mit dem homosexuellen Mitarbeiter geführt. Wir sprachen ganz offen über das vom MAD skizzierte Problem, er offenbarte ein Höchstmaß an Verständnis für die Sicherheitsbedürfnisse des Dienstes und der Firma, ohne servil zu wirken. Der Mann war sehr selbstbewußt und ging sehr souverän mit seiner von der Norm abweichenden Sexualität um. Aber was hieß schon »von der Norm abweichend«? Ich habe im Laufe meines Lebens mit sehr vielen Lesben und Schwulen zu tun gehabt, vor allem später in der Haft, und gerade bei ihnen ein Höchstmaß an Toleranz und Mitmenschlichkeit beobachtet. In diesem Sinne wichen sie in der Tat von der gesellschaftlichen Norm ab. Seit meiner Jugend hatte ich nie einen Freund besessen, der diese Bezeichnung verdient hätte. Erst später, nach meiner Verturteilung und während unzähliger Demütigungen hinter Gittern, lernte ich Menschen kennen, die mir derartige Gefühle entgegenbrachten. Darunter waren auch solche Personen. Das war anrührend und bewegend.

Der Ingenieur bei IBM folgte bereitwillig meinem Vorschlag, eine Erklärung zu unterzeichnen, mit der er sich verpflichtete, Anbahnungsversuche gleich welcher Art umgehend beim Sicherheitsbeauftragten, also bei mir, zu melden. Dieses Papier legte ich der Personalakte bei und sicherte ihm zu, es umgehend zu entfernen und zu vernichten, sofern er die Firma verlassen oder in eine andere IBM-Niederlassung wechseln würde. Damit hatte ich der Forderung des MAD Genüge getan. Dennoch blieb ein schales Gefühl zurück: Was hatte es einen Geheimdienst in einer Demokratie zu interessieren, welche Neigungen und Bedürfnisse ein unbescholtener Bürger verspürte? Er verstieß damit weder gegen geltendes Recht noch gegen öffentliche Sitte und Moral. Was einer daheim unter der Bettdecke trieb, ging niemanden etwas an. Schon gar nicht den MAD.

Ähnlich verhielt es sich mit dem Mitarbeiter, der wegen seiner Kriegsdienstverweigerung IBM verlassen sollte. Ihm gehörte meine ganze Sympathie. Schließlich hatte ich mich seinerzeit ebenso verhalten, ich konnte seine Haltung nachvollziehen. Auch hier rangen wieder zwei Seelen in meiner Brust. Schließlich behielt die Ratio die Oberhand – ich mußte mich zu einem, auch wenn dies zynisch klang, Bauernopfer entscheiden. Im Betriebsrat, wo ich eine beratende Stimme in sicherheitsrelevanten Personalfragen besaß, trug ich die Bedenken des MAD vor. Zugleich verwies ich auf die gleiche Auffassung Bonns und der Leitung der Niederlassung. Damit hatte der Betriebsrat kaum noch Spielraum und stimmte der Versetzung des Kollegen zu. Dieser wurde nie über den tatsächlichen Grund informiert, weshalb er von seiner Aufgabe in Wilhelmshaven entbunden wurde und bei einer anderen IBM-Tochter eine neue Tätigkeit aufnehmen mußte.

Ehe ich mich der Reinigungsfirma zuwenden konnte, erhielt ich aus Bonn Vordrucke, die die Raumpflegerinnen ausfüllen sollten. Der Zweck war erkennbar: Sie wurden gefragt, ob sie verwandtschaftliche Beziehungen zu Bürgern der DDR unterhielten, und ob diese aktiv wären. Zudem wollte man Namen und Adressen dieser Personen haben sowie Auskünfte über deren Tätigkeit und Einbindung in das dortige gesellschaftliche System. Es war ganz offenkundig, daß hinter dieser systematischen Ausforschung das Bundesamt für Verfassungsschutz stand. Wie mit einem Schleppnetz fischte man alle denkbaren Personen nach Informationen ab, die man in der Auseinandersetzung mit dem »potentiellen Gegner«, wie es unpräzise-verwaschen stets hieß, glaubte zu gebrauchen. Daß man es drüben auch so trieb, machte die Praxis auf unserer Seite nicht weniger anrüchig.

Ich rief sofort Dr. W. in Bonn an und machte auf diese unselige Befragung aufmerksam. Der Ministerialbeamte zeigte sich ein wenig erschrocken. Ich glaube nicht, daß es gespielt war. Er war in dieser Hinsicht erkennbar unsensibel, was wohl Indiz für eine gewisse Betriebsblindheit war – wenn man sich nur mit solchen Fragen beschäftigt, verliert man die Fähigkeit, sich vorstellen zu können, wie dieser oder jener Vorgang auf andere wirken könnte.

»Oh«, sagte er erschrocken, »ich habe lediglich mein Sekretariat gebeten, diese Unterlagen aus dem Wirtschaftsministerium anzufordern und Ihnen zuzustellen. Ich habe sie mir nicht angeschaut.«

»Das hätten Sie aber tun sollen. Die verstoßen eindeutig gegen den Datenschutz. Und Sie wissen, daß gerade bei IBM auf die Einhaltung datenrechtlicher Bestimmungen großer Wert gelegt wird.«

Dr. Wichert räusperte sich am anderen Ende der Leitung. Er hatte mich verstanden, ihm war die Angelegenheit peinlich und erteilte mir Prokura, so zu verfahren, wie ich es für richtig hielt. Er gestand mir sogar die Möglichkeit zu, die Vordrucke unausgefüllt dem Reißwolf zu überantworten. Allerdings, damit schränkte er diese Freiheit sofort wieder ein, würde ich dafür haften, wenn unter den Putzen ein Spion wäre. Er hängte dieser Feststellung ein gekünsteltes Lachen an, was seine Angst eher unterstrich als beseitigte.

Ich tat, wie mir geheißen, und vernichtete die Vordrucke. Sodann meldete ich mich bei dem Inhaber der Reinigungsfirma an, dem ich die Sorgen meiner Dienstherren vortrug. Der Mann zeigte dafür erkennbar Verständnis und erklärte sich bereit, alle seine Mitarbeiterinnen persönlich zu befragen, ob sie Verwandte in der DDR hätten. Sofern dies der Fall wäre, wollte man die Damen künftig nicht mehr bei IBM und in anderen Bundeswehrbereichen einsetzen. Wie sich zeigte, betraf dies zwei der sechs Frauen, die bei IBM Staub saugten, Toiletten reinigten und die Papierkörbe lehrten. Sie wurden, ohne daß ihnen der Grund genannt wurde, künftig nicht mehr zu uns geschickt.

Diese Episode wäre insofern nicht der Erwähnung wert, wenn ich nach dem Ende der DDR nicht wiederholt mit der staatsoffiziellen Entrüstung über das hypertrophierte Sicherheitsinteresse der zweiten deutschen Republik konfrontiert worden wäre. Unausgesprochen schwang dabei stets die Suggestion mit, daß bei uns, in unserem demokratischen Gemeinwesen, eine solche totale Ausforschung nie und nimmer denkbar sei.

Und ein zweites Moment ist in diesem Kontext des Festhaltens wert. Das Argument der Ostdeutschen, sie hätten dienstlich mit dem MfS zu tun gehabt und mit deren Mitarbeitern verkehrt, wie sie mit jeder anderen legalen Behörde der DDR verkehrt hätten, löste bekanntlich im Westen Entsetzen und Empörung aus. Wie konnte man nur – roch man nicht Pech und Schwefel und das damit verbundene Unrecht? Man selbst hätte sich ganz gewiß anders verhalten. Hätte man nicht. Der Chef der Putzfirma verhielt sich mir und meinem Ansinnen gegenüber so, wie sich Tausende Ostdeutsche gegenüber dem MfS verhalten haben: offen und fair und kooperativ.

Nicht ganz so reibungslos verlief die Sache mit den Transitreisenden. Es gab deren sieben bei IBM. Vier hatten Verwandte in Westberlin, drei dort eine Freundin. Von mir darauf angesprochen, künftig nicht mehr mit dem Auto durch das Gebiet der DDR zu reisen, erntete ich heftigen Protest. Eine solche Vorschrift stünde nicht in ihrem Arbeitsvertrag. Da hatten sie natürlich recht, und ihr Hinweis, daß dies ein Fall fürs Arbeitsgericht sei, beunruhigte mich natürlich. Ich wollte keine schlafenden Hunde wecken. Das würde aber passieren, wenn die betreffenden Mitarbeiter vor den Kadi ziehen würden. Ich glaubte nicht, daß ihnen Recht gegeben worden wäre. Wir hätten sie beizeiten in eine andere Niederlassung versetzt, wozu sie sich in ihrem Arbeitsvertrag ja verpflichtet hatten. Damit wäre im Prinzip ihre Klage gegenstandslos geworden. Der Vorfall hätte jedoch für Aufsehen gesorgt, und genau dies wollte ich unter allen Umständen im Interesse der Firma und der Sicherheitsdienste, für die ich arbeitete, vermeiden.

Ich nahm mich insofern aus der Schußlinie, als ich den Betroffenen zu verstehen gab, daß nicht ich das Transitverbot verhängt hatte – was ja auch zutraf. In Bonn erwirkte ich einen Zuschuß, der den Westberlin-Reisenden gezahlt wurde, wenn sie das Flugzeug benutzten. Und die Selbstverpflichtungserklärung, nicht mehr per Auto oder Bahn durch die DDR zu fahren, ließ ich mit Augenzwinkern unterzeichnen. Damit hatte ich jedem einzelnen den Schwarzen Peter mit allen Konsequenzen in den Ärmel geschoben, doch es war ihnen klar, das auch in diesem Falle die Suppe nicht so heiß gegessen wurde, wie sie gekocht worden war. Was sie aber nicht wissen konnten und nicht wissen durften: Ich informierte Ostberlin über diesen Vorgang und bat dringend, keinen der betreffenden Personen auf der Transitstrecke zu behelligen. Insofern besorgte ich mit Hilfe des MfS die Geschäfte des MAD. Es war schon eine etwas skurrile Situation.

Anfang 1976, ich war wenige Wochen im Amt, da tauchte unangemeldet ein Herr mittleren Alters, dem Aussehen nach ein Geschäftsmann, in meinem Büro auf. Er wurde von unserem Niederlassungsleiter begleitet, der mir ihn als Herrn Sch. vorstellte. Er käme vom Landesamt für Verfassungsschutz und leite in Hannover die Abteilung Sicherheit für Rüstungsbetriebe. Nachdem wir miteinander bekannt gemacht wurden, verabschiedete sich mein Dienstherr umgehend. Nun war ich mit dem Mann vom Verfassungsschutz allein.

Das Gespräch begann fast wie das in der MAD-Dienststelle. Zunächst wurde mir geschmeichelt («Ich habe aus Bonn nur Gutes über Sie gehört.«), dann wurde über meinen Vorgänger hergezogen. Auch hier unterbrach ich wie gehabt und bat darum, mir nicht die vermeintlichen oder tatsächlichen Sünden des früheren Sicherheitsbeauftragten aufzulisten, sondern besser über die künftigen Aufgaben zu sprechen.

Herr Sch. zeigte sich nicht sonderlich pikiert über meinen Einwurf und nahm ihn als Offerte.

Nach einem kurzen Exkurs über die Aufgaben des Verfassungsschutzes («Wir müssen unseren demokratischen Rechtsstaat schützen und alle Versuche, ihn politisch oder auch ökonomisch zu unterminieren, erfolgreich abwehren.«), wurde er konkret. Vertrauen sei gut, Kontrolle besser, habe Lenin gesagt, und obgleich man mit dem Bolschewiken nichts am Hut habe: Wo er recht hat, habe er recht. Daher muß mit einer gewissen Wahrscheinlichkeit davon ausgegangen werden, daß sich unter den Mitarbeitern von IBM-Sondersysteme schwarze Schafe befänden, die ausfindig zu machen wären.

»Ihr Vorgänger, nun muß ich doch noch einmal darauf zu sprechen kommen, hat es explizit abgelehnt, Mitarbeiter zu observieren. Wir verlangen das auch nicht von Ihnen. Sie sollen nicht im Privatleben von Kollegen herumschnüffeln. Aber wir möchten von Ihnen Hinweise haben, sobald bestimmte Verdachtsmomente auftauchen.«

Ich mußte Herrn Sch. wohl ein wenig überrascht angeschaut haben, denn er fühlte sich zu einer Erklärung veranlaßt.

»Sehen Sie: Wenn jemand über seine Verhältnisse lebt...«

»Bei IBM verdienen alle überdurchschnittlich gut, hier werden Spitzengehälter auch an normale Mitarbeiter gezahlt.«

Der Verfassungsschützer winkte ab, das sei ihm durchaus bekannt. Doch selbst mit einem Spitzengehalt könne man sich nur bestimmte Automarken, nur eine begrenzte Anzahl von Urlaubsreisen oder ein Eigenheim bestimmter Größe leisten. Wenn es über ein zulässiges Maß hinausgehe, stelle sich die Frage nach der Quelle dieses Wohlstandes. Da müsse man sehr genau hinschauen.

Ihr Problem, so der Hannoveraner, bestünde darin, daß es in Wilhelmshaven keine Residentur des Verfassungsschutzes gebe, es fehle ihnen an qualifiziertem Personal vor Ort. – Ich ahnte, worauf das Gespräch hinauslief und warf ein, daß ich dies zwar verstünde, aber sein Problem auch nicht lösen könne. Allerdings wäre es wohl nicht ganz so dramatisch, wie er es schildere: Nach meinem Eindruck seien bereits andere staatsschützende Institutionen in Wilhelmshaven aktiv. Wir beide lächelten uns wissend an.

Das wäre wohl so, aber es gebe keine Kooperation zwischen den Diensten, im Gegenteil, mitunter sei die Rivalität derart groß, daß man sogar gegeneinander arbeite. »Sehen Sie: An der Fachhochschule sind etliche politische Wirrköpfe aktiv. Für die interessieren sich weder MAD noch BND. Doch wenn wir die nicht unter Kontrolle haben, läuft uns die Entwicklung völlig aus dem Ruder. Die zetteln politische Demonstrationen an, sammeln Anarchisten, Kommunisten, Grüne und andere Chaoten, da entsteht politischer Sprengstoff. Den müssen wir entschärfen, bevor er hochgeht.

Und dann noch die Wirtschaft. Normalerweise interessiert uns das nicht, wenn Betriebe geschlossen oder Belegschaften abgebaut werden. Doch es gibt in den Kulissen Kontakte mit Ostfirmen, um Arbeitsplätze zu sichern, indem man Verträge mit dem Ostblock anbahnt. Das sind potentielle Einflugschneisen für östliche Geheimdienste. Und wenn man das noch im Kontext sieht mit den Bemühungen der Kommunisten, in den örtlichen Gewerkschaftsgruppen und SPD-Ortsvereinen Einfluß zu gewinnen, dann müssen bei uns die Alarmglocken läuten.«

Ich lachte lauthals auf. »Lieber Herr Sch., Sie müssen – gleich mir – von Berufs wegen wachsam sein und das Gras wachsen hören. Aber wir sind unter uns und können ganz offen miteinander reden: Ein paar politische Fanatiker an der Fachhochschule oder der Besuch einer Gewerkschaftsdelegation aus der Sowjetunion gefährden noch nicht den Bestand unserer Republik.«

Der Verfassungsschützer ging auf diese Bemerkung nicht ein. Mir schien, daß er bereits Opfer seiner eigenen Propaganda geworden war. Statt dessen wechselte er das Thema.

»Sie erwähnten vorhin die anderen Dienste. Hatten Sie schon Kontakt?«

Ich nickte. »Ja, zum MAD. Und die Herren dort haben mir analog die Differenzen zu Ihrer Behörde geschildert. Und Ihnen sage ich dasselbe, was ich auch jenen Kollegen mitgeteilt habe: Ich werde mich nicht zwischen die Linien begeben. Sie können durchaus ihren Privatkrieg miteinander führen. Für mich sind beide Institutionen für die gleiche Sache zuständig, in diesem Sinne bin ich in jeder Hinsicht zur Zusammenarbeit bereit. Also versuchen Sie bitte nicht, mich gegen den jeweils anderen Dienst zu instrumentalisieren.«

Herr Sch. äußerte Verständnis und nahm dankbar mein Angebot zur Kooperation an. Und er setzte noch einen drauf. »Ich würde es begrüßen, wenn Sie außerhalb Ihrer dienstlichen Verpflichtungen für uns als freier Mitarbeiter tätig werden würden. Wir zahlen Ihnen ein angemessenes Honorar. Wir werden demnächst in Wilhelmshaven ein Büro einrichten – dann hätten Sie auch einen Partner.«

»Ist das ein spontaner Vorschlag?«

Mein Gegenüber lächelte süffisant. »Lieber Herr Gebauer, Offerten dieser Art macht man nicht aus dem Bauch. Sie können davon ausgehen, daß wir diese Überlegung vorab ernsthaft geprüft haben, und wenn wir uns Ihrer nicht sicher wären, hätte ein solcher Vorschlag nie Gestalt angenommen.«

Ich zierte mich aus taktischen Gründen ein wenig und schützte totale Überlastung vor. Die spürte ich in der Tat augenblicklich. In Bonn hatte ich um Verstärkung gebeten und im Falle des Ausbleibens damit gedroht, den Bettel hinwerfen zu wollen. Die Arbeit drohte mir über den Kopf zu wachsen.

»Ich arbeite für Sie nur unter der einen Bedingung, daß möglichst bald das Landesamt für Verfassungsschutz in Wilhelmshaven ein Büro einrichtet und mit einem Mann besetzt.«

Herr Sch. quittierte dankbar die Zusage über meine inoffizielle Tätigkeit für den Verfassungsschutz und sicherte zu, die Einrichtung der Residentur zu beschleunigen. Man verhandele derzeit mit dem Bremer Innensenator, diese Einrichtung von Bremen nach Wilhelmshaven zu verlegen. Der wolle seine eigenen Leute dort unterbringen, was ihrem Bemühen durchaus entgegenkäme. Und dann könne er mir noch eine Offerte machen.

»Es ist einerseits absehbar, daß das Engagement von IBM-Sondersysteme zeitlich begrenzt sein wird. Ich weiß nicht, wie lange Sie dort in Lohn und Brot bleiben können. Andererseits haben wir es hier, an der Wesermündung, mit einem politischen Brennpunkt zu tun. Ich sage nur Wilhelmshaven, Bremerhaven und Bremen. Wir haben Hochschulen und Universitäten, Werften und Rüstungsbetriebe, Bundesmarine und Hafenbetrieb, mithin besteht ein erhöhter Sicherheitsbedarf. Wir könnten Sie, trotz Ihres Alters, hauptberuflich übernehmen und verbeamten. Damit haben Sie eine Perspektive, die über IBM hinausgeht. – In den nächsten Tagen schicke ich zwei Kollegen vorbei, die diese Möglichkeit mit Ihnen ausloten werden.«

Mein Gesprächspartner war ein offenkundiges Schlitzohr. Mit Raffinesse hatte er seine Köder ausgelegt. Und nicht grundlos hatte er seinen Angeboten die Erklärung vorausgeschickt, darüber solle ich nicht mit den Herren vom MAD reden, das bliebe besser unter uns. Der hätte mir, um mich weich zu bekommen, womöglich sogar die britischen Kronjuwelen in Aussicht gestellt. Das war alles Schall und Rauch, woran sich niemand – er am allerwenigsten – später erinnern werden würde, so es denn erforderlich war. Und es war erforderlich, als ich verhaftet wurde und das Bundeskriminalamt, Abt. ST, in Meckenheim unter anderem beim Bundesamt für Verfassungsschutz in Köln anfragte. In einem aus einem einzigen Satz bestehenden Schreiben, das am 24. Juni 1992 von einem nicht näher bezeichneten Herrn Gerhards unterzeichnet worden war, hieß es:

»Betr.: Ermittlungsverfahren wegen Verdachts des Landesverrats gegen Karl-Paul GEBAUER, geb. 14.11.1931

Bezug: Ihr Schreiben vom 19.05.1992 – ST 12 – 050 078/92

Zu GEBAUER liegen hier weder Erkenntnisse aus einer Sicherheitsüberprüfung noch sonstige Informationen vor.«

Nachdem ich mit Verfassungsschutz und MAD im reinen war, absolvierte ich meine Antrittsvisite beim siebten Kommissariat der Polizei in Wilhelmshaven, das für Wirtschaftskriminalität und Brandursachenermittlung zuständig war. Der Besuch hatte nur formellen Charakter und verfolgte keine bestimmte Absicht. Der Zufall wollte es aber – wobei ich an Zufälle nicht mehr glaube, seit ich für Geheimdienste tätig war –, daß einer von der Drogenfahndung auftauchte und mich ins Vertrauen zog. Er habe gehört, daß ich mit dem MAD zusammenarbeite. Die würden in seinem Revier wildern, was ihn hochgradig verärgere.

»Hören Sie«, sagte ich höflich, aber bestimmt. »Daß hier jeder Platzhirsch sein Revier verteidigt, habe ich trotz meiner kurzen Dienstzeit sehr wohl zu spüren bekommen. Ich halte das für albern und auch kontraproduktiv, da nach meinem demokratischen Grundverständnis alle Beteiligten für das gleiche Ziel arbeiten. Und ich sage Ihnen, was ich allen anderen auch erklärt habe: Ich arbeite mit allen Institutionen, die unser Grundgesetz verteidigen, offen und ehrlich zusammen – aber ich lasse mich nicht gegen die Mitbewerber instrumentalisieren. Ich lasse mich auch von niemandem vereinnahmen.«

Der Kommissar von der Drogenfahndung nahm meinen Ausbruch gelassen zur Kenntnis.

»Ich habe keine solche Absicht – nur eine Bitte: Ich möchte von Ihnen direkt und nicht über den Umweg MAD informiert werden, wenn es Drogenprobleme bei Ihren Leuten gibt. Was ich vom MAD kriege, ist gefiltert und vorsortiert, die lassen sich nicht in ihre Karten schauen. Läßt sich das einrichten?«

Ich blieb die Antwort zunächst schuldig. Woher sollte ich als erster wissen, ob Mitarbeiter von uns eine besondere Affinität zu weichen oder harten Drogen hätten? »Sie wissen mehr als ich. Nennen Sie mir Namen – und ich werde ein besonderes Auge auf die Kollegen werfen. Mehr kann ich nicht für Sie tun.«

Der Kommissar lächelte freundlich. Mehr habe er nicht erwartet. Dennoch unterließ er es nicht, die Kollegen des MAD gehörig anzuschwärzen. Mit dem Verweis auf die Militärgerichtsbarkeit und ihre Zuständigkeit hätten sie bislang jede ernsthafte Verfolgung von Drogenmißbrauch abgeblockt, sofern die Spuren durch ein Kasernentor führten. Nicht nur, daß in Wilhelmshaven der prozentuale Anteil von Drogenkonsumenten bei Militärangehörigen erheblich höher sei als unter den Zivilisten – es gebe gewisse Indizien, daß auf Schiffen der Bundesmarine, die von Auslandseinsätzen zurückkämen, Drogen geschmuggelt und von dort in Umlauf gebracht werden würden. Die Schiffe würden nicht vom Zoll untersucht werden, und sie unterlägen auch nicht ihrem Zugriff. Da habe der MAD seine Hand drauf.

Ich hörte mir das Lamento des Kommissars geduldig an und bezweifelte nicht, daß es sich so verhielt, wie er die Vorgänge plastisch und mit zunehmend lauter werdender Stimme vortrug. Zugleich störte mich, daß er die Verantwortung für die Malaise ausschließlich außerhalb seiner Kompetenz angesiedelt sah. In dieser Hinsicht war er wie die meisten Beamten in unserer Republik: Man beklagte mißliche Zustände, aber änderte sie nicht.

»Haben Sie das Problem schon einmal dem Innenminister oder jemand anderem auf der Kapitänsebene vorgetragen?«

Der Drogenfahnder ließ resigniert seinen Unterarm nach unten fallen. »Das bringt doch nichts.«

»Woher wollen Sie es wissen, wenn Sie es noch nie versucht haben?« hielt ich dagegen.

Ich konnte nicht ahnen, daß wir schon bald beruflich miteinander wieder zu tun haben würden.

Nun fehlte nur noch der Bundesnachrichtendienst. Und der meldete sich selbstverständlich auch. Ich erhielt eine Einladung in ein Hotel in der Stadt. Dort erwartete mich an einem späten Nachmittag ein kräftiger Mittvierziger mit breiten Schultern und gepflegtem Habit. Er überragte mich um einen ganzen Kopf und schaute mit nahezu väterlichem Verständnis auf mich herab. Der Mann wirkte nicht unsympathisch oder aufdringlich, er hatte korrekte Umgangsformen und bat mich höflich in eine Sitzecke. Er wolle mit mir ein Bier trinken – ich könne selbstverständlich auch etwas anderes bestellen, ich sei natürlich sein Gast – und dabei einige dienstliche Angelegenheiten mit mir besprechen.

Weshalb er nicht in die Firma gekommen sei, fragte ich ihn. Die Kollegen vom MAD und vom Verfassungsschutz hätten nicht diese Berührungsängste. Er verzog ein wenig gequält das Gesicht. Der BND sei eine andere Spielklasse und hätte mit den beiden anderen Diensten nur wenig gemein, was mir vermutlich nicht verborgen geblieben wäre. Sie zögen es jedenfalls vor, konspirativ zu arbeiten. Nicht jeder müsse wissen, was sie machten und mit wem sie kooperierten. So wolle man es auch künftig halten. Fast wirkte es wie eine Retourkutsche, als er mich fragte, wie ich telefonisch erreichbar sei. »Direkt oder über die Zentrale?«

»Über die Vermittlung.«

»Das geht nicht«, warf er kopfschüttelnd ein. »Sorgen Sie dafür, daß Sie eine Standleitung erhalten, über die wir Sie direkt erreichen können. Bis dahin werden wir Sie über Ihren Niederlassungschef oder Herrn Dr. W. in Bonn wissen lassen, wann und wo wir Sie konsultieren müssen.«

Ihm sei bekannt, daß ich naturgemäß mit dem Verfassungsschutz und dem MAD zu tun hätte, fuhr er nach einem Schluck aus dem Glas fort. Und diese Dienste wüßten auch, daß der BND mit im Bunde sei. Mehr müßten sie jedoch nicht wissen. Er forderte mich expressis verbis auf, jegliche Nachfrage von dieser Seite, was und worüber wir gesprochen hätten, abschlägig zu beantworten. »Das gilt natürlich auch für uns. Wir werden leugnen, daß wir mehr mit Ihnen zu tun haben, als es über das nötige Maß üblich sei. Wir erwarten von Ihnen die gleiche Zurückhaltung.«

Ich nickte, denn ich hatte ihn verstanden.

Der BND-Mann langte nach seiner Tasche, öffnete sie und holte einen Stapel Vordrucke heraus. Den legte er vor sich auf den

Tisch. Bevor er zu seinem Anliegen kam, machte er noch einige abfällige Bemerkungen über meinen Vorgänger. Ich unterbrach ihn mit dem Einwurf, das habe ich schon von mehreren Seiten gehört, er könne sich die Vorhaltungen sparen. Ich wolle mich auf jeden Fall bemühen, um auch dem BND – dabei betonte ich besonders das Wort »auch« – keine Anlässe zur Kritik zu geben. Er quittierte meine Bereitschaftserklärung mit einem zufriedenen Lächeln.

»Unser Dienst sichert die bei IBM Sondersysteme laufenden Projekte vornehmlich gegen Ausspähungsversuche aus dem Ausland ab. Ihre Mitarbeiter reisen dienstlich zu Geschäfts- und Kooperationspartnern ins Ausland, sie konsultieren NATO-Partner, nehmen Verbindungen zu Personen auf. Solche Kontakte außerhalb des Territoriums der Bundesrepublik sind objektiv Sicherheitsrisiken. Top-Spezialisten, wie die von IBM, sind interessante Zielobjekte von Geheimdiensten der ganzen Welt – nicht nur von jenen aus dem Warschauer Pakt. Aber von denen ganz besonders...«

Ich wollte nicht unhöflich erscheinen, hielt es aber dennoch für angeraten, den Redefluß meines Gegenübers ein wenig zu stoppen. Das, was er mir bislang mitgeteilt habe, hätte ich in dieser oder jener Form bereits zu hören bekommen. Seine und meine Zeit wären zu kostbar, um sie mit derartigen Gemeinplätzen zu vertrödeln. Was konkret solle ich tun?

Sein Gesicht verzog sich ein wenig, er wirkte mäßig beleidigt, weil ich ihm in die Parade gefahren war.

»Wir müssen wissen, wer von Ihren Leuten reist. Wir brauchen exakt Datum, Zielort, Dauer und Zweck der Reise, Kontaktpersonen usw. Dafür gibt es verbindliche Richtlinien. Hier« – er reichte mir ein dünnes Heftchen herüber – »sind alle wichtigen Orte in den Mitgliedsländern der NATO und die Hotels aufgeführt, die durch uns überprüft worden sind. Sie sind von Ihren Leuten ausschließlich zu benutzen. Das Heft hinterlegen Sie im Sekretariat der Firma, wo die Tickets und die Hotels für die Dienstreisenden geordert werden. Sie machen die Damen im Sekretariat nachdrücklich darauf aufmerksam, daß sie Übernachtungen gefälligst nur dort zu buchen haben. Vorgang wie Liste sind natürlich vertraulich zu behandeln.«

Er griff nach einem zweiten Heft und hielt es in Augenhöhe. Es unterschied sich in Größe und Aussehen nicht von dem ersten.

»Das hier ist für Sie. Und diese Unterlagen sind nicht nur als vertraulich, sondern als geheim eingestuft. Land und Hotel sind verschlüsselt. Und es gibt eine Liste aller Mitarbeiter, deren Namen ebenfalls codiert sind. Da.« Er schob mir die A4-Seiten über den Tisch. Die Namen waren in arabischen Ziffern aufgelöst.

»Jede Dienstreise wird künftig verschlüsselt in diesem Heft durch Sie oder Ihren Stellvertreter notiert. Beispiel: Neben wir Jochen Ziem.« Er tippte ans Ende der Liste. »Er hat die Nummer 33, seine Tätigkeit ist Systemingenieur, also tragen Sie in diese Spalte ein ›33-SYSI‹. Er fährt nach Belgien; Belgien trägt den Code ›X‹, also ›33-SYSI/X‹. Er steigt im Hotel ›Sommer‹ ab, das wird ebenfalls mit ›X‹ geführt – also ›33-SYSI/XX‹. Das Hotel ›Majestic‹ hingegen wird als ›V‹ geführt – sollte er dort übernachten, hieße es folglich ›33SYSI/XV‹. Und wenn er dort drei Tage bleibt, wird das ebenfalls in die Codierung aufgenommen und heißt ›33-SYSI/XX/T3‹. So einfach ist das.«

Und so bescheuert, dachte ich. In dieser albernen Spielerei mochte ich keinen Sinn zu erkennen – nur den, daß man eine nahezu vollständige Übersicht über alle Auslandsreisen aller Mitarbeiter haben wollte. Doch das konnte man auch einfacher haben, man mußte die Bürokratie nicht noch komplizierter und aufwendiger machen, als sie ohnehin schon war. In diesem Falle, so schien mir, hatte ein krankes Geheimdiensthirn wieder mal eine klassische Kopfgeburt zur Welt gebracht. Ich tat aber so, als nehme ich diesen Schwachsinn ungeheuer wichtig und ernst und gab lediglich zu bedenken, daß Mitarbeiter durchaus auf der eigenen Wahl ihres Hotels bestehen könnten. Und wenn das nun nicht im Reiseführer des BND aufgeführt sei – was solle man da tun?

Das müsse unter allen Umständen verhindert werden, antwortete mein Gesprächspartner, unter Umständen sogar mit Absetzung der Reise.

Ich lachte kurz auf. Wie er sich das vorstelle?

Er reagierte darauf nicht. »Wir müssen darauf bestehen, daß nur die von uns ausgewählten Hotels benutzt werden. Wir haben dort unsere Leute, die Observierung verläuft diskret und unbemerkt. Die kriegen das gar nicht mit, daß wir uns an ihre Fersen heften. Und die sollen sich ja auch unbeobachtet fühlen, sonst macht das auch keinen Sinn.«

»Was ist der Sinn«, fragte ich zurück. »Der Schutz unserer Leute vor möglichen Anwerbungs- und Ausspähungsversuchen – oder ihre totale Überwachung? Im ersten Falle dürfte es doch in ihrem persönlichen Interesse sein, also können sie es doch durchaus wissen. Im anderen Fall läuft es auf eine fürsorgliche Belagerung hinaus, wenn Sie verstehen, was ich meine.«

Er hatte mich verstanden und räusperte sich getroffen. Dieses natürliche Mißtrauen müsse ich doch verstehen. So lange man sich bei einem Menschen nicht hundertprozentig sicher sei, müsse man argwöhnisch sein.

»Im deutschen Recht gilt aber noch immer die Unschuldsvermutung. So lange man einem Menschen nicht beweisen kann, gegen das Gesetz verstoßen zu haben, gilt er als unschuldig und integer...«

Wir hätten es hier nicht mit juristischen, sondern mit Geheimdienstproblemen zu tun, reagierte er unwirsch. Da würden andere Kategorien gelten. »Und die Moral bleibt auf der Strecke«, knurrte ich zurück. »Ich halte es für unanständig, alle Menschen als potentielle Spione zu betrachten. In diesem Punkte gleichen sich scheinbar die Geheimdienste aller Länder.«

Wir schwiegen beide eine Weile. Dann lenkte ich ein. »Und wie ist das mit den Urlaubsreisen? Unsere Mitarbeiter mußten sich schon schriftlich verpflichten, ihre Ferien in keinem Ostblockland zu verbringen und die Transitstrecken nach Berlin zu meiden. Dann gibt es noch einen Zusatz, daß sie aus Gründen der Erreichbarkeit ihre Urlaubsadressen angeben müssen. Das durchzusetzen war schwierig genug – wenn man Urlaub hat, möchte man nicht noch von der Firma belästigt werden.«

»Auch für Urlaubsreisen gilt die Codierung. Nehmen wir also an, unser Herr Ziemer ist ledig und ohne Anhang, das müßten Sie eintragen ›33-SYSI/O‹ und den Urlaubsort. Ist er hingegen verheiratet, steht für das ›O‹ eine 1, danach wird die Zahl der Kinder angegeben – etwa ›33-SYSI/1/2‹. Die dritte Ziffer weist die Wochenzahl aus, die der Urlauber an dem jeweiligen Ort verbringen wird.«

Ich packte die Papiere in meine Collegmappe und trank mein Bier aus. Mein Gott, was für eine blödsinnige Geheimniskrämerei. Einen Schluß jedoch hatte mir dieses Gespräch nachdrücklich ins

Gehirn getrieben: Ich mußte den Kollegen von der anderen Feldpostnummer klarmachen, daß sie bei ihren Auslandsaktivitäten die Finger von den IBM-Mitarbeitern aus Wilhelmshaven ließen. Das, was sie wissen wollten, lieferte ich ihnen ohnehin. Und Zoff im Hause mit dem BND wollte ich auf keinen Fall.

Aus diesen unterschiedlichen Interessenlagen begann sich ein höchst kompliziertes Beziehungsgeflecht zu entwickeln. Ich mußte, um Konflikte und Kollisionen zu vermeiden, sowohl die Bedürfnisse der einzelnen Dienste berücksichtigen und bedienen, sie aus der Perspektive der jeweils anderen bedenken und zugleich auf meine eigene Sicherheit bedacht sein. Ich gebe zu, daß dies eine sportive und intellektuelle Herausforderung ersten Ranges war.

Auf der anderen Seite verschliß dieses gleichzeitige Operieren auf verschiedenen Ebenen und das Leben mit mindestens drei Identitäten stärker als in jedem anderen Gewerbe. Ich war verheirateter Ehemann und Angestellter bei einer Firma, der sich in der Lokalpolitik engagierte. Ich war inoffizieller Mitarbeiter der drei westdeutschen Nachrichtendienste, und ich hatte mich als Selbstanbieter bei dem DDR-Geheimdienst zur Mitarbeit verpflichtet.

Meine Aufgaben bei IBM nahm ich aus naheliegenden Gründen sehr gewissenhaft wahr. Pflichtgemäß kontrollierte ich als letzter Mann alle Schreibtische nach VS-Unterlagen oder Kopien, die liegengeblieben waren, was unstatthaft war. Es war durchaus legitim, an unserem Kopierautomaten bestimmte Dokumente, mit denen zu arbeiten war, zu vervielfältigen. Doch auch diese Kopien mußten registriert und später wieder abgegeben werden. Die Vorschrift verlangte, daß ich jederzeit wissen mußte, wie viele Vorlagen im Original und als Kopie im Gebrauch waren. Zur Kontrolle nutzte ich das Hauptzählwerk des von jedem frei benutzbaren Kopiergerätes – denn das konnte nur ich einsehen. Wich die dort aufgeführte Blattnummer ab von der Zahl in der von uns geführten Registratur, wußte ich, daß Blätter illegal im Verkehr waren. Und die suchte ich dann. Meist wurde ich fündig. Ich machte daraus nie eine Staatsaktion, ermahnte lediglich die Mitarbeiter und bat sie um größere Sorgfalt.

Bei meinen Kontrollen fand ich auch andere Dinge, die nicht zu einer Büroausstattung gehörten – etwa Flachmänner oder andere angebrochene Schnapsflaschen, die hinter Aktenordnern verborgen wurden. Es gab einige Mitarbeiter, die offensichtlich ohne ihr Quantum nicht leben konnten. Andere wiederum versteckten – aus welchen Gründen auch immer – die von mir gesuchten Kopien in der obersten Schublade des Schreibtisches. Dort befand sich ein Einsatz, in welchem Stifte, Büroklammern, Stempel und dergleichen in unterteilten Fächern aufbewahrt wurden. Den Einsatz konnte man herausnehmen – und darunter versteckten manche ihre Unterlagen. Ich hob überall die Einsätze an.

Eines Tages fand ich im Schreibtisch einer Sekretärin an eben dieser Stelle zwei kleine durchsichtige Plastiktütchen mit einem weißen Inhalt und eine braune, etwa zehn Zentimeter lange flache Stange, zweieinhalb Zentimeter breit vielleicht. Mir verschlug es den Atem. Ich wollte schon zugreifen, besann mich dann jedoch eines besseren – wie konnte ich nur so blöd sein und meine Fingerabdrücke darauf unterbringen wollen? Ich ließ alles am Ort, verschloß Schreibtisch und Büro und ging in mein Zimmer. Was tun? Zweifellos handelte es sich bei der Stange um Haschisch, bei den Tütchen war ich mir nicht sicher, ob es Kokain oder Heroin war.

Ich holte mir aus dem Personalbüro die Akte der Frau L. Sie war geschieden und lebte mit einem Mann zusammen, der als Ingenieur bei einer Kranbaufirma beschäftigt war. Zur Familie gehörte noch eine zehnjährige Tochter. Die Verhältnisse schienen ordentlich, die Frau galt in der Firma als zuverlässig und unauffällig. Wäre es nur das Harz gewesen, hätte ich so reagiert wie bei anderen, zumeist jüngeren Angestellten, von denen ich wußte, daß sie gelegentlich kifften. Ich nahm sie beiseite, erklärte, daß ich nichts dagegen hätte, wenn sie Gras rauchten, aber bitte nicht auf Arbeit. Was sie zu Hause oder außerhalb der Firma machten, sei mir egal. Doch das weiße Pulver verlieh der Angelegenheit eine andere Dimension.

Außerdem konnte ich mir nicht vorstellen, daß diese Frau das Zeug selber konsumierte. Zum Dealer hatte sie aber auch nicht das Format. Und wieso hatte sie es ausgerechnet dort deponiert, wo sie damit rechnen mußte, daß ich es entdeckte? Vielleicht hatte es auch nicht sie, sondern andere versteckt? Und man verfolgte damit ganz andere Intentionen... Ich war ratlos. Und griff zum Telefon.

Als erstes informierte ich »Emil« vom MAD. Dann rief ich den Kommissar von der Drogenfahndung an, zum Schluß Dr. H., den Chef der Niederlassung. Der sei bei seinem Segelpartner, sagte mir seine Frau, sicherte mir aber zu, ihn umgehend zu benachrichtigen und in die Firma zu schicken. »Emil« und der Kommissar trafen fast zeitgleich in der Firma ein. Beide begrüßten sich kühl und gaben zu erkennen, daß ihnen dieses Zusammentreffen nicht sonderlich behagte.

»Meine Herrn«, sagte ich mit dem gebotenen Ernst. »Ich habe in unserer Firma etwas gefunden, was Sie beide interessieren wird. Wer dafür nun aber zuständig ist, vermag ich nicht zu entscheiden. Das müssen Sie untereinander klären.« Ehe sich die beiden dar-über verständigen konnten, traf Dr. H. ein. Er war, nachdem ich ihn ins Bild gesetzt hatte, sichtlich erregt und folgte uns ins Büro, wo ich das Rauschgift gefunden hatte.

Der Mann von der Kripo pfiff durch die Zähne, als ich den Einsatz im Schreibtisch anhob, langte in seine Manteltasche und holte eine Zellophantüte hervor. In diese steckte er die beiden Briefchen und die Stange, ohne sie mit seinen Fingern zu berühren.

Sodann holte ich aus meinem Büro die Personalakte von Frau L., danach fanden wir uns zu einer Krisensitzung beim Chef ein. Der war von allen Beteiligten der Aufgeregteste und wollte wissen, wie es denn nun weitergehe. Der Kommissar sagte, er werde sie zu Hause aufsuchen, zur Einvernahme aufs Präsidium mitnehmen und – sofern sich hinlängliche Verdachtsmomente ergeben – beim Haftrichter eine vorläufige Festnahme erwirken. Er gehe davon aus, daß sie unter bestimmten Auflagen wieder nach Hause entlassen würde. Zuvor jedoch werde er sich um einen Durchsuchungsbefehl für ihre Wohnung bemühen.

Aus dieser Argumentation war für mich ersichtlich, daß der Mann von der 7. K das Verfahren an sich gezogen hatte, was mich zu einer Intervention veranlaßte. Ich habe sie beide nicht grundlos angerufen, erklärte ich. Und an den Kommissar gewandt: »Ich bitte Sie, den Kollegen vom MAD als stillen Beobachter zumindest zu den Vernehmungen hinzuziehen. Es ist ja nicht auszuschließen, daß der Fall auch in die Marine hineinspielt.« »Emil« schickte mir einen dankbaren Blick hinüber.

Diese Hakeleien interessierten meinen Chef überhaupt nicht. Er hatte nur eine Sorge:

»Können Sie die Presse heraushalten?«

Der Kommissar hob die Achsel. »Ich würde Sie dennoch ersuchen, den Anwalt der Firma einzuschalten. Das Rauschgift wurde in der Firma gefunden, damit ist der Fund keine ausschließliche Privatangelegenheit von Frau L. Die Tatsache, daß das Zeug in ihrem Schreibtisch gefunden wurde, bedeutet ja nicht, daß sie es dort versteckt haben muß. Man kann es ihr ja auch untergeschoben haben. Verstehen Sie?«

»Ich werde die Frau sofort beurlauben.«

»Das steht Ihnen frei, Herr Dr. H.«, antwortete der Kommissar. »Doch damit ist das von mir skizzierte Problem nicht aus der Welt.«

»Emil« und der Kommissar verabschiedeten sich. Der Firmenchef machte einen niedergeschlagenen Eindruck, er hatte Sorge um den Ruf der Firma und vor allem wohl um seinen eigenen.

»Mußten Sie denn gleich die Sache an die große Glocke hängen?« tadelte er mich. »Wenn das publik wird, bekommen wir beachtlichen Ärger.«

»Wenn es publik wird – ich werde mit den Kollegen vom MAD und von der Kriminalpolizei telefonieren, daß sie aus sicherheitspolitischen Gründen den Vorfall nicht an die Medien geben sollen. Ich denke, sie werden dichthalten – in diesem Gewerbe gilt die Regel: Eine Hand wäscht die andere.« Und was die Kritik an meiner Person beträfe: Ich erwartete nicht unbedingt Dank, aber zumindest soviel Einsicht, daß es immer besser ist, wenn man das Heft des Handelns in der Hand behielte. So lange wir agierten, seien wir in der Vorhand. Und das wäre allemal besser, als wenn wir unangemeldet Besuch von der Rauschgiftfahndung bekämen, die den Laden auf den Kopf stellte.

»Heute ist Donnerstag, morgen Freitag, und dann wissen wir schon mehr. Ich schlage Ihnen vor, am Montag eine Betriebsversammlung einzuberufen, über den Fall zu informieren, eine prophylaktische Standpauke zu halten, um allen mit Sicherheit bald umlaufenden Gerüchten die Spitze zu nehmen. Ansonsten gilt natürlich für alle Betriebsangehörige die Schweigepflicht.«

Am Dienstag vermeldete die lokale Presse, daß eine 33jährige Verwaltungsangestellte – ihr Name und der der Firma blieben ungenannt – wegen des Besitzes einer geringen Menge Haschisch in Wilhelmshaven vorübergehend festgenommen worden sei. Sie habe angegeben, die Droge für den eigenen Gebrauch erworben zu haben. Es werde voraussichtlich Anklage erhoben werden. – Mehr wurde nicht gesagt.

Das war natürlich nicht einmal die halbe Wahrheit, die Kollegen von der K und vom MAD hatten ganze Arbeit geleistet.

Frau L. hatte bei ihrer Verhaftung erklärt, die Drogen für ihren Lebensgefährten aufbewahrt zu haben. Sie selbst nehme keine Drogen – was der Urintest auch bestätigte –, und auch ihr Freund sei clean. Dieser war umgehend in seiner Firma verhaftet worden. IBM stellte ihr einerseits einen Anwalt, verwandelte die Beurlaubung jedoch in eine Kündigung. Zwar hätten es die Personalrichtlinien von IBM Deutschland durchaus erlaubt, das Arbeitsverhältnis bei einer Haftstrafe von weniger als sechs Monaten fortzusetzen, doch Dr. H. zeigte sich hart und wenig tolerant. Wie sehr ihn der Vorfall getroffen hatte, machte nicht zuletzt seine kurze Ansprache auf der Betriebsversammlung deutlich. Seine Ausführungen wirkten ziemlich konfus und ließen jede innere Logik missen. Er faselte etwas von der Gefährdung von Arbeitsplätzen und verwies auf die drei Mitbewerber, darunter Siemens, die ebenfalls bei der Bundesmarine wegen des laufenden Projektes vorstellig gewesen seien. Die könnten wegen dieses Versagens vielleicht Nutznießer werden usw.

Ich spürte, wie sich alle Blicke auf mich richteten, der Zorn gegen mich war förmlich zu spüren. Ich war das Schwein, das die Sache entdeckt und damit öffentlich gemacht hatte, ich, der Sicherheitsbeauftragte Gebauer, hatte in unverantwortlicher Weise die Existenz von 120 Menschen aufs Spiel gesetzt...

Völlig unerwartet stellte sich der Betriebsratsvorsitzende K. schützend vor mich. Mit ihm hatte ich mich vor zwei Tagen noch angelegt, als ich den Betriebsrat zu einer Zusammenkunft eingeladen hatte, was – wie mir vorgeworfen wurde – mir nicht zustand. In dieser hitzigen Gesprächsrunde war mir vorgehalten worden, ich wollte mit der Kollegin L. eine persönliche Sache austragen, schließlich gehörte sie zu jenen Personen, auf die ich nicht gut zu sprechen sei. Na um so besser, erklärte ich in dem gleichen zynischen Ton, dann kann man mir nicht unterstellen, ich würde was mit ihr haben und sie decken – Sie, lieber Kollege K., hätten in bezug auf die Dame, mit der Sie regelmäßig in der Mittagpause das Küstenmuseum aufsuchen, eine größere Beweisnot als unsereiner.

In dieser Versammlung erklärte der Betriebsratsvorsitzende K., daß der Kollege Gebauer in dieser wie in anderen Situationen stets in Absprache und Übereinstimmung mit dem Betriebsrat und der Firmenleitung gehandelt habe. Man solle Schluß machen mit den Vorwürfen an seine Adresse, weil er sukzessive alle Privilegien beschnitten habe. Das war objektiv notwendig, der Schlendrian sei schon ziemlich weit fortgeschritten gewesen, ehe Gebauer den Posten des Sicherheitsbeauftragten übernommen habe. »Statt ihn anzugiften sollten Sie ihm besser danken, daß er mit seiner Umsicht und seinem Engagement Schaden von unserem Unternehmen abgewendet und damit objektiv Ihren Arbeitsplatz gesichert hat.«

Mit einer solchen Loyalitätsadresse wurde zwar das grundsätzliche Mißtrauen in der Belegschaft nicht aufgehoben, doch ich bekam damit den Rücken frei.

Inzwischen kam ich bei Else, meinem stillen Schwarm beim MAD, spürbar voran. Wir trafen uns in immer kürzeren Abständen in der Kantine im Objekt Ebkeriege und kamen immer besser ins Gespräch. Sie zeigte sich als sehr nachdenkliche, sensible Frau, die offenkundig aus ihrer geschiedenen, kinderlosen Ehe sehr viele seelische Blessuren davongetragen hatte und deshalb vor jeder oberflächlichen Männerbekanntschaft zurückschreckte. Geduldig versuchte ich ihr klarzumachen, daß ich auf solches nicht aus sei, daß mich ein tiefer Gedankenaustausch nicht weniger befriedige als ein sexuelles Abenteuer.

Ich gebe zu, daß ich mich schon immer nach einer erfüllten Partnerschaft gesehnt hatte. Dieser Wunsch war – ich stand in meinem fünften Jahrzehnt und hatte mehr als die Hälfte meines Lebens bereits hinter mich gebracht – noch immer nicht Realität geworden. Meine Ehe hatte die Grenzen einer Zweckgemeinschaft nie überwunden, Freunde besaß ich keine, meine Schwestern lebten in den USA, meine Brüder waren zum Teil bereits gestorben und konnten die Rolle von vertrauten Freunden auch nicht übernehmen. Die Partei, in der ich lokalpolitisch engagiert war, bedeutete weder Familien- noch Freundersatz. Auch dies war ein Zweckbündnis ohne seelische Basis. Obgleich ich mich nach der Nähe von Menschen, von Gleichgesinnten sehnte, hatte ich sie bisher nur selten erfahren. Bei Else, so schien mir, war das anders. Hier konnte sich eine neue Qualität eines harmonischen Miteinanders entwickeln.

Dieser Exkurs über meine Seelenlage hat durchaus etwas mit dem Generalthema dieses Buches zu tun. Er offenbart, daß Personen meines Schlages in allem, was sie taten, zunächst und vor allem Menschen mit natürlichen Empfindungen waren und sind. Wir sind keine seelenlosen Kreaturen, die – bar eigener Gefühle – sich über die Gefühle anderer hinwegsetzen und diese schlimmstenfalls (Romeos!) ins Kalkül ziehen, um sie für geheimdienstliche Zwecke auszunutzen und ihre Träger(innen) benutzen. (Ich entsinne mich eines Dokumentarfilms, in der eine Reihe Bonner Julias – vormals Sekretärinnen in Regierungseinrichtungen – ihrer von HVA-Leuten mißbrauchten Liebe nachtrauerten. Ja, so stellte man sich draußen im westdeutschen Lande die frauenverschlingenden Monster der Stasi vor. Sie raubten erst unschuldigen Frauen im Auftrag des Politbüros die Unschuld und dann die Staatsgeheimnisse, und zu guter Letzt ließen sie sie geschändet und mit ihren Tränen zurück. Pfui Deibel, stöhnte da das verdummte Fernsehpublikum.)

Else sympathisierte mit der Ökologiebewegung, die sich in jener Zeit zu entwickeln begann. Die Nachwehen der 68er hatte eine Protestbewegung in Gang gesetzt, an deren Ende sich die Grünen als Partei formieren sollten. Else, geschieden und kinderlos, in gutem Einvernehmen mit ihren Eltern lebend, besuchte ihre Zusammenkünfte und fühlte sich politisch dort gut aufgehoben.

Ob sie nicht wisse, daß der Verfassungsschutz die Ökofuzzis beobachte, fragte ich Else. Und daß ich mir nicht vorstellen könnte, daß ihr Dienstherr – der MAD – ihr Engagement billigen würde.

Else sah mich mit großen Augen erstaunt an. Wir lebten in einem freien, demokratischen Land, da dürfe doch jeder nach seiner Fasson selig werden.

Ich lachte verhalten. Ob sie nicht gelegentlich bei ihrer Arbeit festgestellt habe, wie dehnbar oder eng mitunter diese Grenzen gezogen würden?

Sie schwieg betreten.

»Ich würde Sie bitten, weiterhin zu den Grünen zu gehen. Ich kann, wenn Sie es möchten, Sie auch zu Versammlungen begleiten. Das würde mich sogar sehr freuen, wenn Sie nicht Nein sagten. Doch im Interesse Ihrer eigenen beruflichen Perspektive: Werden Sie nicht Mitglied. Kein Geheimdienst sieht es gern, wenn seine Mitarbeiter einer politischen Bewegung angehören, schon gar nicht einer, die sich als oppositionell empfindet. Man versteht sich als parteiunabhängige Einrichtung. Zudem geraten Sie mit jedem überdurchschnittlichen Engagement für die Grünen automatisch ins Fadenkreuz der Verfassungsschützer. Das muß nicht sein. – Versprechen Sie mir das?«

Else blickte mit gesenktem Kopf auf ihren Teller. Sie legte das Besteck ab, tupfte sich mit der Serviette den Mund, zerknüllte das Papier und warf es in die Soße. Nach einer unendlich langen Pause sagte sie mit fast tonloser Stimme: »Ich verspreche es Ihnen.«

5. Kapitel

Am 29. April 1975 war ich zum zweiten Mal hinübergereist. Nachdem ich »Möwe« mein Kommen avisiert hatte, flog ich morgens mit der ersten Maschine von Bremen nach Tegel. Der Genosse »Winkler« verkehrte diesmal mit mir auf neutralem Boden. Wir besuchten das Pressecafé neben dem Berliner Verlag, eine der Neubauten in der Nähe des Alexanderplatzes, die soeben fertiggestellt worden waren. Allein die Nähe zu dem 15stöckigen Verlagsgebäude und ein kämpferisches Außenwandgemälde, das neben anderem – in Erinnerung an die Berliner Revolutionskämpfe 1918/19 – Schützen hinter Zeitungsrollenbarrikaden zeigte, gaben dem Restaurant seinen Namen. Ansonsten hatte es wenig mit der Presse zu tun. »Winkler« erklärte nicht ohne Stolz, daß alle Illustrierten-Redaktionen der DDR hier arbeiteten, dazu kämen noch drei Tageszeitungen – die »Berliner Zeitung«, die »BZ am Abend« und die FDJ-Zeitung »Junge Welt«. Im Anbau befände sich der Bleisatz, wo die Seiten gesetzt werden würden usw. Gedruckt würde in der ND-Druckerei am Franz-Mehring-Platz. Bis dorthin – Luftlinie vielleicht zwei bis drei Kilometer – würden mittels einer unterirdischen Rohrpost die Seitenmatrizen befördert werden. Toll, nicht wahr? Ich wollte nicht widersprechen – bei uns begann man bereits von Blei- auf Licht- und Computersatz umzustellen...

Das Pressecafé war gut besucht, es verkehrte gewöhnliches Publikum – Berliner und Touristen. Presseleute, so schien mir, waren kaum anwesend, was mich beim Blick auf die Speisekarte nicht überraschte. So gut verdienten meines Wissens DDR-Journalisten nicht, daß sie hier regelmäßig hätten einkehren können.

Im Verlaufe des Treffens schob ich »Winkler« unauffällig drei technische Zeichnungen über den Tisch, die zum Projekt »Tenne«

gehörten, darunter die Raumaufteilung eines Neubaus in Flensburg, in welchem IBM-Anlagen installiert werden sollten. Ich berichtete über den Personalbestand von IBM in Wilhelmshaven und übergab auch eine Liste, aus der der jeweilige Grad der VS-Verpflichtung des Beschäftigten zu erkennen war. »Winkler« schien sichtlich zufrieden.

Am 18. Juli sahen wir uns zum dritten Mal. Wir trafen uns diesmal in einer konspirativen Wohnung in Ostberlin. In meinem Gepäck hatte ich eine Übersicht, die nahezu alle geheimzuhaltenden Unterlagen des Projektes »Tenne« enthielt, die bei IBM lagen und die ich bei Bedarf besorgen konnte. Außerdem konnte ich »Winkler« über mein Gespräch im Bundeswirtschaftsministerium berichten, bei dem ich auf die Übernahme meiner Funktion als Sicherheitsbeauftragter vorbereitet worden war.

Keine sechs Wochen später war ich erneut in Berlin. »Winkler« fuhr mit seinem Dienst-Wartburg in den Treptower Park. Wir schrieben den 1. September, die DDR erinnerte sich des Überfalls Hitlerdeutschlands auf Polen und beging den Jahrestag als Weltfriedenstag, nachdem sie vier Monate zuvor – am 8. Mai – den 30. Jahrestag der Befreiung mit propagandistischem Eifer gefeiert hatte, als sei 1945 nicht die Rote Armee, sondern die Nationale Volksarmee in Berlin einmarschiert. Unablässig wurden Jahrestage und Jubiläen begangen, doch der Genosse »Winkler«, den ich darauf ansprach, meinte, dies habe durchaus seinen Nutzen: So brächte man dem Volk die Geschichte nahe, was ja wohl auch nicht schlecht sei, denn verglichen mit der relativen Geschichtslosigkeit, in der die westdeutsche Gesellschaft lebe, wisse man hierzulande, wo man herkäme und folglich auch, wohin man wolle. Da hatte er wohl recht, wobei ich mir nicht verkneifen konnte, auf eine gewisse Einseitigkeit der solcherart in Erinnerung gerufenen Ereignisse und Personen hinzuweisen. Luther und Bismarck und der Alte Fritz und die Männer des 20. Juli waren in der DDR zu jenem Zeitpunkt noch längst kein Thema.

Wir nahmen diesmal unseren Kaffee im Ausflugslokal »Zenner« am Ufer der Spree. Auch hier wußte der Genosse »Winkler« wieder eine Geschichte. Irgendwann – war's um die Jahrhundertwende oder später? – habe vor den Toren der Stadt (Treptow wäre erst in den zwanziger Jahren zu Berlin gekommen) eine Ausstellung stattgefunden, wozu man diesen schönen Park mit Platanenalleen angelegt habe. Aus jener Zeit stamme auch das stark frequentierte Ausflugslokal, in dem wir uns befänden. Und wenn ich möchte, könnten wir anschließend noch ein paar Schritte gehen – jenseits der Straße befände sich das berühmte Sowjetische Ehrenmal. Immerhin sei ja heute...

Neben den vielen Unterschieden, die mir zwischen den Geheimdienstlern in West und Ost mittlerweile bewußt geworden waren, gab es auch diesen gravierenden: Die Stasi-Mitarbeiter in Berlin hatten zu jedem Vorgang, zu jedem Ort, zu jedem Zeitpunkt mindestens einen historischen Bezug parat. Stets sahen sie alles im gesellschaftlichen und geschichtlichen Kontext, alles hing irgendwie mit allem zusammen; sie nannten das historischen Materialismus und Dialektik und hatten, so schien mir, eine breitere Allgemeinbildung als die Schlapphüte auf unserer Seite. Das hatte natürlich auch alberne Seiten – wenn etwa das ungeflickte Schlagloch auf der Straße mit den Aufwendungen zur Sicherung des Weltfriedens entschuldigt oder die Vorbereitung eines SED-Parteitages als nationale Aufgabe deklariert wurde. Aber das schien mir allemal sympathischer als das allgemeine Desinteresse an Politik bei mir zu Hause. Jeder schwafelte von Demokratie und deren Überlegenheit, doch letztlich wurde jegliche Verantwortung »an die Politik« delegiert. Umso leichter war es dann, bei Unzufriedenheit sich über »die in Bonn« oder »die in Hannover« zu mokieren.

»Winkler« klärte mich im Laufe unseres Rendezvous auf, wie man das soeben in Helsinki erfolgte Gipfeltreffen der europäischen Staatschefs zu sehen habe. Nicht ohne Stolz wies er darauf hin, daß die DDR-Presse als einzige weltweit den Wortlaut der unterzeichneten Schlußakte der Konferenz über Sicherheit und Zusammenarbeit (KSZE) veröffentlicht habe, »selbst den umstrittenen Korb 3 zu den Menschenrechten«. Da hätten sie im Westen aber Augen gemacht, meinte er, daß die DDR derart souverän damit umgegangen sei. Zweifellos wäre damit das Lager des Sozialismus in die Offensive gekommen.

Ich ließ mich vom historischen Optimismus meines Führungsoffiziers anstecken. Er, der in dialektischen Dingen wesentlich trainierter war als unsereiner, hätte sich allerdings fragen müssen, weshalb ein zwischen 35 Parteien ausgehandelter Kompromiß – denn um einen solchen handelte es sich zweifellos: alle Seiten hatten Zugeständnisse machen müssen – von der einen als Durchbruch und Sieg interpretiert wurde? Das ließe sich doch nur, wenn man nur die Vorteile für die eigene Seite sah und die Nachteile ignorierte? Ich hatte eine dumpfe Ahnung, daß sich der Westen fortan besonders auf den Aspekt der Menschenrechte inklusive Freizügigkeit und deren Unterdrückung durch den Osten konzentrieren würde, und daß zugleich die Veröffentlichung des Dokuments Hoffnungen und Erwartungen unter der DDR-Bevölkerung weckte, von denen nicht anzunehmen war, daß die DDR-Führung sie auch nur annähernd erfüllte. Woher wollte sie die Devisen nehmen für die Auslandsreisen? Wie ließe sich personeller Aderlaß verhindern, wenn jeder Ostdeutsche in jeder westdeutschen Botschaft und in der Bundesrepublik sofort einen BRD-Paß bekam, wenn er dies wollte? Bonn akzeptierte eine DDR-Staatsbürgerschaft nicht. Jeder Deutsche war auch nach dem Verständnis der regierenden SPD-FDP-Koalition deutscher Staatsbürger im Sinne des Grundgesetzes, also Bundesbürger.

Endlich aber kamen wir zum eigentlichen Anlaß meiner Reise. Voller Stolz präsentierte ich »Winkler« eine Übersicht von insgesamt 86 Dokumenten von NATO-, Bundeswehr- und IBM-Verschlußsachen sowie sechs 16mm-Filme mit ca. 12.000 Aufnahmen. Die Filme hatte ich aus dem Panzerschrank des Dokumentenraumes von IBM entnommen und sie am gleichen Tage bei einer anderen Firma in Wilhelmshaven maschinell kopieren lassen. Am nächsten Morgen legte ich vor Arbeitsbeginn die Filmrollen wieder an ihren alten Platz im Tresor. Wie sich später herausstellte, waren die Kopien derart lausig angefertigt worden, daß nur ein Film verwertbar war. Auf diesem waren 32 Einzeldokumente zum Projekt »Tenne« enthalten. »Winkler« informierte mich darüber bei unserem nächsten Treffen am 29. November 1975.

Neben den Filmen übergab ich noch ein betriebsinternes Schreiben von IBM, wie mit VS-Material umzugehen sei, ein Telefonverzeichnis der IBM-Hauptverwaltung in Stuttgart sowie diverse Papiere und Anleitungen der Firma, darunter die firmeninterne Stellenausschreibung.

Um die Panne mit diesen unzulänglichen Kopien auszuwetzen, fuhr ich am 30. Januar 1976 mit den Originalfilmen, die die Dokumente zum Projekt »Tenne« enthielten, erneut nach Ostberlin. Wir trafen uns im Café »Moskau« an der Karl-Marx-Allee. An dieser Stelle habe sich bis zum XX. KPdSU-Parteitag, der bekanntlich 1956 mit Stalin abgerechnet habe, das Denkmal des Generalissimus gestanden, machte mich »Winkler« aufmerksam, nahm die Filme und verschwand. Am nächsten Tag händigte er sie mir im Presse-Café unversehrt wieder aus. Über Nacht hatte man sich eigene Kopien gezogen…

Ich galt seither als Spion, Agent, Aufklärer einer – aus der Sicht der Bundesrepublik Deutschland – fremden Macht. Ich wollte mit Hilfe der Informationen, die ich künftig der anderen Seite liefern würde, zur militärstrategischen Stabilität in Europa beitragen und damit den Frieden sichern. Ich handelte gewissermaßen als deutscher Patriot und sah mich in einer Linie mit jenen, die für Deutschland und gegen die Nazis gekämpft hatten – etwa in Zuchthäusern und Konzentrationslagern, in der Emigration, in der Antihitlerkoalition oder im Nationalkomitee »Freies Deutschland«. Ich wähnte mich in diesem Punkte sogar eins mit Politikern wie Schmidt und Honecker, die gemeinsam erklärten, von deutschem Boden dürfe nie mehr Krieg, sondern nur noch Frieden ausgehen. Oder mit Egon Bahr und dem Politbüromitglied Herrmann Axen, dem der SPD-Politiker noch 1991, als alle DDR-Politiker mit Schimpf und Schande überzogen wurden, bescheinigte, ein anständiger Mensch und deutscher Patriot gewesen zu sein. Axen habe bei Verhandlungen immer »die deutschen Interessen, nicht die der DDR, nicht die der Bundesrepublik«, gesehen. Und er würdigte Axens tadellose antifaschistische Vergangenheit. Er, Bahr, werde nicht vergessen, »daß Axen eine eingebrannte Nummer auf seinem linken Unterarm hat«.

Ich passierte meist den Grenzübergang Bahnhof Friedrichstraße als Tourist. Wie angekündigt, stand »Genosse Winkler« auf der Treppe, über die die Einreisenden in die Bahnhofshalle gingen. Als er mich sah, drehte er sich auf dem Absatz um und setzte sich in Bewegung. Ich folgte ihm durch die Halle hinaus auf die Friedrichstraße. Mein Führungsoffizier passierte, ohne sich umzuschauen, die Straße und verschwand in einer Seitengasse. Ich lief ihm hinterher und sah ihn schließlich in einen Wartburg einsteigen. Ehe ich die Tür öffnete und mich auf dem Beifahrersitz niederließ, blickte ich noch einmal prüfend in die Runde. Es sah nicht so aus, als ob uns jemand gefolgt wäre.

Erst im Auto reichte mir »Winkler« die Hand zur Begrüßung. Nach einigen Floskeln (»Na, alles klargegangen? Wie war der Flug?«) warf er den Zweitaktmotor an. Das ganze Auto vibrierte ein wenig blechern. Halb entschuldigend, halb trotzig blickte mich »Winkler« von der Seite an. »Wir fahren erst einmal ein Stück.«

Ich erinnerte mich an das erste Mal: Der Weg führte uns zunächst durch etliche ein wenig grau wirkende Straßen. Anstelle der mir so vertrauten farbigen Großflächen mit Werbung entdeckte ich vielerorts zumeist rote Transparente, mit denen entweder auf den im kommenden Jahr stattfindenden SED-Parteitag hingewiesen («Vorwärts mit erfüllten Plänen zum IX. Parteitag!«) oder daran erinnert wurde, daß es zur friedlichen Koexistenz keine Alternative gebe. Die meisten Losungen wirkten nicht sonderlich originell und verkündeten Gemeinplätze, doch das störte mich wenig. Ich glaubte eine innere Beziehung zu diesem Land und zu diesen Leuten zu empfinden. Die waren irgendwie anders als meine Nachbarn. Zurückhaltend, aber nicht unbedingt reserviert, gebildet, ohne diese Überlegenheit ständig herauszustellen.

»Winkler« schwieg und konzentrierte sich auf den Verkehr, der nicht sonderlich stark war. Vielleicht lag es am Wochenende, vielleicht aber auch daran, daß hierzulande noch nicht so viele Autos zugelassen waren. Außerdem gab es nur Ampeln an einigen wichtigen Kreuzungen. Der westdeutsche Wahn, an jeder noch so winzigen Einfahrt eine sehr teure Lichtsignalanlage zu installieren, hatte die zweite deutsche Republik noch nicht erreicht.

Die Häuserzeilen gingen zu Ende, die Gebäude wurden kleiner und standen nur noch einzeln, wir hatten den Stadtrand erreicht. Dann begann auch schon der märkische Wald. »Winkler« bog in eine Schneise ein und hielt schließlich vor einer über und über mit Efeu bewachsenen Villa. Hier war die Luft einigermaßen erträglich. Am Portal erwartete uns eine korpulente Frau eingangs der Vierzig. Sie hatte ein ausgesprochen hübsches Gesicht und reichte mir zur Begrüßung ein wenig schüchtern die Hand. Wir sollten ihr folgen, sagte sie. In dem Zimmer, das uns erwartete, stand ein gedeckter Frühstückstisch. Ich lehnte dankend ab und gab mich mit einer Tasse Kaffee zufrieden.

»Winkler« schielte auf meinen Handkoffer. Ich reichte ihn hinüber. Er griff dankbar zu und verschwand umgehend. Die Frau setzte sich zu mir, offenkundig mußte sie mir Gesellschaft leisten. Sie hatte manikürte Hände, was darauf hindeutete, daß sie üblicherweise andere Aufgaben hatte, als eine Haushälterin zu geben. Sie strahlte etwas Mütterliches aus und weckte das Bedürfnis, sich bei ihr anzulehnen. Schon nach kurzer Zeit kehrte der Genosse »Winkler« wieder zurück. Ihre Fachleute – ich glaube, er nannte die Zahl sechs – würden sich das Material anschauen und seine Echtheit feststellen (oder eben das Gegenteil). Er lächelte. »Das wird eine Zeit dauern. Was machen wir so lange? Wollen Sie sich aufs Ohr legen?«

»Ich bitte Sie – Wilhelmshaven liegt nicht außerhalb der Welt, ich bin keine fünf Stunden unterwegs gewesen.«

Gut, meinte »Winkler«, wir könnten ja ein wenig die Landschaft anschauen, an irgendeinem See in einem Ausflugslokal zu Mittag essen, uns die Füße vertreten und über die Zukunft plaudern.

Das klang alles sehr spontan und unvorbereitet, wobei ich mir ziemlich sicher war, daß hier nichts, aber auch wirklich nichts dem Zufall überlassen blieb. Wir fuhren also durch eine wellige Kiefernlandschaft, wie ich sie aus meiner flachen Heimat nicht kannte, ab und an blitzte die Oberfläche eines kleinen Sees durch die Kiefernstämme. Meist lärmten ausgelassene Kinder an der Uferzone und vergnügten sich im warmen Wasser. »Es gibt hier etliche Betriebs- oder Pionierferienlager«, erklärte »Winkler«. »Für dreißig oder fünfzig Mark sind die Mädchen und Jungen mehrere Wochen unter pädagogischer Aufsicht zur Erholung. Bei uns sind die Sommerferien sieben Wochen lang.« An irgendeinem Gewässer stellte »Winkler« das Auto auf einen Parkplatz und schlug vor, einige Schritte zu gehen.

»Ich gehe davon aus, daß Sie an Ihrer Absicht festhalten, für uns zu arbeiten«, begann er das Gespräch. »Und Sie sind sich der Konsequenzen bewußt.«

»Selbstverständlich.«

»Wir sind an allem interessiert, was Rückschlüsse auf strategische Planungen der NATO gestattet, wir brauchen Nachrichten über Hard- und Software, Unterlagen, Baupläne, eben alles, was man gegen uns einsetzen kann...«

An dieser Stelle, gleichsam in Paranthese, führe ich einige der Unterlagen auf, deren Übergabe in den Prozeßdokumenten aufgelistet worden ist, was dann zu meiner Verurteilung führte. Aber – und das ist das Merkwürdige – keines dieser Dokumente ist aufgefunden worden. Das heißt: Es gab keine Belege, also Beweise, die meinen »Landesverrat« bezeugt hätten. Die Liste ist fiktiv und ein Konstrukt.

»Gefahren für die Funktionsfähigkeit des Führungsinformationssystems im MHQ ergeben sich, wenn ein potentieller Gegner durch Verrat in die Lage versetzt wird, mit verbesserter Erfolgsaussicht das System aktiv zu stören bis hin zur Zerstörung oder in Kenntnis seiner wesentlichen Eigenschaften sich taktisch so darauf einzustellen, daß es die mit ihm erstrebten Wirkungen nicht mehr erzielt. Diese Folgen können dadurch eintreten, daß der Gegner in einen oder mehrere der folgenden Bereiche des MHQ Einblick erhält:

a) Infrastruktur des Schutzbaus des MHQ,
b) DV-System (Führungsinformationssystem) des MHQ,
c) Fernmeldebetrieb und Fernmeldeführung,
d) Waffeneinsatz,
e) operativer Bereich und Operationsführung.

Für einen oder mehrere dieser Bereiche ist folgendes Verratsmaterial von Bedeutung:

1. Aus der Liste I:

Nr. 1: Band I und II FMZ, konventioneller Spruchverkehr, Be- und Verarbeitung von Sprüchen (geheim); Stand 15.8.1975 (874 Blatt);

Nr. 2: Betriebsspezifikation MHQ 78, Fachbereichsfunktion A 1, Bearbeitung von Informationen zur Personal- und Dienststärke (geheim), Stand 31.12.1975 (45 Blatt);

Nr. 3: Betriebsspezifikation MHQ 78, Fachbereichsfunktion A 2, Bearbeitung von Informationen zu Feindzielen (geheim), Stand 31.12.1975 (111 Blatt);

Nr. 4: Betriebsspezifikation MHQ 78, Fachbereichsfunktion A 3 – Eloka, Bearbeitung von Informationen zur Eigen- und Feindlage, Eloka, Bereich See, Luft und Land (geheim), Stand 31.12.1975 (45 Blatt);

Nr. 5: Betriebsspezifikation MHQ 78, Fachbereichsfunktion A 3 – See, Bearbeitung eingehender Daten, Eigenlage See (geheim), Stand 31.12.1975 (49 Blatt);

...

Nr. 27: ATP 34 (NAVY) (AIR), taktische Luftunterstützung von Marineoperationen, alliierte Ausbildungsanweisung 34 (VS-Vertraulich), (114 Blatt)

2. Aus der Liste II:

Nr. 6: ATP-1 (A)-VOL. I (VS-Vertraulich), (336 Blatt);

Nr. 7: Betriebsspezifikation des SATIR I (VS-Vertraulich), (522 Blatt);

Nr. 9: ACP 178 NATO SUPP-3 (geheim), (113 Blatt);

...

Nr. 88: Technische Zeichnungen vom Projekt TENNE MHQ Flensburg (geheim), (2 Blatt);

Nr. 88a: technische Zeichnungen MHQ-Bunker (VS-Vertraulich), (3 Blatt);

Nr. 92: Weisungen für die Marine-Schiffahrts-Leitung I (NfD), (30 Blatt)...«

Ich machte »Winkler« deutlich, daß ich aus tiefer Überzeugung handeln und ihnen alles Material liefern würde, was relevant wäre. Zudem würde ich ihn in Kenntnis setzen über Operationen von MAD, BND und Verfassungsschutz, in die ich mit einbezogen werden würde.

»Außerdem schlage ich vor, daß ich in Wilhelmshaven ein kleines Appartment anmiete. Hier ist die finanzielle Planung.« Ich zog meinen Kostenvoranschlag aus der Tasche, in der ich Miete und technische Ausrüstungen aufgelistet hatte, die ich glaubte zu benötigen.

»Winkler« studierte den Bogen und pfiff anerkennend durch die Zähne.

»Wissen Sie«, ergänzte ich, »das Wachpersonal bei IBM hat sich zwar daran gewöhnt, daß ich halbe Nächte in der Firma zubringe und ohnehin täglich als Letzter das Haus verlasse. Doch wenn das auf Dauer passiert, werden meine Freunde argwöhnisch. Das akute Problem kann ich mit der Übernahme der Unterlagen und notwendiger Einarbeitung entschuldigen, doch wenn das Dauerzustand wird, fragt irgendwann jemand: Was macht der da die ganze Zeit?«

»Winkler« meinte, daß sich das mit der Wohnung und der Fototechik machen lasse. Ich müsse allerdings verstehen, daß nicht er darüber entscheide, zudem müsse erst abgewartet werden, was die Genossen der Auswertung zu dem Material sagten, was ich heute mitgebracht hätte.

»Das ist alles echt«, entrüstete ich mich künstlich.

»Selbst dann kann es uns untergeschoben worden sein.« Er machte eine Pause und, um meinen aufkeimenden Unmut zu dämpfen, fügte er sogleich an: »Wir haben Ihre Biographie und Ihre Umgebung unter die Lupe genommen. Es gab keinerlei Differenzen zu Ihren Selbstauskünften. Ich bin mir sicher, daß Sie sauber sind. Aber Sie müssen auch uns verstehen: Bei Selbstanbietern Ihrer Provenienz sind wir sehr, sehr vorsichtig.«

Nach dem Mittagessen bat ich, in die Villa zurückzukehren. Ich war satt und ein wenig müde, die Hitze forderte Tribut. Die mollige Genossin schenkte uns noch einen Wodka ein, dann zeigte sie mir ein Zimmer mit einer Schlafcouch, auf der ich mich austreckte. Binnen weniger Minuten war ich weggetreten.

Es war schon gegen 19 Uhr, als mich »Winkler« weckte. Ich könne mich ein wenig frisch machen, dann erwarte man mich zum Abendessen. Am gedeckten Tisch saßen zwei Zivilisten, die sich zur Begrüßung erhoben. Aus ihren Fragen aber spürte ich, daß es sich um sehr qualifizierte Militärs handeln mußte. Sie hatten sich mit meinen Papieren sehr genau vertraut gemacht und erkundigten sich sehr dezidiert nach einigen Details. Vermutlich diente diese Übung auch meiner eigenen Überpüfung. Soweit ich dazu fähig war, beantwortete ich ihre Fragen.

»Wissen Sie, was das für ein brisantes Material ist?« wollte der eine von mir wissen.

Ich nickte. Sonst wäre ich ja nicht hergekommen.

»Winkler« meinte, wenn ich das nächste Mal käme, müsse ich etwas mehr Zeit mitbringen. Man wolle mich in einigen technischen Dingen unterweisen, etwa funken, fotografieren, Texte verschlüsseln und decodieren. Was die Regeln der Konspiration beträfe – er konnte sich ein süffisantes Lächeln nicht verkneifen –, müsse man mir ja wohl kaum Nachhilfeunterricht geben. Die Kollegen der anderen Seite hätten mich gewiß schon eingewiesen.

»Da bin ich mir nicht sicher, ob ich hier nicht noch etwas lernen kann«, schoß ich zurück. »Unsere Jungs kochen auch nur mit Wasser – und das ist manchmal ziemlich dünn.«

Die beiden verabschiedeten sich bald und ließen uns zu dritt zurück. »Winkler« holte eine Flasche Rotkäppchen und meinte, wir sollten unsere Verbindung nunmehr offiziell besiegeln und bot mir das Du an. Die Chefin des Hauses folgte seinem Beispiel. Sie heiße Helen, sagte sie, und stieß ihr Glas an das meine.

Da wir nun schon zum inoffiziellen Teil des Tages übergegangen waren, hielt ich mit meiner Meinung nicht hinterm Berg. Ich hätte noch immer das Gefühl, daß Zweifel hinsichtlich meiner Zuverlässigkeit bestünden. Warum glaubt ihr mir nicht, daß ich es ehrlich meine?

Helen versuchte einerseits meinen Unmut zu besänftigen, andererseits warb sie um Verständnis. Sie habe an der Auswertung teilgenommen – alle sechs Gutachter seien von der Echtheit überzeugt. Und genau das erwecke Mißtrauen.

»Liebe Leute«, hielt ich ihr entgegen, »um ein solches Material zu türken, das heißt Informationen so zu biegen, daß sie wie echt aussehen, um die Gegenseite in die Irre zu führen, müßte angesichts der Komplexität von »Tenne« mehr Gehirnschmalz aufgewandt werden, als für »Tenne« selbst. Die nehmen euch zwar wichtig – aber so wichtig nun auch wieder nicht, um mehr in Eure Desinformation zu investieren als in die eigene Verteidigung.«

»Aber du wirst zugeben, daß »Tenne« in heutiger Zeit, in der alle Zeichen auf Entspannung stehen, reichlich antiquiert ist«, warf »Winkler« ein. »Das Projekt hat seine Wurzeln im Kalten Krieg. Ich halte es für absurd, für grotesk. Auch von daher kommt mein Mißtrauen.«

Ich verstand ihn ja. Und trotzdem war ich ein wenig unglücklich. Auf Orden und Feiern konnte ich verzichten – nicht aber auf die Genugtuung, etwas Ordentliches geleistet zu haben, das ohne jede Einschränkung anerkannt wurde. Ein simples Schulterklopfen: Mensch, Karl, toll, und: Danke – das wäre es schon gewesen. Aber es unterblieb. Ich begriff: Idealismus hatte seinen Preis und mußte sich meist aus sich selbst heraus speisen und ermutigen.

Drei Tage später huschte ich zu einem Blitzbesuch durch die Grenze im Bahnhof Friedrichstraße und übergab die von »Winkler« am Samstag gewünschten Dokumente. Vielleicht überzeugte ihn das.

Im Oktober 1975 wurde ich in offizieller Runde geradezu überschwenglich begrüßt. Die Genossen wirkten enthusiasmiert. »Winkler« und Helen waren da und zwei Militärs in Uniform. Die eine war blau, und aus den dicken goldenen Kolbenringen an den Jackettärmeln schloß ich, daß es sich um einen Admiral handeln mußte. Er führte auch das Wort und griff als erster nach dem Sekt, der zur Begrüßung gereicht wurde. Die vergangenen drei Monate habe man intensiv genutzt, sagte er, um die Unterlagen zu prüfen. Vor allem die nachgereichten Papiere haben sich als besonders wertvoll und wichtig herausgestellt. Dafür wolle er mir im Namen des Organs und der friedliebenden Menschheit Dank sagen. (Eine Nummer bescheidener ging es offensichtlich nicht.)

Ihre Untersuchungen hätten meinen Verdacht bestätigt, daß das Projekt »Tenne« ein strategischer Zug der Falken sei, den Militärapparat zu verselbständigen. Außerhalb und unabhängig von der Politik, die auf Verständigung und Frieden gerichtet sei, sollten irreversible Fakten geschaffen werden. Das bestätige unsere Einschätzung, so der Admiral, daß es im Westen zwei gegensätzliche Strömungen gebe oder, sofern die Politik davon Kenntnis habe – was im Detail nicht bewiesen sei –, daß Bonn mit gespaltener Zunge rede. Man spreche von Entspannung und Aussöhnung und bereite sich gleichzeitig auf den Erstschlag vor. Dank meines Entschlusses, den Sicherheitsorganen der DDR die Unterlagen für »Tenne«, das sich noch in der Entwicklung befinde, zu übergeben, könnte man auf Seiten des Warschauer Paktes rechtzeitig Gegenmaßnahmen einleiten. Das setze allerdings voraus, daß wir auf dem laufenden blieben. Dazu jedoch, so schloß der Admiral, werde der Genosse General K. sich im weiteren äußern.

Alles war sehr förmlich und wirkte ein wenig steif. Die ganze Verantwortung, die diese fünf Menschen für die Sicherung des Weltfriedens gleichsam auf ihren Schultern spürten, offenbarte sich in diesem Ritual. Wenn alles nicht so ernst gewesen wäre, hätte es ein wenig ulkig gewirkt. Helen schien der einzige Lichtblick in der pseudofeierlichen Runde, sie lächelte mich unverdrossen an. Ich hielt mich an meinem Sektglas fest.

Der Genosse General meinte, daß »Tenne« noch am Anfang stünde, man brauche sukzessive alle Bausteine, um die ganze Komplexität dieses Projektes zu erfassen und damit paralysieren zu können. Deshalb müsse es bis zu seinem Abschluß begleitet und aufgeklärt werden. Er respektiere meinen Wunsch, dies ausschließlich allein bewerkstelligen zu wollen, und vielleicht hätte ich auch recht, daß der Erfolg sicherer wäre, wenn das MfS keine anderen Aufklärer bei IBM in Wilhelmshaven plazierte. Das wolle man auch so halten, bekräftigte der General. Aber daraus ergebe sich ein anderes Problem – das des Quellenschutzes.

Ich mußte ihn offenkundig sehr erstaunt angeschaut haben, daß er seine Rede unterbrach und mir erläuterte, was damit gemeint sei.

»Sie sind eine wichtige Quelle und damit nicht mehr für sich allein verantwortlich. Und im Gegenzug sind auch wir für Sie verantwortlich. Wir müssen Sie für diese Aufgabe ausbilden und hinlänglich qualifizieren und zugleich alles unternehmen, damit Sie nicht zusätzlich gefährdet werden. Oder anders formuliert: Wir müssen Sie vor sich selber schützen.«

Nun verstand ich nur noch Bahnhof.

»Wir haben Sie rundum aufgeklärt. An der Ernsthaftigkeit Ihrer Überzeugung gibt es nicht den Anflug eines Zweifels. Wir kennen Ihre Biographie und haben größte Hochachtung vor Ihrem Vater, der gegen die Nazis gekämpft hat. Ihre Jugendsünden in der Nachkriegszeit – geschenkt... Uns bereitet anderes Sorgen.« Der General holte tief Luft. »Seien Sie jetzt bitte nicht beleidigt.«

Ich machte eine unbestimmte Geste.

»Wie sehr belastet Sie Ihre Ehe?«

»Eher mäßig. Wir sind zwei erwachsene Menschen und gehen vergleichsweise offen damit um. Wir werden uns irgendwann scheiden lassen, das scheint uns sicher. Bisher haben wir uns noch nicht dazu durchringen können.«

»Falls Sie in dieser Hinsicht psychologischen Beistand brauchen – Genossin Helen hat das studiert. Sie können sich mit ihr darüber austauschen und beraten.« Er machte wieder eine Pause. »Und wie sieht es mit dem Alkohol aus? Wir haben wirklich nur Ihre Sicherheit im Auge. Uns geht es nicht darum, Ihren Lebenswandel zu reglementieren. Wir wollen nur offen miteinander umgehen und dort helfen, wo es not tut.«

Die wußten wirklich mehr über mich als alle westdeutschen Geheimdienste zusammen. Hier arbeiteten wirklich Profis. Meine Hochachtung stieg ins Grenzenlose.

Daß ich trank, konnten sie nur über meine Frau erfahren haben. Ich war kein Kneipengänger, trank öffentlich nur ab und an ein Bier und gar nicht, wenn ich mit dem Auto unterwegs war. Jedoch abends soff ich mir Bettschwere an. Beim Fernsehen füllte ich mich regelmäßig ab. Ich mußte ja körperlich nicht fit sein, ein Sexualleben fand in unserem Hause nicht statt. Das wußten aber nur wir beide. Und jetzt auch die HVA.

»Sie müssen darauf nicht antworten«, sagte General K., »nur soviel: Von nun müssen Sie sich unter Kontrolle haben. Ein falscher Schritt, ein unbedachter Satz kann Sie den Kopf kosten. Im übrigen: Wie halten Sie es mit den Frauen?«

Ich spürte, wie mir das Blut ins Gesicht stieg und mir die Wangen rötete. »Muß ich darauf im Beisein einer Dame antworten? Vielleicht nur soviel: Ich habe ganz normale Bedürfnisse und lebe die, wenn es sich ergibt, auch aus.«

Der Genosse K. trank sein Glas aus. »So, das war's dann wohl. Wir werden uns vermutlich kaum wiedersehen – Ihr Ansprechpartner ist Ihr Führungsoffizier, Genosse Winkler. Von ihm bekommen Sie auch Ihre Papiere, das Geld für das Appartment und dessen Einrichtung. Heute und morgen werden Sie in die Dokumentationsfotografie und in Funktechnik eingewiesen. Ach«, der General schien noch etwas vergessen zu haben: »wir wissen, daß Sie bei den drei westdeutschen Diensten angebunden sind und von denen aktiv geführt werden. Nichts dagegen zu sagen, wenn wir darüber Bescheid wissen – und wir wissen Bescheid, davon können Sie ausgehen. Mir schmeckt das nicht, um ehrlich zu sein. Doppelagenten leben doppelt gefährlich. Aber nun ist es, wie es ist. Ich gebe Ihnen nur den guten Rat: Hängen Sie sich bei denen nicht zu weit aus dem Fenster. Alles Gute – und viel Glück.« Seine große Pranke umschloß meine Hand. Er blickte mir tief in die Augen, als suchte er auf dem Grund der Pupille nach einem Geheimnis, von dem er bislang nichts wußte. Aber da war nichts.

Auch der Admiral verabschiedete sich herzlich und ließ mich mit Helen und »Winkler« zurück.

Die zweitägige Ausbildung in Berlin empfand ich als sehr nützlich und spannend. Mit dem Fotografieren hatte ich keine Probleme, da ich einschlägige Erfahrungen mitbrachte. Komplizierter war der elektronische Bereich. Wöchentlich wurde mit einer synthetischen Stimme per unverfänglicher Rundfunkdurchsage eine Botschaft übermittelt, die funktechnisch entschlüsselt werden mußte. Ich bekam zu dieser Spielerei nie ein ernsthaftes Verhältnis, zumal ich wegen anderer Verpflichtungen oft nicht am Rundfunkempfänger sitzen konnte, wenn Berlin mir eine elektronisch verschlüsselte Nachricht durch den Äther schickte. Nicht minder anstrengend erwies sich in den folgenden Jahren der aktive Funkverkehr. Das mir übergebene Gerät war leicht zu handhaben – aber auch leicht festzustellen. Ich vermied es, von Jever oder Wilhelmshaven zu senden und suchte mir Orte in der Umgebung im Radius von etwa 50 Kilometern aus. Vom MAD wußte ich, daß in Langewerth rund um die Uhr in den Äther gelauscht wurde. Zwar war man in der Lage, den Funker zu lokalisieren, doch ehe man vor Ort war und zugreifen konnte, war der schon auf und davon. Um die Zeit zu verkürzen, begann der MAD Hubschrauber einzusetzen. Als ich davon hörte, stellte ich meine Landausflüge ein und sendete nur noch aus Oldenburg oder Bremen. Da waren die Hubschrauber hilflos.

Soweit ich weiß, ist weder in meiner Gegend noch sonstwo ein Funker auf diese Weise aufgestöbert worden. Die einzigen Illegalen, die die westdeutschen Dienste stellten, waren Funkamateure, die die Post hintergingen.

Seither war ich IM »Claus Reuter«, wie ich aus den späteren Prozeßunterlagen erfuhr. Mir war lediglich der Name genannt worden. Der Personalausweis und der Paß, die ich ebenfalls zur Verfügung gestellt bekam, lauteten auf den Namen Paul Gärtner. Sie waren für den Fall meines Rückzugs bestimmt. Dazu hatte ich eine Brieftasche mit Containerfach, in der ich ständig die Dokumente versteckt bei mir führte. Als Warnung hatte ich mit meinem Führungsoffizier verabredet, daß er einem ehemaligen Kollegen, der in der Nachbarschaft lebte, eine Botschaft übermittelte, in der das Codewort »Tauschmöglichkeiten für Schmetterlingsblöcke« auftauchte. Der Nachbar war harmlos, kannte nicht den Sinn der Botschaft, wohl aber mein vermeintliches Briefmarkenhobby. Dieses Signal zum sofortigen Einstellen meiner nachrichtendienstlichen Tätigkeit konnte natürlich nicht über meinen Dienstapparat oder meine Privatadresse laufen. Ebenso der Appell, wenn Gefahr im Verzug war und ich so schnell wie möglich das Bundesgebiet zu verlassen hatte. Dafür hatten wir das Schlüsselwort »Verkaufe Elefantenbriefmarkensammlung«.

In den ersten beiden Jahren, als ich über Bahnhof Friedrichstraße einreiste, benutzte ich ein Kennwort, mit dem ich mühelos die Grenze passieren konnte. Ab November 1977 reiste ich mit Tagesvisum ein. Zuvor hatte ich unter meiner Privatadresse Einladungen zu Tagungen oder Kongressen bekommen. Die meist in Wilhelmshaven abgestempelte Post war auf Briefbögen von IBM geschrieben, Absender war jedoch die HVA in Ostberlin. Dieser Trick war nötig, um meine Frau nicht mißtrauisch werden zu lassen. Sie war die meiste Zeit zu Hause und las folglich auch meine Post – Einladungen dieser Art waren eine überzeugende Legende, weshalb ich sie ein, zwei Tage verlassen mußte. »Winkler« untersagte mir auch, für Transitreisen nach Berlin meinen privaten PKW zu benutzen, was ich ohnehin nicht vorhatte. So naiv war ich nun wirklich nicht. Ich mietete mir in der Regel außerhalb der Region Wilhelmshaven einen Leihwagen; sofern ich viele Unterlagen bei mir führte, benutzte ich die Bundesbahn.

Oft benutzte ich auch einen toten Briefkasten in Oldenburg. Er befand sich im Stadtpark in einer Mauer, die von Gestrüpp verdeckt war. Die Abdeckplatten waren von Moos überwuchert. Allerdings konnte die vierte Platte angehoben werden, darunter befand sich ein Hohlraum. Dort deponierte ich meist meine Filme, selten fand ich einen Zettel mit einer Nachricht für mich vor. Wie ich später hörte, soll der Ort ständig – zumindest wenn ich die Hinterlegung von Filmen oder Papieren in Ostberlin angekündigt hatte – von einem HVA-Mitarbeiter observiert worden sein. Den Sinn habe ich bis heute nicht begriffen.

Falls ich unangemeldet einreiste, hatte ich zwei Ostberliner Telefonnummern, die ich anrufen konnte, um mein Eintreffen kurzfristig zu signalisieren. Zudem hatte ich im November 1975 eine Privatadresse in Köpenick genannt bekommen, an die ich einen Kartengruß schickte, wenn der nächste Treff-Termin feststand. Zwei Jahre später erhielt ich eine neue Adresse in Berlin-Friedrichsfelde, wohin ich ab sofort meine Kartengrüße richten sollte.

Im März 1976 bekam ich eine Olympus PEN-FT. An dieser Kamera wurde ich intensiv ausgebildet, damit ich aus der Hand Dokumente reproduzieren konnte. Um Marianne mein »neues Hobby« erklären zu können, erzählte ich ihr, es wäre ein Schnäppchen aus zweiter Hand gewesen. Ein Kollege habe seiner Frau ein Geschenk machen wollen, diese habe es aber verschmäht, und er selber hatte dafür auch keine Verwendung. Die teure Fotoausrüstung gab ich später, in den 80er Jahren, wieder zurück. Ich erinnere mich nicht mehr, was ich gegenüber Marianne als Erklärung angab – vermutlich hatten wir uns damals überhaupt nichts mehr zu sagen, da interessierte sie auch das Verschwinden der Kamera nicht mehr.

Bei jenem dreitägigen Treffen vom 10. bis 12. März 1976 in einer konspirativen Wohnung in Ostberlin hatte ich »Winkler« auch den Abdruck des Schlüssels für einen Panzerschrank mit der Bitte übergeben, davon ein Duplikat zu fertigen. Durch bestimmte Umstellungen innerhalb unserer Registratur, die sich abzeichneten, fürchtete ich, die Verantwortung für eben jenen Tresor zu verlieren. Als ich mich am selben Ort am 27./28. Mai 1976 mit meinem Führungsoffizier traf, übergab er mir wunschgemäß den Schlüssel. Wie ich jedoch nach meiner Rückkehr feststellen mußte, paßte er nicht. Gottlob hatte das keine Konsequenzen – ich behielt auch nach der Umstellung die Schlüsselgewalt und konnte auf ein Duplikat verzichten.

6. Kapitel

Meine Stellung als Sicherheitsbeauftragter übte ich nahezu unangefochten aus. Allerdings schien es mir nicht nur aus Gründen objektiver Überlastung angeraten, auf die beiden Stellvertreter zu dringen, die vor geraumer Zeit angekündigt worden, aber noch nicht erschienen waren. Zwei Hauptbootsleute, die kurz vor der Pensionierung standen, sollten den ständig größer werdenden Berg von Arbeit abtragen helfen. Ich hatte allerdings auch Sorge, daß der Umstand, daß ich allein und unbeaufsichtigt meine Kreise zog, über kurz oder lang die Frage nach Kontrolle aufs Tapet bringen könnte.

Da kam mir eine Abmahnung aus der Zentrale in Stuttgart sehr entgegen. Die Tugendwächter von IBM zeigten mir drohend die gelbe Karte wegen der Unmenge an Überstunden. Sie sprengte jedes zulässige Maß. Ich konnte sie weder minimieren noch abbummeln, wie es in anderen Bereichen durchaus gängige Praxis war. Wäre die Registratur geschlossen – und sie hätte geschlossen werden müssen, wenn ich nicht in der Firma war –, so hätte der Betrieb ruhen müssen. In diesem Sinne war ich zum Nadelöhr geworden.

Mit dem Schreiben aus Stuttgart lief ich zum Niederlassungsleiter. Dr. H., mit dem ich mich gut verstand und ein offenes Verhältnis unterhielt, zeigte sich ratlos. Was solle er denn machen, sagte er.

»Machen Sie einen Termin beim Flottenkommando – wir tragen dem Admiral das Problem vor.«

Dr. H. zauderte. Das gehe doch nicht, wir müßten uns doch an den Dienstweg halten und zunächst Dr. W. in Bonn informieren.

»Der kennt das Problem längst. Ich habe es ihm mehr als einmal vorgetragen. Doch außer Hinhaltungen habe ich von dort nichts zu hören bekommen. Für mich ist Ende der Fahnenstange.«

Und um ihn noch ein wenig zu zwicken, behauptete ich, daß man mir aus Glücksburg ein lukratives Angebot gemacht habe. Ich hätte zwar mit Verweis auf meine hiesigen Verpflichtungen dankend abgelehnt, aber die Offerte sei damit nicht vom Tisch. Der Chef hatte verstanden.

Nach einer Stunde ließ er mich telefonisch wissen, daß ich schon am nächsten Tag um 10 Uhr vom Flottillenchef zum Gespräch empfangen werden würde. Allerdings habe er eine Bitte: Ich möge mich dort ein wenig zurückhalten und mein Temperament zügeln. Ich wüßte schon, wie das gemeint sei.

Der Besuch bei Admiral G. verlief außerordentlich angenehm. Der Admiral verließ seinen Platz hinterm Schreibtisch und kam zur Begrüßung auf mich zu. Er bat noch Korvettenkapitän H. hinzu und forderte mich freundlich auf, das Problem zu schildern, das mich bedrücke.

Ich schilderte wortreich, wieviel Geheimunterlagen unser Unternehmen produziere und wie diese verwaltet würden. Tag um Tag spucke der Drucker an die tausend Blatt aus. Die würden per Hand gezählt und registriert und im Kopf mit dem roten Stempel »Geheim« versehen. Das ließe sich zwar alles auch automatisch machen, verstieße aber gegen die Vorschrift. Über jedes einzelne Blatt müsse Buch geführt werden, Ausgabe und Rückgabe würden registriert werden, die Kopien, die davon angefertigt würden, unterlägen den gleichen Kontrollprozessen. Registriert würde auch die organisierte Vernichtung der Kopien… »Der Verwaltungsaufwand ist von mir während der regulären Arbeitszeit nicht zu bewältigen. Und wenn ich nicht bald die beiden von Ihnen in Aussicht gestellten Vertrauensleute bekomme, kann ich mir die Kugel geben, Herr Admiral.«

Der Flottillenchef feixte. »Nana, da gibt es doch auch andere Lösungen, Herr Gebauer.« Und an Korvettenkapitän H. gewandt, fragte er, ob nicht eine Möglichkeit bestünde, die beiden Herren schon jetzt abzukommandieren. »Sie sehen doch, daß hier eine kritische Situation entstanden ist. Wenn wir nicht das gesamte Projekt gefährden wollen, müssen wir helfen.«

Der Kapitän zögerte ein wenig. Selbstverständlich gehe dies, doch die Betreffenden müßten noch hier ordnungsgemäß alles übergeben, das dauere ein paar Tage.

»Na also«, sagte der Admiral aufgeräumt. »Wissen die schon von ihrem Glück?«

»Woher denn«, wagte der Kapitän einzuwerfen, »Sie haben doch soeben erst entschieden«.

Man rief nach den beiden Hauptbootsmännern, die auch schon bald im Zimmer des Admirals erschienen. Die beiden rüstigen Endfünfziger knallten die Hacken zusammen und meldeten sich wie befohlen zur Stelle. Der Admiral meinte jovial, sie sollten bequem stehen. Er habe gehört, daß sie nach ihrer Pensionierung bei IBM als Geheimregistratoren arbeiten wollten. Die Umstände bei IBM machten es aber dringend erforderlich, sie schon jetzt für diese Aufgabe abzustellen. Ob sie damit einverstanden seien?

Die beiden nickten.

Dann stellte er mich den beiden als ihr neuer Vorgesetzter vor.

»Und, Herr Gebauer, haben Sie noch einen Wunsch?«, fragte der Admiral.

»Ja. Könnten die beiden Herrn in Zivil zur Arbeit kommen?«

Am nächsten Montag meldeten sich die beiden Marinebeamten zum Dienst. Sie schlugen bei der Begrüßung die Hacken zusammen. »Das wollen wir künftig besser unterlassen«, schlug ich ihnen vor. »Sie müssen auch nicht strammstehen, wenn ich das Zimmer betrete. Wir sind nicht mehr auf dem Kasernenhof, sondern in der zivilen Wirtschaft – obwohl da kaum noch Unterschiede festzustellen sind.«

Die beiden hatten mir an Erfahrung einiges voraus, Herr B. hatte im Kommando das Büro geleitet und galt dort als der Dienstälteste. Ihn machte ich zu meinem Stellvertreter. Herrn K. betraute ich mit der Kopieranlage und der entsprechenden Buchführung. Ich händigte ihm die Betriebsschlüssel aus und zeigte ihm, in welchem Panzerschrank sie abends abzulegen waren. Sodann gab ich beiden die Schlüssel für die Stahlschränke und die dazugehörenden Zahlenkombinationen. Diese wurden monatlich einmal geändert. Ich forderte die beiden auf, sich im Kalender einen Vermerk zu machen, wann der Wechsel erfolgte. Ausgabe und Rücknahme von Dokumenten erfolge nach den gleichen Prinzipien wie im Kommando. Neueingänge und Geheimdokumente aus anderen Wehrbereichen kämen in den grünen Band, die im Hause umlaufenden in den roten.

Ich zeigte den beiden im Nebenraum den Kopierer und den Reißwolf und schließlich den Keller, wo die Papierabfälle gesammelt wurden. Eine Vertragsfirma hole bei Bedarf das Zeug ab, erklärte ich, allerdings müsse einer den Transport bis zur Papiermühle in Varel begleiten und überwachen, daß die Ladung direkt in den Kalander käme. Dazu müsse man vorher die Papiermühle anrufen, damit die ihre Bottiche freihätten.

Nachdem ich glaubte, den beiden alles Wichtige gesagt und gezeigt zu haben, schenkte ich uns drei Klare ein. Prost, sagte ich, auf gute Zusammenarbeit.

Mir schien, daß ich annehmbare Kollegen bekommen hatte.

Sie hielten mir den Rücken frei, so daß ich bald erstmals auch unsere Zweigstelle in Glücksburg bei Flensburg an der Ostseeküste besichtigen konnte. Zum einen war mir daran gelegen, daß ich – als Sicherheitsbeauftragter von IBM – auch dort meine Aufsichtspflicht wahrnahm und also meine Durchschlagskraft demonstrierte. Zum anderen wollte ich natürlich das verbunkerte Marinehauptquartier, von dem aus die NATO-Operationen im Ostseeraum kommandiert werden sollten, einmal per Augenschein zur Kenntnis nehmen. Ich wollte mir selbst ein Bild machen, wo der Kopf von »Tenne« künftig sein würde.

Unser Trupp zählte etwa 15 Mann, die im MHQ-Bunker die Computersysteme installierten und sie programmierten. Sie verfügten über keinen eigenen Sicherheitsbeauftragten, die Verwaltung der Geheimunterlagen besorgte einer aus ihrer Mitte. Entsprechend schlampig ging es auch zu. Der eigentliche Sicherheitsbeauftrage war ein Marineoffizier, der nur gelegentlich nach dem Rechten schaute. Etwa zweihundert Meter von den tiefgestaffelten Bunkeranlagen befand sich eine Art Kaserne, in der die IBM-Mitarbeiter einige Büros unterhielten. Auf dem Flur standen vier Panzerschränke, in die über Nacht die Dokumente abgelegt wurden. Ausgabe und Rückgabe erfolgte wie in einem Selbstbedienungsladen.

Ich nahm mir den IBM-Verantwortlichen und den Marinebeauftragten zur Brust und schiß sie nach allen Regeln der Kunst zusammen. Der Kapitänleutnant brachte zur Entschuldigung hervor, immerhin säße im Erdgeschoß des Bürogebäudes eine Wache, und das Haus stünde innerhalb eines bewachten Militärobjektes.

Ich versuchte dem Naseweisen klarzumachen, daß es mir primär um die innere Ordnung ginge, um die Stabskultur («Wenn Sie davon mal etwas gehört haben sollten, Herr Kaleu!«). Meine Sorge ziele weniger auf Diebstahl oder Geheimnisverrat, sondern auf solide Arbeitsbedingungen.

Gemeinsam besichtigten wir auch einen weiteren Tresorraum im Keller, in welchem die als »Streng geheim!« eingestuften Dokumente gelagert wurden. Statt Aktenordner fand ich zumeist Pappschatullen vor. Was sei das denn, fragte ich irritiert. Och, sagte der Verbindungsoffizier, das seien nur die Bau-Unterlagen des Bunkers.

»Was sollen die denn hier?« Der Kapitänleutnant hob die Achsel in die Höhe.

Nun spielte ich Tabula rasa. Ich gab ihm und dem IBM-Manager drei Tage Zeit, Ordnung in dieses Chaos zu bringen, anderenfalls würde ich Meldung beim Flottenkommando und beim MAD machen. Ich bestand darauf, daß ab sofort ein Mann, der in einem anderen Gebäude auf dem Gelände die Geheimregistratur der Marine besorgte, jeden Morgen hier die Ausgabe der Unterlagen registrieren und abends die Dokumente zurücknehmen sollte. Die Codierung des Schlüsselkastensafes auf dem Flur, die jedem bekannt war und wo sich jeder bediente, sollte umgehend geändert und künftig nur einem beschränkten Personenkreis zugänglich gemacht werden.

Der Kapitänleutnant trollte sich wie ein begossener Pudel vom Hof und sicherte zu, umgehend alle nötigen Schritte einzuleiten. Der IBM-Manager warb um Verständnis. Glücksburg sei nicht Wilhelmshaven, sie wären nur eine kleine Gruppe, alles sei legerer und kollegialer. Hier sei jeder Geheimnisträger. Ich solle da etwas großzügiger sein.

Das könne ich nicht, erwiderte ich. Mein Dienstauftrag lautet, geheimzuhaltende Gegenstände und Unterlagen sicher zu verwahren und sie dem Zugriff unberechtigter Dritter nicht auszusetzen. Wenn dies nicht gewährleistet sei, müsse ich Maßnahmen ergreifen und diesen Zustand herstellen. Die Verantwortlichen seien einer erneuten Sicherheitsüberprüfung zu unterziehen, und es seien disziplinarische Schritte zu unternehmen, wenn grob fahrlässig gehandelt wurde. »Wenn ich konsequent wäre, müßte ich eigentlich den Laden dichtmachen, Herr R.«, schrie ich den verdatterten

IBM-Manager an. »Und wenn der MAD Wind davon kriegt, können Sie sich frischmachen.«

Mit solchen oder vergleichbaren Auftritten erarbeitete ich mir den Ruf, ein besonders Scharfer zu sein. Dieses herrische Gehabe widersprach gänzlich meinem Naturell, ich bin ein friedvoller, toleranter Mensch. Doch mich schützte als Aufklärer die Maske des Prinzipienreiters und Vollstreckers besser als jedes andere Mimikry. Ich setzte es bewußt ein – um mich anschließend vor Gram darüber zu besaufen. Flensburg verließ ich mit einem kräftigen Kater.

7. Kapitel

Das Landesamt für Verfassungsschutz hatte mich nicht aus den Augen verloren. Eines Tages meldeten sich die beiden von Herrn Sch. angekündigten Mitarbeiter aus Hannover. Sie forderten mich telefonisch auf, zu einer bestimmten Zeit in einem Restaurant am Ölhafendamm vorbeizukommen, und sagten mir, woran ich sie erkennen würde. Auch ohne diese Hinweise hätte ich die beiden nicht übersehen. Es ist schon merkwürdig: Es gibt kaum einen Beruf wie diesen, der die Menschen derart zeichnet. Einen Geheimdienstler erkenne ich noch mit 40 Grad Fieber.

Die beiden Herren zeigten mir ihre Dienstausweise und nannten mir ihre Namen. Soviel wußte ich inzwischen schon: Ob MfS, BND oder Verfassungsschutz – im Außendienst nannte nie einer seinen wahren Namen. Und die, die einen richtigen Namen hatten, bekamen einen falschen – so wie ich. Für die Genossen in Ostberlin war ich Claus Reuter.

Der Wortführer der beiden, ein ehemaliger Kripobeamter, kam gleich zur Sache. Wie mir bereits durch ihren Chef gesagt worden sei, trüge sich Hannover mit der Absicht, in Wilhelmshaven eine Residentur einzurichten. Sie suchten eine Unterkunft zu mieten oder zu kaufen, ein Ein- oder ein Zweifamlienhaus, alleinstehend, mit einer, noch besser mit zwei Garagen. Dazu würden sie sich gern meiner Hilfe versichern.

Ich verstand, sie suchten einen Strohmann, der für sie Quartier machen sollte.

Dann äußerten sie ihren zweiten Wunsch. Sie suchten jemanden mit hinlänglicher politischer Erfahrung und Sensibilität, der die hiesigen Lokalausgaben der Nordwest Zeitung, der Wilhelmshavener Zeitung und des Jeverschen Wochenblatts systematisch auswertete. Sie brauchten alle Beiträge über politische Veranstaltungen, entsprechende Anzeigen und Ankündigungen und dergleichen. Ob ich nicht diese Aufgabe übernehmen könnte?

Dieses Angebot verschlug mir leicht den Atem, und ich ließ mir einen Klaren kommen. Ich hätte es nicht für möglich gehalten, daß mit derart primitiven Mitteln beim Verfassungsschutz gearbeitet würde, und daß damit obendrein erkennbar aus- und überlastete Personen behelligt wurden.

»Nein, ausgeschlossen. Ich habe genug zu tun. Außerdem macht das keinen guten Eindruck, wenn alle in der Firma angestrengt arbeiten, und der Sicherheitsbeauftragte studiert die Presse. Abends bin ich zu müde, und da ist es wohl auch schon für Sie zu spät.«

Allerdings wüßte ich jemanden, fuhr ich fort, den man für diese Aufgabe gewinnen könnte. Eine verläßliche Frau aus Wilhelmshaven. – Ich dachte an Rosel, eine Rollstuhlfahrerin, die mit ihrer Mutter in der Nähe der Post wohnte. Ich hatte sie über meine Frau kennengelernt und meinte, daß die in Aussicht gestellten 300 Mark monatlich ein ordentliches Zubrot sein würden. Und die Freunde aus Ostberlin würden bestimmt noch 100 Mark dazulegen, wenn Rosel für sie alle Beiträge und Nachrichten aus dem Marinebereich ausschnitte. Das war nämlich eine höchst ergiebige Quelle. – Ich greife vor: Genau so kam es.

Zu böser Letzt trugen sie ein weiteres Ansinnen vor, daß das vorangehende noch in den Schatten stellte. Man forderte mich allen Ernstes auf, mich bei den Grünen einzuschreiben und dort Karriere zu machen. Sie glaubten, daß ich mit meiner Beredsamkeit hinlänglich Talent hätte, in der sich formierenden Bewegung in die Führungsebene zu gelangen. »Sie wissen doch: Wenn man eine politische Partei schon nicht verhindern kann, muß man sich an ihre Spitze setzen, um den Laden im Griff zu behalten. Alter Geheimdiensttrick, hahaha.« Der Verfassungsschützer ließ ein öliges Lachen vernehmen, als habe er einen besonders guten Witz gemacht.

»Hören Sie«, konterte ich wütend, »ich bin eingeschriebenes SPD-Mitglied. Für so etwas gebe ich mich nicht her. Allerdings«, und nun brach wieder meine Hilfsbereitschaft durch, »ich habe eine Bekannte, die sympathisiert mit den Grünen. Sie hat mich gelegentlich zu Versammlungen eingeladen. Ich kann sie gern befragen.

Jedoch möchte ich sie für eine solche Aufgabe nicht mißbrauchen. Ich werde sie über unser heutiges Gespräch informieren und mich erkundigen, ob sie für solche Aufgaben zur Verfügung steht. Am kommenden Wochenende sehe ich sie im Gorch-Fock-Haus.«

»Da ist doch eine Traditionsfeier des MAD«, sagte der andere Verfassungsschützer, der bisher geschwiegen hatte.

»Stimmt«, sagte ich, »die Bekannte arbeitet hauptamtlich beim MAD, und ich habe als Sicherheitsbeauftragter eine Einladung erhalten.«

Die beiden verzogen ihre Gesichter, als hätten sie Zahnschmerzen. »Da wird es dann wohl nichts.«

Ich stellte mich dumm und fragte, ohne eine Antwort zu erhoffen: »Wieso?«

Sie reagierten nicht. Ich solle mich um das Quartier und um den Ausschnittdienst kümmern und alles andere vergessen, sagte der ehemalige Kripobeamte, reichte mir seine Telefonnummer, unter der ich ihn erreichen würde, und winkte nach dem Kellner.

Am nächsten Tag suchte ich aus den Gelben Seiten einige Immobilienmakler heraus und rief außerhalb der Firma in deren Büros an. Keiner hatte ein relevantes Angebot an der Hand, alle versprachen zurückzurufen, was aber nicht ging. Ich konnte schlechterdings meine Dienstnummer angeben und meine private schon gar nicht. Marianne hätte das als Versuch verstanden, unabgesprochen meinen Absprung vorzubereiten. Und reinen Wein konnte ich ihr auch nicht einschenken.

Angesichts der Erfolglosigkeit meiner Bemühungen schaltete ich in der Wochenendausgabe der Lokalpresse eine Chiffre-Anzeige. Von den sechs eingehenden Angeboten kamen drei in die engere Wahl. Die Objekte befanden sich im Norden von Wilhelmshaven, waren erst nach dem Krieg gebaut worden und alle im leidlichen Zustand. Der eine Eigentümer hatte einen Mieter, den er nicht loswurde – ich strich ihn von der Liste. Das zweite Objekt war unterkellert und verfügte über zwei Garagen, der Besitzer aber wollte lediglich vermieten. Das Haus, das zum Verkauf stand, hatte jedoch keinen Keller.

Ich rief in Hannover an. Umgehend kamen die beiden Verfassungsschützer herüber, besichtigten beide Objekte und waren von beiden begeistert. Ich durfte ihnen bei der Entscheidung behilflich sein: »Ich würde nicht mieten, sondern kaufen. Wenn der Besitzer stirbt und die Erben Eigenbedarf anmelden, müssen Sie raus. Wenn Sie perspektivisch arbeiten, sollten Sie auf Nummer sicher gehen und sich für den Kauf entscheiden. Ich kann die Handwerks- und Baufirmen, die IBM unter Vertrag hat, zum Renovieren abkommandieren. So können Sie sich ins gemachte Nest setzen...«

»Schwarzarbeiter?«

Ich schüttelte den Kopf.

»Das können wir uns nicht leisten. Bei uns muß alles korrekt zugehen bei der Rechnungslegung.«

Ich selbst mietete in Wilhelmshaven ein nettes Appartment am Rathausplatz 10 unweit meiner Arbeitsstelle. Das Haus, ein häßlicher Würfel aus den 60er Jahren, befand sich keine 100 Meter von der Firma entfernt. Man mußte nur durch eine kurze Passage und dann die Mitschurlin-Straße passieren – schon war ich »daheim«. Der Mietvertrag lief ab 1. Mai 1976, war zunächst auf ein Jahr befristet und wäre auch von mir gewiß verlängert worden, wenn nicht gleich mehrere IBM-Mitarbeiter im folgenden Jahr eingezogen wären. Das war ausgemachtes Pech; ich mußte aus Sicherheitsgründen das Quartier aufgeben.

Ich baute mir mit dem Geld aus Ostberlin ein angenehmes Nest mit einfachen, aber hübschen Möbeln. Fast neigte ich dazu, es zu meinem ständigen Wohnsitz zu machen, doch das ging aus verschiedenen Gründen nicht. Ich beachtete alle Hinweise, die man mir drüben gegeben hatte. Die umfangreiche Fotoausrüstung versteckte ich hinter einer Zwischendecke in dem kleinen Flur. Das Kopiergerät, das kleinste, was derzeit auf dem Markt zu haben war, schlug ich in eine Decke ein. Darauf stellte ich den Fernseher. Bald wurde mir klar, daß ich den Kopierer eigentlich umsonst gekauft hatte. Es war praktischer, die Unterlagen, die ich aus der Firma mitbrachte, abzulichten. Die Filme ließen sich wesentlich einfacher und unauffälliger transportieren. Natürlich wußte ich nicht, daß ich im Laufe der Jahre an die 35.000 Blatt an meinen Führungsoffizier übergeben werden würde – man stelle sich diese Menge als riesigen Papierstapel vor. Diese Dimension illustriert mein Problem.

8. Kapitel

Der fortgesetzte Zwiespalt als Diener zweier Herren, von mir zwar nicht so empfunden, doch in letzter Konsequenz so funktionierend, stürzte mich von Zeit zu Zeit in objektive Interessenkonflikte. Als Mann Ostberlins sollte ich mich freuen, wenn auf dieser Seite etwas schieflief, Pannen bei IBM oder den westdeutschen Diensten auftraten. Es warf sie zurück und verlangsamte den Prozeß, in die verführerische Vorstellung militärischer Überlegenheit zu geraten. Als Mitarbeiter von IBM hingegen, als Sicherheitsverantwortlicher für 120 Kollegen, hatte ich diesen Menschen gegenüber auch eine dienstlich-humanitäre Verpflichtung. Wenn ich die wahrnahm – und das tat ich natürlich –, handelte ich objektiv gegen die Interessen Ostberlins. Andererseits bestand natürlich die Möglichkeit, das eine listig für das andere zu nutzen...

Besonders offenbar wurde dieser Interessengegensatz, als mich ein Rundschreiben der Zentrale erreichte. In den gesundheitsbewußten USA hatte man soeben festgestellt, daß Asbestbeton – in der Bundesrepublik unter der Bezeichnung Eternit gehandelt – krebsauslösende Bestandteile enthalte und unter bestimmten Umständen an die Außenwelt abgebe. IBM untersuchte daraufhin alle Einrichtungen und registrierte entsetzt, daß dieser gefährliche Baustoff bei einigen Klimaanlagen verwendet worden war. Theoretisch (und vielleicht auch praktisch) konnten die bewußten Bestandteile durch alle Räume geblasen werden. Daraufhin wurden weltweit alle IBM-Niederlassungen aufgefordert, die bei ihnen installierten Klimaanlagen zu überprüfen, ob dort ungefährliches Weißblech oder krebserregendes Eternit verbaut worden war.

Grundsätzlich hielt und halte ich von derartigen Kampagnen wenig. Es vergeht kaum ein Quartal, wo von den Medien, die sich stets begierig auf derartige Themen stürzen – Gesundheit interessiert immer! –, eine lebensbedrohliche Gefahr ausgemacht wird. Meist betraf und betrifft das Lebensmittel und Baustoffe, die dann kollektiv stigmatisiert werden: Wir erinnern uns des Treibgases FCKW und des krebserregenden Formaldehyds, der Seefische mit Würmern, des salmonellenverseuchten Geflügels und des Rinderwahnsinns (BSE), made in Great Britain. Dann entdeckte man Krebsauslöser in Kondomen und Kinderspielzeug, in der Milch von Kühen und stillenden Müttern, in Lippenstiften und Kunstfasern, ein andermal drohte man, die Menschheit werde im Elektrosmog ersticken und warnte vor der Benutzung bestimmter Handys usw. Regelmäßig trieb die Medienmeute eine neue Sau durchs Dorf, sorgte für Schlagzeilen und allenthalben für Panik. Kurzzeitig ging der Absatz des derart inkriminierten Produktes zurück, doch danach erreichte der Verbrauch wieder die üblichen Größenordnungen. Nur wenn die Politik ins Spiel kam, blieb das Thema vergleichsweise lange am Leben. Als ich erstmals in Berlin war, dehnte sich auf dem Schloßplatz in Berlins Mitte eine riesengroße Baugrube. Zwischen Dom, Marstall, Staatsratsgebäude, den beiden Spreearmen und dem Lustgarten Unter den Linden hatte einst das Stadtschloß der Hohenzollern gestanden. Es war während des Krieges schwer beschädigt worden, aber nicht so sehr, daß man es nicht wieder hätte restaurieren können. In den unbeschädigten Teilen war sogar ein Museum eingerichtet worden, das in den fünfziger Jahren gut besucht wurde. Für die SED-Führung unter Ulbricht war das Schloß ein Relikt feudaler Vergangenheit und mithin ein Fremdkörper in der künftigen sozialistischen Metropole – also mußte es weg wie etwa die Garnisonskirche in Potsdam oder die Thomaskirche in Leipzig. Bis auf den Balkon, von dem Karl Liebknecht am 9. November 1918 die Freie Sozialistische Republik ausgerufen hatte. Dieses Stück integrierte man in das Staatsratsgebäude und demonstrierte auch optisch das Erbeverständnis der DDR: Man pickte sich die Rosinen aus der deutschen Vergangenheit – die unangenehmen Dinge wurden ignoriert oder verdrängt. (An dieser Stelle darf allerdings nicht verschwiegen werden, daß in der Bundesrepublik ein ähnlicher Fortschrittswahn wütete: In den 50er Jahren wurde in den Innenstädten mehr historische Bausubstanz vernichtet als durch die

Kriegseinwirkungen. Die Abrißbirnen zerstörten ohne Not mehr als die Bomben der Alliierten, um Baufreiheit zu schaffen für normierte und auswechselbare Fußgängerzonen und Kaufhauspaläste.)

An die Stelle des gesprengten Berliner Stadtschlosses sollte nunmehr ein Mehrzweckgebäude gesetzt werden, in dem das DDR-Parlament, die Volkskammer, arbeiten sollte, ein großer Saal für Parteitage und Kulturveranstaltungen war geplant, viele Restaurants, eine Bowlingbahn im Keller und eine Diskothek für junge Leute. Es sollte ein repräsentatives und zugleich offenes Haus sein, ein Palast der Republik. Als ich, wie schon geschrieben, erstmals in Berlin war, wurde an diesem Bauwerk heftig gearbeitet, auch Soldaten sah ich Hand anlegen, denn im Mai 1976 sollte der IX. Parteitag der SED unter diesem Dach tagen. So kam es denn auch. Das funktionale Bauwerk wurde von den Ostdeutschen rasch angenommen. Für die einen war es »Erichs Lampenladen« wegen der unzähligen Kugellampen in dem großzügig gestalteten Foyer, für die anderen ein Hort der Hochkultur – im Großen Saal gastierten Künstler aus der ganzen Welt. Die Preise in den Restaurants waren ebenfalls moderat, hier wurden im Laufe der Jahre Hunderttausende Familien- und Brigadefeiern abgehalten. Nach der Wende, kurz vor dem am 23. August 1990 von der Volkskammer beschlossenen Beitritt zur Bundesrepublik, entdeckten Parlamentarier, daß bei der Isolierung des Bauwerks Asbest verwandt worden war. Die zwei, drei nachfolgenden Sitzungen des DDR-Parlaments bis zum Anschluß fanden im vormaligen ZK-Gebäude am Friedrichwerderschen Markt statt. – Seither steht das Gebäude leer und verrottet. Am liebsten hätten die Verantwortlichen in Bonn und Berlin das für mehrere Hundert Millionen Mark errichtete Bauwerk weggeputzt, sie waren und sind von dem gleichen ideologischen Eifer befallen, mit dem Ulbricht und Genossen Ostberlin säuberten. Doch der Widerstand der Ostdeutschen, deren Steuergelder und lebendige Erinnerungen in diesem Palast stecken, verhinderte den Kahlschlag. So spielte die Obrigkeit auf Zeit. Sie ließ ein Gutachten nach dem anderen anfertigen, das eine hielt eine Asbestsanierung für möglich, das andere für zu aufwendig und Abriß für billiger. – Die Verlogenheit war offensichtlich, denn etliche exponierte Bauwerke des Westens, zu jener Zeit wie der DDR-Palast entstanden, hatten das gleiche Problem. Und trotzdem sendete die Deutsche Welle in Köln weiter und hatte das ICC in Berlin einen vollen Veranstaltungskalender...

In Wilhelmshaven, so stellte ich nach dem Eingang der Asbestwarnung fest, wurde gereinigte Luft nur durch Schächte und Röhren aus Blech gepustet. Also keine Panik. Ich atmete erleichtert auf. Doch wie verhielt es sich in Glücksburg? Ich wußte, daß die Luftzufuhr für alle Etagen des Führungsbunkers durch Schächte erfolgte, die in den meterdicken Beton integriert waren. Da war kein Rankommen.

Ich rief beim IBM-Manager in Glücksburg an und bat ihn festzustellen, ob Eternit verwandt worden sei. Natürlich, sagte der sofort, da müsse er nicht einmal hinübergehen, um das zu testen. »In den unteren Ebenen erfolgt die Belüftung mittels Blechkanälen. Doch diese münden in Kanäle, die im Schutzbeton vergossen sind. Und die bestehen aus Gründen des Brandschutzes aus Eternit.«

Scheiße, sagte ich nur. »Wir haben da ein Problem.« Es wäre jetzt 10.30 Uhr, spätestens gegen vier sei ich in Glücksburg. Ich würde wahrscheinlich den Betriebsratsvorsitzenden mitbringen; er solle dafür Sorge tragen, daß der Bunkerkommandant vor Ort sei und die Baupläne vorlägen, vor allem der Versorgungsplan der Klimaanlage. Der Mann am anderen Ende ließ sich von meiner besorgniserregenden Eile anstecken. »Was ist denn los? Reden Sie Klartext.«

Das gehe nicht, sagte ich, nur soviel: Es handele sich nicht um ein Sicherheitsproblem, sondern mehr um den Arbeitsschutz. Der Mann am anderen Ende der Leitung atmete erleichtert auf. »Na Gott sei Dank, ich dachte, es wäre was Schlimmes.«

Der hatte vielleicht ein Gemüt.

Ich informierte unseren Betriebsrat über den Sachverhalt und hatte sofort dessen Votum. Natürlich war es unseren Kollegen nicht zuzumuten, unter diesen Umständen weiterzuarbeiten und ihre Gesundheit aufs Spiel zusetzen. Zugegeben, da sie seit Monaten unter diesen Bedingungen tätig waren, kam es nun, da wir um ihre Gefährdung wußten, nicht auf die Stunde an. Doch es mußte gehandelt werden.

In Flensburg fanden wir zwei sichtlich nervöse Männer vor. Ich reichte dem Bunkerkommandanten und dem IBM-Manager das

Schreiben der Zentrale. Sie studierten das Papier und wurden noch unruhiger.

»Was nun?«

»Ich denke, wir ziehen unsere Leute aus dem Bunker ab und lassen sie vorerst nur überirdisch in ihren Büros arbeiten«, wandte ich mich an unseren Vertreter. »Wie der Herr Kapitän mit seinen Untergebenen verfahren wird, ist seine Sache. Für alle aber gilt: Strengstes Stillschweigen! Es darf kein Wort an die Öffentlichkeit dringen.«

»Reicht ein Mundschutz?« erkundigte sich der Offizier. »Oder Schutzmasken?«

Davon verstünde ich zu wenig, erklärte ich wahrheitsgemäß. Ich wisse nur, daß sich Asbestfasern aus dem Beton lösten und eingeatmet würden. Da es sich um synthetisches Material handele, würde es nicht biologisch abgebaut werden, sondern sich in der Lunge verkapseln. Diese Verkapselung kann bei Infektionskrankheiten aufbrechen und bei angrenzenden Zellen einen Prozeß ungehemmten Wachstums auslösen, also ein Karzinom bilden, was gemeinhin als Krebs bekannt sei. »Ob die Filter der militärischen Schutzmasken genügten, vermag ich nicht zu beantworten, Herr Kapitän. Aber probieren sollte man es auf jeden Fall – Sie können es ja bei den Soldaten als Luftschutzübung verkaufen.«

»Damit ist die Ursache aber nicht beseitigt«, erklärte der IBM-Mann.

»Wie groß ist der Durchmesser der Beton-Schächte?«

»Da paßt ein Erwachsener hindurch.«

Ich atmete erleichert auf. »Das ist die Rettung. Anderenfalls hätten wir den gesamten Betonmantel aufsprengen müssen.«

»Sind Sie wahnsinnig!« schrie der Bunkerkommandant auf. »Das wirft uns um Jahre zurück. Wir gefährden die Verteidigung der Bundesrepublik, reißen ein Loch in die Nordflanke der NATO. Das geht nicht.«

Du Arsch, dachte ich, und an die Menschen denkst du nicht? Gleichzeitig mußte ich innerlich grienen: Dieses Loch gab es ohnehin schon. Ich ließ mir jedoch keine Regung anmerken und er-klärte ruhig: »Sie haben nicht genau hingehört, Herr Kapitän. Ich sagte ›anderenfalls‹. Wenn nämlich ein Mann hindurchpaßt, so sollten wir das auch tun. Der kann diese lackähnliche Emulsion auftragen, die inzwischen entwickelt worden ist, und das Eternit versiegeln.«

»Und das funktioniert?«

»Sehen Sie eine andere Möglichkeit, das Loch in der Nordostflanke zu verhindern, Herr Kapitän?«

Er schüttelte den Kopf. »Ich werde meine Vorgesetzten informieren und alle notwendigen Schritte veranlassen.«

Heute ist die Bunkeranlage unweit der Flensburger Förde zur kostenlosen Besichtigung freigegeben. Touristen können die milliardenschwere Investruine besichtigen, für die Heerscharen von Techniker und Militärs jahrelang gearbeitet hatten. Ihre Funktionslosigkeit ist nicht ausschließlich dem Ende des Kalten Krieges zuzuschreiben; wir wissen, daß nicht wenige Rüstungsprojekte des Westens auch nach dem Zusammenbruch des Warschauer Paktes unverdrossen fortentwickelt wurden. Die militärisch-industriellen Komplexe haben in den Jahrzehnten des Kalten Krieges eine eigenständige Dynamik entwickelt, die auch bei veränderten Rahmenbedingungen fortwirkt. Im 2. Golfkrieg 1991 testeten beispielsweise die USA Waffen und Waffenleitsysteme, die die Rüstungsgiganten gegen die Sowjetunion entwickelt hatten; es verhielt sich so wie 1947/48 während der sogenannten Berlin-Krise, bei der die erst bei Kriegsende fertiggestellten und bis dato nicht eingesetzten Flugleitsysteme ausprobiert werden mußten. Nach erfolgreichem Test hatten die USA eine funktionale Logistik – die man sofort im Korea-Krieg 1950 bis 1953 anwandte.

Und auch auf der anderen Seite wurde in den Rüstungsschmieden und Labors weiter experimentiert: Kurz vor Weihnachten 1998 präsentierte Rußlands Militärführung eine neue, moderne Atomwaffe mit Namen »Topol« – und unterdessen erfroren Menschen in ihren unbeheizten Wohnungen in den russischen Städten, verhungerten Kinder und Greise, schlossen Krankenhäuser und Betriebe, warteten Soldaten seit Monaten auf ihren Sold und Arbeiter auf ihren Lohn...

Drei Monate nach dem Asbest-Zwischenfall in Glücksburg war die Bunkeranlage voll funktionsfähig. Ich nutzte die Zeit, um mich regelmäßig vor Ort über den Fortgang der Arbeiten zu informieren. Stets hatte ich meine Mini-Kamera dabei. Ich dokumentierte die gesamte Infrastruktur der Anlage, insbesondere die Operationszentrale, ihr Herzstück. Ich denke, daß ich so um die 160 Aufnahmen angefertigt habe. Daneben machte ich mehrere Hundert Ablichtungen von Bauplänen, Protokollen und anderen Unterlagen, die ich im Kellertresor – zu dem ich ungehinderten Zutritt hatte – vorfand. Ich fotografierte nach Herzenslust.

Für mich persönlich waren vor allem die Sitzungsprotokolle sehr aufschlußreich. Daraus ging hervor, daß ein Duplikat des Bunkers für etwa eine halbe Milliarde Dollar in der Wüste von Nevada zu Testzwecken errichtet worden war. Gegen die Vorschläge der Amerikaner, in Glücksburg die Schutz- und Befehlsbunker nicht unmittelbar im Felsen zu verankern, sondern ihn aus Gründen der Vibrationstoleranzen gewissermaßen lose auf den massiven Grund zu stellen, hatte sich deutsche Eigenmächtigkeit durchgesetzt. Der Atomtest in Nevada führte sie jedoch vor. Der Bunker platzte beim Einsatz einer »sowjetischen Mittelstreckenrakete« wie ein rohes Ei, von den Dummies – die die Bunkerbesatzung imitierten – »überlebte« nicht einer. Die Resultate waren also absolut niederschmetternd und lösten eine heftige Debatte aus, bei der auch erwogen wurde, Glücksburg zu streichen und an anderer Stelle neu zu bauen. Aus finanziellen wie auch zeitlichen Erwägungen entschloß man sich jedoch zu einer Überarbeitung, und auch das Testmodell wurde geflickt. Zudem wurde ihm eine Haube verpaßt, die aus einer vier Meter dicken Schotterschicht und einer gleichfalls vier Meter starken Betonplatte bestand. Der anschließende Test konnte nur bedingt als erfolgreich bezeichnet werden – vier von zehn Dummies hatten zwar überlebt, aber alle elektronisch gesteuerten Geräte waren ausgefallen. Zudem hatte die Detonation die kolossale Haube angehoben und diese kaum ihre Funktion erfüllt.

Das Protokoll der auswertenden Sitzung vermerkte an einer Stelle den Ausruf eines Admirals: »Gott gebe, daß die Russen ihre Mittelstreckenraketen richtig programmiert haben und sie das Ding auch richtig treffen.« Diese aberwitzige Bemerkung erklärt sich nur aus dem Wissen, daß die errechneten Schäden an der Zentrale dann am geringsten sein würden, wenn die Bombe mitten ins Ziel einschlug. Die Detonationswellen eines um mehrere Hundert Meter daneben niedergehenden Sprengkopfes hätten genau jenen Effekt ausgelöst, der in den USA festgestellt worden war.

In einem Schlußprotokoll verständigten sich die Verantwortlichen darauf, keine weiteren Experimente vorzunehmen – man steckte wie der berühmte Vogel Strauß den Kopf in den Sand. Sollte vor Fertigstellung des alles in allem mit 2,8 Milliarden DM veranschlagten Projektes »Tenne« der Ernstfall eintreten, so hieß es, müsse der Luftraum in der Nordost-Region anderweitig gesichert werden. Doch nach seiner Einsatzfähigkeit sei es letztlich unerheblich, ob es von einem Bunker oder aus einer Baracke gesteuert werden würde…

Allein dieser eine Satz verriet genug.

Für Glücksburg und »Tenne« interessierte sich jedoch nicht nur Ostberlin, sondern auch Pullach. Der Bundesnachrichtendienst – im Unterschied zum Bundesamt für Verfassungsschutz kein Verfassungsorgan der Bundesrepublik Deutschland – wollte wissen, wer daran alles beteiligt war. Mein BND-Führungsoffizier lud mich zum Gespräch und bat mich, ihm das Vertragswerk zu besorgen, das IBM-Sondersysteme, das Verteidigungsministerium und das Bundeswirtschaftsministerium in dieser Sache unterzeichnet hatten.

Ich gab mich entrüstet und versuchte ihm klarzumachen, daß dieser Vertrag sich im persönlichen Safe des Niederlassungsleiter befände. Zwar hätte ich das Duplikat des Tresorschlüssels, aber ich wüßte nicht die Zahlenkombination. Im übrigen wäre es wohl Diebstahl, wenn ich den acht Zentimeter dicken roten Ordner entwendete.

»So stehlen Sie eben das Ding«, forderte der BND-Mann. »Wir müssen wissen, was in diesem Vertrag vereinbart ist.«

»Dann fragen Sie doch in Bonn nach und besorgen sich das Dokument auf dem Dienstweg«, schlug ich vor.

Mein Gesprächspartner lächelte gequält. – Na klar, auf diese Weise würden sie nie an den Vertrag herankommen, dessen war ich mir sicher. Auf der Ostberliner Seite, so nahm ich an, würde man sich allerdings auch für das Papier interessieren.

»Also gut, ich mach's«, erklärte ich.

Einmal in der Woche ergänzte ich die Betriebsspezifikationen und tauschte Blätter aus, die zur persönlichen Verfügung des Chefs standen. Er vertraute mir und kontrollierte mich dabei nie. Es war also ein leichtes, bei einer solchen Aktion das gewünschte Dokument für eine Nacht »auszuleihen«. Die einzige Gefahr bestand darin, daß Dr. H. in der Zwischenzeit den Vertrag benötigte und sein Fehlen bemerkt hätte. Das wäre auch nicht dramatisch gewesen – mir wäre schon eine plausible Ausrede eingefallen.

An dem »Tauschtag« zog ich mit zwei blauen Aktenordnern in das Büro vom Chef. Er öffnete mir die Tresortür und machte sich wieder an seinem Schreibtisch zu schaffen. Ich wechselte die Blätter aus und entfernte aus der roten Mappe den Coop-Vertrag, den ich umgehend in den zweiten blauen Aktenordner einheftete.

»So, fertig«, sagte ich schon nach wenigen Minuten. Dr. H. stand auf, verschloß den Safe, bedankte sich und verabschiedete sich von mir. Mit den beiden Ordnern marschierte ich durch das Vorzimmer und sagte seelenruhig zu seiner Sekretärin Servus.

Als meine beiden Helfer die Registratur verlassen hatten, zog ich den Vertrag über den Kopierer, anschließend drehte ich das Zähl-werk zurück. Danach trug ich die Kopien in mein Appartment und reproduzierte das Ganze auf Mikrofilm für Ostberlin. Am nächsten Morgen ging ich mit einem blauen Aktenordner wieder zum Chef. Ich hätte noch einen Nachtrag, erklärte ich mein unplanmäßiges Erscheinen. Unbeobachtet legte ich den Vertrag an seinen alten Platz zurück. Ostberlin ließ ich per Funk wissen, was ich im toten Briefkasten in Oldenburg deponieren würde. Ich teilte ihnen auch Ort und Zeitpunkt der Aushändigung an den BND mit. – Daß die Meldung angekommen war, konnte ich später in Berlin in Augenschein nehmen: Ohne daß ich es bemerkt hatte, war die Übergabe fotografiert worden. Auch andere Aktionen wurden auf diese Weise dokumentiert. Ich weiß nicht, weshalb das geschah. Fürs Familienalbum werden diese Aufnahmen bestimmt nicht gedacht gewesen sein.

Für die Übergabe hatte ich eine Empfangsbestätigung in zweifacher Ausfertigung vorbereitet. Der Mann vom BND wirkte sichtlich pikiert, als ich ihn um eine Unterschrift bat. Es müsse alles seine Ordnung haben, erklärte ich pedantisch. Erkennbar unwillig setzte er sein Autogramm auf das Papier.

»Und noch etwas«, fügte ich an. »Was bekomme ich dafür?«

Der Mann schaute mich erstaunt an. »Sie haben doch noch nie Geld verlangt, wenn wir Sie um eine Gefälligkeit gebeten haben.«

Ich grinste. »Wer spricht denn von Geld?«

»Kein Geld. Was dann?«

»Ich will einen Diplomatenpaß, damit ich nicht jedesmal gefilzt werde, wenn ich meine Schwestern in den USA besuche.«

Er verzog keine Miene. Hinter seiner Stirn aber arbeitete es. Ich glaube nicht, daß er meine tatsächlichen Motive erriet. Mit einem solchen Dokument würde ich nämlich nicht nur ungehindert in die Staaten einreisen, sondern auch jede andere Grenze passieren können. Er verschaffte mir überdies Zutritt zu Einrichtungen und Dienststellen des Bundes und würde es mir erlauben, meinen Aktionsradius erheblich auszuweiten. Dieses Papier wäre gleichsam ein Sesam-öffne-dich.

Der BND-Mann blickte auf die Papiere auf den Tisch und dann auf mich. »Das reicht nicht. Da müssen Sie mehr liefern.«

Er hatte angebissen. »Was wollen Sie noch?« fragte ich zurück.

»Das Paßwort für die Datenbank der IBM-Zentrale in Stuttgart. Und die Zusage, es nicht den Kollegen vom Verfassungsschutz zu geben.«

Ich lachte auf. »Können Sie beides haben.« Was waren das alles nur für Kindsköpfe – und doch so gefährlich.

Bei einer Dienstreise nach München einige Wochen später fand ich bei meiner Rückkehr im Hotel einen Brief vor. Ich wurde gebeten, mich am gleichen Tage um 17 Uhr in Pullach zu melden. Bis dahin blieb nur wenig Zeit, doch die Einladung in die BND-Zentrale wollte ich unbedingt wahrnehmen. Ich meldete mich an der Wache des durch einen meterhohen Blechzaun abgeschirmten Objektes. Der Pförtner telefonierte, wenig später erschien ein junger Mann, der mich bat, ihm zu folgen. Er führte mich durch unendlich lange Flure, die sich für einen Fremden in ein undurchschaubares Labyrinth verzweigten. Ich trottete sprachlos hinter meinem schweigenden Führer hinterdrein. Irgendwann klopfte er an eine Tür, öffnete sie und schob mich hinein. Ich stand in einem karg eingerichteten Büroraum, der einzige Wandschmuck bestand aus einem Porträt des Bundespräsidenten – ganz so, wie ich es aus Ostberlin kannte. Dort lächelte mir Erich Honecker als Staatsoberhaupt entgegen.

Ich wurde bereits von drei Herrn erwartet. Der eine war mir bekannt – es war mein Führungsoffizier aus Wilhelmshaven. Die beiden anderen hatte ich noch sie gesehen. Sie gaben mir die Hand, stellten sich aber nicht vor. Ich wurde gebeten, am Tisch Platz zu nehmen. Dort lag, unschwer festzustellen, die von mir gefertigte Kopie des Vertrages. Grienend schob man mir – ebenfalls in doppelter Ausfertigung – eine Rückgabequittung hinüber. Ich sollte bestätigen, daß ich das Vertragswerk wieder erhalten habe.

Wie ich es geschafft habe, die Herren in Bonn zu bewegen, mir den Vertrag leihweise zu überlassen, fragte der eine. Die Stimme klang neutral, die Frage hatte erkennbar keinen doppelten Boden. Ohne Zweifel: Die glaubten in Pullach – oder taten zumindest so –, als wäre der Vorgang völlig legal abgewickelt worden. Ich blickte zu meinem Mann hinüber, der kniff das eine Auge leicht zu. »Ach«, meinte ich, »das unterliegt der Geheimhaltung«, unterschrieb die Quittung und verstaute gleichgültig die Akten in meiner Tasche.

»Und hier ist der Paß.«

»Muß ich den Empfang ebenfalls bestätigen?«

Die drei lachten auf. Wir hatten uns verstanden. Ich griff nach dem Dokument, betrachtete mein Paßbild. Wirklich eine perfekte Fälschung. Erfreut versenkte ich sie in meiner Brusttasche.

»So, nun sind wir quitt«, sagte ich und wollte bereits aufstehen, als ich sanften Druck auf meinem Unterarm spürte.

»Noch nicht ganz, Herr Gebauer. Wir haben noch ein Anliegen. Kennen Sie diesen Mann?«

Mir wurde ein Foto über den Tisch zugeschoben, an dem offenkundig die untere Hälfte wegretuschiert worden war. Es war nur der Kopf eines Mannes zu erkennen und ein Stück seines Hemdkragens.

»Nein, nie gesehen.«

»Er lebt aber wie Sie in Jever.«

»Tut mir leid.«

»Haben Sie Kontakte zum MAD Upjever, der Ausbildungsstaffel?«

Ich verneinte. »Nicht so intensive wie in Wilhelmshaven. Ich kenne nur den Stabsfeldwebel, der die Geschäfte in Upjever führt. Das ist wohl eine Außenstelle von Wittmund.«

»Dieser Mann hier«, der Wortführer tippte mit spitzem Finger auf das Foto, »soll demnächst als Luftwaffenattaché an die deutsche Botschaft nach Moskau gehen. Zur Zeit ist er noch Ausbildungsoffizier beim Jagdgeschwader 39 in Upjever. Seine Frau ist Lehrerin und soll ihn begleiten.«

»Schön«, sagte ich, »Moskau ist bestimmt aufregender als Ostfriesland«.

Diesmal blieb Heiterkeit aus.

»Wir wissen von dem zu wenig«, brach es jetzt aus dem BND-Mann heraus. »Die MAD-Akte ist so was von dürftig, daß einem schlecht wird. Und als wir nachgefragt haben, stellten die sich bockig. Das schmeckt uns nicht.«

»Was? Daß die Kollegen vom MAD sich stur zeigen – oder weil Sie nicht mehr wissen?« Ich konnte es mir nicht sparen, Salz in ihre Wunden zu streuen.

Wieder reagierte man nicht.

»Können Sie etwas mehr über diesen Mann in Erfahrung bringen?«

Ich hob die Achsel. »Kann ich nicht versprechen. Geben Sie mir Name, Adresse, Dienstgrad, vielleicht auch das Bild da. Sie hören von mir.«

Ich greife vor: Der Mann hatte als Ausbilder keinen guten Leumund, offenkundig begriff man im Standort die Gelegenheit als Chance, den Kollegen loszuwerden, indem man ihn weglobte. Er erledigte in Moskau seinen Job und sanierte sich – in meinem Wohngebiet stehen einige Häuser, die er errichten ließ, und von den Mieteinnahmen lebt der heutige Pensionär gewiß nicht schlecht.

Auf der Rückfahrt hämmerte es die ganze Zeit in meinem Schädel: Warum mußte ich dem BND diesen Vertrag besorgen? Und zweitens: Wieso soll ausgerechnet ich diesen Offizier ausspähen? Hatte das alles miteinander zu tun. Und wenn ja, was?

Die Pullacher brauchten mich nicht, um die Personalakte eines angehenden Militärattachés zu besorgen. Dafür gab es Amtshilfeersuchen und billige Zuträger, die ihnen ein Persönlichkeitsprofil des Betreffenden erstellen konnten. Außerdem: Wieso interessierte sich ausgerechnet der Bundesnachrichtendienst dafür, ob ein vom Auswärtigen Amt ausgewählter Mitarbeiter eine saubere Weste hatte?

Oder galt deren Interesse mir? Hatten sie Verdacht geschöpft, wollten sie testen, ob ich dicht hielt und zuverlässig war – oder die andere Seite über die Ankunft eines neuen Botschaftsmitarbeiters informierte? Der BND, da war ich mir ziemlich sicher, hatte drüben auch seine Informanten. Wenn die nach München meldeten, was in Berlin (und Moskau) über den künftigen Luftwaffenattaché eingegangen ist, wüßten die sofort, aus welcher Quelle das gekommen war und hätten mich sofort am Arsch. War das eine Falle, die man mir mit Vorsatz gestellt hatte?

In meinem Hirn begannen die Gedanken zu kreisen, schneller und immer schneller rotierten sie, ich versuchte, ihren Fluß ein wenig zu verlangsamen, um sie speichern und in ein logisches System bringen zu können und nahm einen kräftigen Schluck aus der Flasche.

Und dieser Vertrag? Sie hätten ihn auch anderweitig bekommen können. Sie wollten ihn aber von mir. Warum? Nach meinem Eindruck kamen mehrere Motive in Betracht.

a) Sie vermuten, daß ich für den Osten arbeite, können es aber nicht beweisen. Sie frisieren den von mir besorgten Vertrag, von dem sie annehmen, daß er bereits in Ostberlin vorliegt. Sie spielen ihr Papier der Gegenseite zu, die natürlich die Unterschiede feststellt, aber nun nicht weiß, welches das Original und welches die Fälschung ist. – Hier ging es also um reine Desinformation.

b) Sie wollen mich als Agenten der Gegenseite »verbrennen«, indem sie durch die Aktion Ostberlin suggerieren, ich hätte ihnen als klassischer Doppelagent ein frisiertes Papier übermittelt – das Original käme aus Pullach. Ich würde bei der HVA bestenfalls als unzuverlässig, schlimmstenfalls als Agent des BND eingestuft werden und mithin erledigt sein.

c) Sie wollen ausloten, ob ich mit ihnen spielte oder ob ich ihr Mann sei. In diesem Kontext machte auch die Attaché-Geschichte einen Sinn …

Ich nahm wieder einen Zug aus der Flasche. Langsam wurde ich ruhiger. Doch das unterschwellige Beben und Vibrieren blieb. Ich trank weiter. Melancholie und Wut und Trauer stiegen auf, ich verfluchte den Tag, an dem ich mich auf diese Geheimniskrämerei eingelassen hatte. Was interessierte mich der Weltfrieden, wenn ich dafür meinen eigenen kleinen Frieden verlor? Warum mußte ich versuchen, mit dem Teufel Suppe zu essen? Dafür benötigte man einen verdammt langen Löffel, wußte meine Großmutter zu berichten. Wie lang war der meine? Ich schaute meine Hand an und suchte den imaginären Löffel, statt dessen zählte ich zehn Finger. Ich trank den Rest aus der Flasche und schleuderte sie aus dem geöffneten Fenster. Meine alkoholtauben Ohren vernahmen nicht das Splittern des Glases und das Rauschen des Fahrtwindes. Ich brüllte in die stockdunkle Nacht: Scheiße, Scheiße, Scheiße, und war der einsamste Mensch auf der Welt.

Bei meinem nächsten Besuch in Ostberlin bekam ich, wie erwartet, beide Verträge vorgelegt. Meiner sei das Original, versicherte ich »Winkler«, der andere eine Fälschung vom BND. Und entgegen meiner ursprünglichen Absicht, ihm nichts von dem Besuch in Pullach zu erzählen, berichtete ich minutiös, was vorgefallen war. »Winkler« glaubte mir aufs Wort, zumal die Zeit für mich sprach: Es machte keinen Sinn, erst ein Falsifikat und dann das Original zu liefern. Was mich allerdings weiterhin beunruhigte: »Wo habt Ihr das her? Habt Ihr noch andere Leute auf das Projekt angesetzt? Ich hatte Euch doch gebeten, meine Kreise nicht zu stören und mich abzusichern.«

Mein Führungsoffizier beruhigte mich. Die BND-Fälschung käme direkt aus Moskau, die Genossen dort wüßten aber inzwischen, daß man ihnen ein faules Ei ins Nest gelegt habe. »Doch das lassen sie sich nicht anmerken. Du kannst also ganz sicher sein, daß München Dir nicht auf die Schliche kommt.«

»Übrigens«, »Winkler« drückte mir ein Papier in die Hand, »das solltest Du mal lesen.«

Ich nahm das Blatt. »(1) Wer wider besseres Wissen gefälschte oder verfälschte Gegenstände, Nachrichten darüber oder unwahre Behauptungen tatsächlicher Art, die im Falle ihrer Echtheit oder Wahrheit für die äußere Sicherheit oder die Beziehungen der Bundesrepublik Deutschland zu einer fremden Macht von Bedeutung wären, an einen anderen gelangen läßt oder öffentlich bekanntmacht, um einer fremden Macht vorzutäuschen, daß es sich um echte Gegenstände oder Tatsachen handele, und dadurch die Gefahr eines schweren Nachteils für die äußere Sicherheit oder die Beziehungen der Bundesrepublik Deutschland zu einer fremden Macht herbeiführt, wird mit Freiheitsstrafe von sechs Monaten bis zu fünf Jahren bestraft.

(2) Ebenso wird bestraft, wer solche Gegenstände durch Fälschung oder Verfälschung herstellt oder sie sich verschafft, um sie in der in Absatz 1 bezeichneten Weise zur Täuschung einer fremden Macht an einen anderen gelangen zu lassen oder öffentlich bekanntzumachen und dadurch die Gefahr eines schweren Nachteils für die äußere Sicherheit oder die Beziehungen der Bundesrepublik Deutschland zu einer fremden Macht herbeizuführen.

(3) Der Versuch ist strafbar.

(4) In besonders schweren Fällen ist die Strafe nicht unter einem Jahr. Ein besonders schwerer Fall liegt in der Regel vor, wenn der Täter durch die Tat einen besonderen schweren Nachteil für die äußere Sicherheit oder die Beziehungen der Bundesrepublik Deutschland zu einer fremden Macht herbeiführt.«

Ich hatte den ein wenig verquasten Text laut vorgetragen. »Was ist das?« erkundigte ich mich bei »Winkler«.

Er feixte. »Paragraph 100a des Strafgesetzbuches der Bundesrepublik.«

»Willst du damit sagen, daß eigentlich Pullach hinter Gitter gehört?«

»Eben. Das wird aber nicht passieren – wo kein Kläger, da keine Anklage. Oder meinst du, Moskau wird bei einem deutschen Staatsanwalt vorstellig, weil es vom BND gefälschte Unterlagen, die eben jenen Straftatbestand erfüllen, erhalten hat? Moskau weiß das offiziell ja auch nicht, daß es sich um ein manipuliertes Dokument handelt. Und andere wissen es nicht.«

»Mit einem Wort: Der Paragraph ist für die Katz.«

Der HVA-Offizier nickte. »Du sagst es. Klingt alles sehr gut, ist aber letztlich wirkungslos.«

9. Kapitel

Mit Hilfe der Kollegen vom MAD, zu denen sich mittlerweile ein »normales« Arbeitsverhältnis entwickelt hatte, bekam ich ohne Mühe alle relevanten Auskünfte über den bewußten Flieger aus Upjever. Es ließ sich auch arrangieren, daß wir uns gelegentlich zum Bier trafen, so daß ich innerhalb einer überschaubaren Frist die vom BND gewünschten Angaben liefern konnte. Sowohl der Betreffende wie auch der MAD wußten nicht, daß ich im Auftrage Pullachs recherchierte, zumindestens hoffte ich es. Ich stand unter Erfolgszwang und mußte auf diese Weise dem BND beweisen, daß ich sein Mann war. Natürlich war es mies, auf diese Weise einen unbescholtenen Staatsbürger in Uniform auszuspionieren, ihn zu bespitzeln – der Unrechtmäßigkeit waren sich wohl alle Eingeweihten sehr wohl bewußt. Der Vorgang wurde nicht dadurch sympathischer, daß er vorgeblich im Namen der Demokratie und zu ihrem Schutze geschah. Mit diesem fadenscheinigen Argument wurden und werden die Freiheitsrechte von Bundesbürgern eingeschränkt. Ich weiß (und andere wissen es natürlich auch), daß zwischen 1974 und 1981 im Raum Wilhelmshaven 1.486 Personen registriert und von den Diensten erkennungsdienstlich bearbeitet wurden. Um in deren Computer zu gelangen, mußten drei Kriterien erfüllt werden: 1. Die Person war an drei verschiedenen Orten oder Anlässen, etwa Demonstrationen oder Kundgebungen, optisch erfaßt worden; 2. sie gehörte einer Partei oder einer aktiven Kirchengruppe an; 3. sie unterhielt briefliche oder Besuchskontakte in die DDR, wobei vermerkt wurde, ob es sich um Familienbindungen handelte oder ob der Geburtsort im Osten lag.

Um dies herauszubekommen, standen allein in Wilhelmshaven, Jever, Wittmund und Varel 16 Postbeamte auf der Honorarliste des

Verfassungsschutzes. Als die von mir besorgte Residentur in Wilhelmshaven arbeitete, wurden dort die Kopien der Briefe angeliefert.

Jene Registrierten, die ein Telefon besaßen, wurden flächendeckend abgehört und die Tonbandmitschnitte in Hannover ausgewertet.

In den sieben Jahren der flächendeckenden Kontrolle – lange bevor der Lauschangriff legalisiert und mit dem Verweis auf das organisierte Verbrechen entschuldigt werden sollte; hier erklärt man es damit, daß die Region Wilhelmshaven militärisches Sperrgebiet sei – wurden ein RAF-Sympathisant verhaftet (der aber mangels Beweisen bald wieder freikam) sowie sechs Kriegsdienstverweigerer und zwei Fahnenflüchtige aufgestöbert.

Von den 1.486 erkennungsdienstlich bearbeiteten und registrierten Personen waren drei Prozent Beamte, fünf Prozent Hausfrauen, elf Prozent ArbeiterInnen, 21 Prozent Studierende, 28 Prozent Oberschüler und 32 Prozent Angestellte. Wahrlich, ein gefährliche Bedrohung für die freiheitlich-demokratische Grundordnung.

Diese schien gänzlich dem Untergang nahe, als 100 junge Russen nach Wilhelmshaven kommen sollten. Die Olympia-Werke in Roffhausen hatten – mit Blick auf den großen sowjetischen Absatzmarkt – eine entsprechende Offerte in Moskau abgegeben. Sie wollten diese Menschen im Betrieb ausbilden und künftig als ihre Vertreter in der UdSSR einsetzen.

In unserer Region, hart an der Grenze zu Ostfriesland, hingen bis dato in den meisten öffentlichen Gebäuden, insbesondere in den Polizeidienststellen, Listen mit Kennzeichen der Fahrzeuge der sowjetischen Militärmission, die – so waren die Alliierten in Potsdam 1945 übereingekommen – wie die Briten, Franzosen und Amerikaner in beiden deutschen Staaten ungehindert verkehren durften. Deutsche Behörden durften sie weder kontrollieren noch anderweitig behelligen. Die Bevölkerung aber wurde aufgefordert, kollektive Spitzelarbeit zu leisten und zu melden, wenn solche Fahrzeuge im militärischen Sperrgebiet gesichtet wurden. Das galt im übrigen auch für alle Fahrzeuge diplomatischer Vertretungen von Ostblockstaaten. Die Liste war jedenfalls bemerkenswert lang, die Bevölkerung ausgiebig gewarnt. Pst, Feind hört mit...

Und nun gleich 100 Abgesandte aus dem Reich des Bösen! 100 Spione des »potentiellen Gegners«! Die Nerven lagen schon im Vorfeld blank...

Mehrere Wochen zuvor, als in Wilhelmshaven die Ankündigung wie eine Bombe einschlug, hatten mich meine Freunde in Ostberlin bereits auf die Ankunft der Russen hingewiesen und um Hilfe gebeten. Ein sowjetischer KGB-Offizier war bei »Winkler« und breitete auf dessen Arbeitstisch eine große Karte von Wilhelmshaven und Umgebung. Ich nahm einen Stift und zog parallel zum Jade-Ufer bis hinauf nach Schillig eine Linie, eine zweite in gleichmäßigem Abstand quer durchs Harlinger Land. Diesen Korridor schraffierte ich. »Das ist militärisches Sperrgebiet, hier befinden sich Abschußbasen von Mittelstreckenraketen sowohl der Bundeswehr als auch der Amerikaner, manchmal auch gemischte Besatzungen – das ist ein todsicheres Indiz für atomar bestückte Raketen. Sagt euren Leuten, daß sie sich bei ihren Ausflügen auf keinen Fall dorthin verirren dürfen. Sonst gibt es Ärger und internationale Verwicklungen.«

Dann markierte ich in Wilhelmshaven Lokale und andere Einrichtungen, die entweder gemieden werden sollten, weil dort besonders viele V-Leute der deutschen Dienste herumlungerten, oder weil dies generell gefährliche Orte waren. »Auch wenn das Bedürfnis nach Gesprächen mit Landsleuten groß ist: Die Lieblingskneipen der Matrosen von sowjetischen Frachtschiffen und Tankern sollten besser nicht besucht werden. Dort gibt es immer Ärger mit Polizei und Feldjägern.«

In Wilhelmshaven rekrutierten meine Duzfreunde vom MAD ganze Heerscharen von Beobachtern, die »die Russen« rund um die Uhr observierten. Sie blieben keinen Augenblick unbeobachtet. Das schien noch nicht zu genügen. Der MAD richtete die Bitte um Amtshilfe an BND und Verfassungsschutz. Drei vom Bundesnachrichtendienst waren ständig mit Kameras unterwegs und fotografierten unentwegt die Russen, von denen jeder fünfte auch noch seine Familie mitgebracht hatte. Die Verfassungsschützer hingegen verließen ihre Residentur nicht. Sie überwachten nur den Telefonverkehr der Russen. Alle Telefonzellen im Umkreis von 300 Metern sowie die Leitungen des Hotels, in denen die Russen untergebracht waren, wurden angezapft. Die Mitschnitte der Gespräche gingen an den BND. Auf diese Weise wurden drei KGB-Agenten ermittelt, die man jedoch nicht weiter behelligte. Man vermutete – wohl nicht zu unrecht –, daß deren Augenmerk stärker ihren Landsleuten galt und weniger den deutschen Staatsgeheimnissen.

Da ich stets informiert war, wo sich die deutschen Überwacher besonders konzentrierten, konnte ich solche Orte meiden. Ich wollte nicht vor die Kamera irgendeines Dienstes geraten und dadurch unliebsame Fragen provozieren.

Nach einigen Wochen reisten »die Russen« wieder ab. Die Welt drehte sich noch immer, das christliche Abendland hatte den Durchzug der Barbaren unbeschadet überstanden. Kein Vorkommnis hatte es gegeben, nicht mal ein besoffener Russe war von der Pier in den Hafen gefallen und hatte gerettet werden müssen. Die Kameraden vom MAD klopften sich erleichtert und anerkennend auf die Schultern, aber ein wenig irritiert schienen sie schon. »Die waren doch alle präpariert«, hieß es. Ich glaubte ein wenig Enttäuschung herauszuhören, denn liebend gern hätten sie einen Vorfall als Beweis angeführt, daß der immense Aufwand gerechtfertigt war. So aber hatten sie Tag und Nacht gespitzelt und gewacht, und alles war umsonst gewesen.

Nicht annähernd so aufregend verlief die Visite des amerikanischen Flugzeugträgers »Nimetz« in Wilhelmshaven. Der »Freundschaftsbesuch« wurde in den lokalen Medien in den Rang eines Volksfestes gehoben, Huren aus der ganzen Umgebung strömten in den Hafen, den etwa 4.000 Besatzungsmitgliedern die deutsche Kultur und anderes nahezubringen. Der Kommandant lieh sich einen großen Wagen, um den Rausch ungebremster Geschwindigkeit auf der Autobahn auszukosten. Die Wilhelmshavener liefen mit aufgerissenen Mündern und großen Augen durch die unzähligen Decks des Riesenpotts, und der MAD und angeschlossene Verbände hatten Mühe, alles unter Kontrolle zu halten, damit kein Schatten auf die transatlantische Freundschaft fiele.

Auch in diesem Falle hatte mich Ostberlin informiert, lange bevor die Nachricht bei uns in der Zeitung stand. Die Jungs hatten ihre Augen und Ohren einfach überall. Und sie wußten mehr, als uns die Presse mitteilte. Der Grund für die Reise des Flugzeugträgers quer durch die Deutsche Bucht war natürlich militärischer Art.

Die Militärs auf beiden Seiten des Eisernen Vorhanges besaßen Karten von Nord- und Ostsee, auf denen nahezu alle Schiffswracks des 2. Weltkrieges verzeichnet waren. Diese wurden gern als »Behältnisse« für Sonarbojen benutzt, mit deren Hilfe die eigenen U-Boote präziser manövrieren und die des Gegners in die Irre geführt werden konnten, zudem ermöglichten sie die Kontrolle jeder unterirdischen Schiffsbewegung. Allerdings veränderten sich durch Strömungen und andere submarine Bodenverschiebungen mitunter die Lage der Wracks und damit der Bojen. Die »Nimetz« verfügte über eine Technik, mit der ein Radius von etwa 50 Meilen genauestens abgetastet und jede noch so winzige Veränderung registriert werden konnte. Als sie Wilhelmshaven ansteuerte, hatte sie die Nordsee bereits kartographiert, die Daten wurden der Auswertungsstelle des Kommandoführungssystem Nord (Kdo. Füsys.Nord) in der 4. Einfahrt übergeben. Soweit sie für »Tenne« relevant waren, wurden sie in das Projekt eingespeist.

10. Kapitel

Das Bedürfnis von MAD und Verfassungsschutz, in für sie interessanten Gebäuden ihre »Sonarbojen« zu versenken, war unübersehbar. Die Herren von der Residentur des Verfassungsschutzes hatten mich zunächst gebeten, ihnen die Räumlichkeiten sowohl der SPD-Geschäftsstelle an der Bismarck-Straße wie auch des Gewerkschaftshauses in der Kieler Straße zu skizzieren. Man erklärte es damit, daß im Zuge der Entspannungspolitik zunehmend auch Delegationen aus dem Ostblock kommen würden und man darauf vorbereitet sein müsse.

Im zweiten Schritt, nachdem einige Wochen verstrichen waren, forderten sie mich auf, in den beiden Gebäuden Mikrofone zu installieren.

»Sie meinen Wanzen?« fragte ich naiv.

Die Verfassungsschützer wiegelten ab, um den strengen Hautgout des Begriffes zu vertreiben.

»Aber Sie wollen damit Gespräche abhören, wovon die Betreffenden nichts wissen«, insistierte ich weiter.

Ja, sicher, aber nur die sicherheitsrelevanten Passagen, Privates würde selbstverständlich gelöscht.

»Bevor etwas gelöscht wird, muß man es aufgenommen haben. Und wer entscheidet darüber, was privat und was sicherheitsrelevant ist?«

Unbeschadet meiner Einwände übernahm ich schließlich die Aufgabe, in den beiden Gebäuden die Wanzen anzubringen. Dazu würde irgendwann der Auftrag ergehen.

Die Kollegen vom Bundesamt für Verfassungsschutz hatten zwischenzeitlich ein höheres technisches Level als ihre Mitarbeiter in der Provinz erreicht, wie sie mir bald demonstrierten. Und dabei mieden sie nicht einmal den MAD, obgleich man sich untereinander nicht grün war. Doch Übungen dieser Art dienten auch dazu, eine gewisse Überlegenheit herauszukehren.

Fregattenkapitän von P., Chef des hiesigen MAD, lud mich ein, am morgigen Tag einem streng geheimen Experiment beizuwohnen. Er tat sehr geheimnisvoll und meinte, daß »die Kölner« vor der Firma mit einem Spezialwagen vorfahren würden. Ich solle hinzukommen und mir alles anschauen. Das habe möglicherweise auch Konsequenzen für meine Firma.

Dann müsse Dr. H. unbedingt hinzugezogen werden, warf ich ein.

Von P. zögerte ein wenig, willigte aber schließlich ein und verabschiedete mich mit dem Hinweis, daß man uns beide morgen gegen 10 Uhr abholen werde.

Und so geschah es. Wir wurden auf den Rathausplatz gefahren. Dort stand ein dunkelblauer Ford-Transporter mit Kölner Kennzeichen und der Aufschrift einer Elektrofirma. Wir wurden bereits erwartet. Drinnen saß Fregattenkapitän von P. in Zivil sowie drei weitere Männer. Nachdem wir vorgestellt worden waren, erklärte der eine, was wir gleich zu sehen und zu hören bekämen.

»Jeder Computerarbeitsplatz hat eine elektronische Emission. Diese kann über größere Distanzen sichtbar gemacht und/oder gespeichert werden, um sie anschließend zu entschlüsseln. Wir richten jetzt eine Antenne auf einen Raum im Rathaus, wo mit einem Computer gearbeitet wird.« Er schaltete einen Monitor an. Über den Bildschirm lief eine grüne Linie, die bald unregelmäßig unterbrochen wurde. »Das ist noch die verschlüsselte Wiedergabe. Wir hängen dort einen Rechner an und sind in der Lage, auf den Bildschirm das sichtbar zu machen, was dort drüben über den PC läuft.«

Mir verschlug es den Atem. Damit war man ja in der Lage, jeden Rechner von außen zu kontrollieren, ohne daß man sich selbst in das System einklinkte. Behörden und Ämter, Banken und Firmenrechner konnten auf diese Weise angezapft und Daten absorbiert werden. »Kann man sich davor nicht schützen?« fragte ich aufgeregt.

»Ja, sicher«, sagte der Spezialist vom Verfassungsschutz. »Immer vorausgesetzt, man weiß davon, daß es einen solchen Datenklau überhaupt gibt.«

Ich glaubte nicht unbedingt seine Bereitschaft herausgehört zu haben, eben dies publik zu machen.

»Man kann das verhindern, indem man die Rechner hinter einer vollständigen Isolierung verschwinden läßt. Das setzt bauliche Veränderungen voraus und ist ziemlich aufwendig, also teuer. Sie müssen bedenken, daß selbst ein Loch von der Größe eines Stecknadelkopfes in der Isolierung ausreicht, um doch noch mit der Antenne ins Innere zu gelangen.

Die zweite Möglichkeit ist ein elektronischer Käfig – man plaziert neben dem Monitor ein Gerät mit einer Frequenz, die die Emission des PC überlagert oder aufhebt. Das elektromagnetische Feld führt aber zu einer extrem hohen Belastung des Mannes oder der Frau, die am Computer arbeitet, ist also zum gegenwärtigen Zeitpunkt technisch noch nicht gefahrlos zu einzusetzen.«

Dr. H. war nicht minder erregt als ich. »Wer kann damit schon umgehen?«

Der Verfassungsschützer aus Köln zuckte mit der Schulter. »Wir gehen davon aus, daß über kurz oder lang die östlichen Geheimdienste die entsprechende Technik haben werden. Ich würde also die Sicherungsmaßnahmen auf unserer Seite nicht auf die lange Bank schieben.«

Er sollte sich nicht täuschen: Am 16. April 1984 betrieb das MfS den gleichen Datenklau im Selbstversuch in Berlin Unter den Linden, den wir in Wilhelmshaven auf dem Rathausplatz begingen.

»Und das zweite Experiment? Sie hatten uns doch noch eine zweite Demonstration versprochen.« Dr. H. war sichtlich aufgebracht, vermutlich ratterten schon Zahlen durch sein Hirn, er sah die Kosten, die auf die Firma zwangsläufig zukamen, wenn sie sich auf die Abwehr des elektronischen Diebstahls vorbereitete. Und daß dies erwartet wurde, war ja wohl klar – die Einladung zu dieser Vorführung diente keinem anderen Zweck.

Der Mann an der Technik drehte an einigen Knöpfen, nahm schließlich den Kopfhörer ab und reichte sie dem Niederlassungschef hinüber. Der legte eine Muschel ans Ohr und lauschte hinein. »Unglaublich«, kam es ihm von den Lippen. »Das gibt es doch nicht.«

Nach einer Weile reichte er mir das Gerät. Ich stülpte mir den Kopfhörer über den Scheitel. Klar und deutlich, als stünde ich daneben, vernahm ich eine Frauenstimme, die mit jemandem telefonierte. Es schien ein sehr privates Gespräch zu sein.

Es war in der Tat unglaublich. Mit dieser leistungsfähigen Richtfunkantenne brauchte man weder Wanzen noch Telefonabhöranlagen. Nur das Auto auf der Straße könnte Verdacht wecken. Der Techniker schien meine Gedanken erraten zu haben und winkte ab. »Dafür braucht man kein Auto, das kriegen Sie schon in einer Aktentasche unter.«

Mein Gott, dachte ich, gibt es denn in diesem Land überhaupt keinen Ort mehr, an dem man ganz privat und unbeobachtet war? Selbst hinter meterdicken Mauern konnte jeder Furz verfolgt und jedes Tacken eines Herzschrittmachers aufgezeichnet werden. Wells düstere Vision des »Big Brother is watching you« in seinem damaligen Science Fiction-Roman »1984« schien noch vor Erreichen dieser Jahreszahl Realität zu werden.

»Ich muß raus«, sagte ich, und fingerte auf dem Marktplatz eine Zigarette aus der Schachtel.

»Starker Tobak, was?« erkundigte sich Fregattenkapitän von P., der mir gefolgt war, und meinte damit garantiert nicht den in meinem Glimmstengel.

»Das kann man wohl sagen.«

»Kann ich eine haben?«

Ich hielt ihm meine Zigarettenschachtel hin. »Da kommen wir doch nie mehr raus, oder?«

Der MAD-Chef bekam plötzlich richtig menschliche Züge. »Ich fürchte: nein. Das ist wie beim Wettlauf zwischen Hase und Igel. Ehe ein kruder Gedanke gefaßt ist, hat er schon irgendwo Gestalt angenommen. Wir Menschen sind so blöd und realisieren auch alles, was technisch möglich ist – ohne Zwang und Not. Titanic, Hiroshima und Nagasaki, Gen-Manipulation und so weiter, und so fort – das muß alles nicht sein. Wir werden uns noch alle selber umbringen und ausrotten...« Angewidert warf er die Kippe zu Boden und ging davon.

11. Kapitel

Else kam mir immer näher und ich ihr. Wir waren wie zwei einsame Wölfe und suchten die Nähe eines anderen, dem man bedingungslos vertrauen konnte. Sie war bereits an die zwanzig Jahre beim Militärischen Abschirmdienst. In der Gründungsphase hatte sie dort als Sekretärin begonnen und Schritt um Schritt die Entwicklung zum Überwachungs- und Schnüffelapparat begleitet, wie sie mir bald eröffnete. Es widerte sie zunehmend an, wie in das Privatleben von unbescholtenen Bürgern hineingeleuchtet würde. Ob ich wisse, daß einer unserer Mitarbeiter zur Frau eines anderen Mitarbeiters ein Verhältnis habe, fragte sie mich eines Tages.

Ich hob die Schulter und meinte, daß dies wohl nichts Sensationelles wäre, wenn einer mit der Frau eines Kollegen schliefe. Das käme in den besten Familien und Firmen vor.

Else sah dies prinzipiell nicht anders, machte allerdings auf das Ungewöhnliche dieses konkreten Falles aufmerksam: »Die treffen sich regelmäßig meist an den Wochenenden in einem Hotel am Ölhafen – und werden seit geraumer Zeit vom MAD oberserviert.«

Auch daran vermochte ich nichts Spektakuläres zu entdecken. Else hingegen schon.

»Begreifst Du nicht: Wenn die die beiden bespitzeln – warum nicht eines Tages auch uns?«

Mir brach bei dieser Vorstellung der Angstschweiß aus. Wir trafen uns nämlich nun nicht mehr in ihrer Wohnung, meine Besuche dort hatte ich aus verschiedenen Gründen auf ein Minimum reduziert, sondern in meinem Appartment. Else wußte nicht, wer die Miete zahlte, und was ich dort so trieb. Ich erwähnte, daß ich aus beruflichen Gründen diesen Zweitwohnsitz eingerichtet hatte, und sie verhielt sich wie eine normale Hausfrau, als ich sie das erste

Mal bei mir hatte. Es müsse mal gründlich Ordnung gemacht werden, sagte sie, nahm ein Stück Papier und notierte, was ich umgehend zu besorgen hatte. Die Liste reichte von diversen Reinigungsmitteln über einen Staubsauger bis hin zur Füllung des Kühlschranks. Anderentags schon kaufte ich brav alles ein, was sie auf die Liste gesetzt hatte.

Was also wäre, wenn auch wir systematisch beobachtet und bespitzelt werden würden? Sofern die auch nur anfingen, in meinem Tagesablauf neugierig herumzustochern, wäre ich bald geliefert. Die Mitteilung von Else schreckte mich in der Tat nachdrücklich auf. Ich überlegte, ob es Sinn machte, den beiden aus unserer Firma ein Signal zu geben, daß man sie auf dem Kieker habe und es vielleicht besser wäre, wenn sie das Techtelmechtel entweder beendeten oder legalisierten. Aber womit sollte ich diesen Vorschlag begründen? Daß ich nicht wolle, daß sie eines Tages vom MAD erpreßt würden? So besorgte sich der Dienst Zuträger und Informanten. Oder sollte ich alles laufen lassen nach dem Grundsatz: Was ich nicht weiß, macht mich nicht heiß? Was ging es mich an, wenn in gewisser Weise fremde Personen ins Fadenkreuz eines Geheimdienstes gerieten? Würde ich mich nicht unzulässig in ihr Leben drängen? Wie würden sie auf eine solche Nachricht reagieren? Nicht selten bezog der Überbringer der Botschaft die Prügel, nicht der Verursacher. Ich war unentschlossen.

Zunächst besorgte ich mir die Personalunterlagen. Das einzig Bedenkliche schien: Frau N. kam aus der DDR, wobei ich nicht wußte, ob dies dem MAD bereits bekannt war. Ich bat Herrn L. zu mir und sagte ihm auf den Kopf zu, daß ich Informationen bekommen habe, er träfe sich fortgesetzt mit Frau N. Allerdings sei ich kein Moralapostel, mir sei es im Prinzip egal, wer es mit wem triebe. Jedoch wolle ich ihn darauf aufmerksam machen, daß sich der MAD für das Verhältnis interessiere und sie bereits observiere, und deshalb müßten wir uns unterhalten.

Herrn L. verschlug es hörbar die Sprache. Nach einer Weile brach es wütend aus ihm hervor: »Was habe ich mit dem MAD zu schaffen?«

Ich wisse es nicht, erklärte ich. Jedoch sei mir aus unseren Personalunterlagen bekannt, daß Frau N. aus dem Osten stamme und möglicherweise noch verwandtschaftliche Verbindungen in die DDR habe. Vielleicht sei es das. Wie stelle er sich übrigens seine Zukunft vor, wollte ich wissen.

»Wir werden heiraten, sobald meine Scheidung erfolgt ist«, sagte Herr L., er habe zudem bereits um seine Versetzung nach Glücksburg nachgesucht. Seine künftige Frau bemühe sich mit Hilfe von Kollegen um eine Wohnung in Flensburg. »Aber wenn Frau N. aus dem Osten ist und Kontakte in die DDR hat – von denen ich im übrigen nichts weiß –, stellt sich für mich die Frage, wie sie überhaupt ihren Job bei IBM bekommen hat? Da wird doch jeder vom Verfassungsschutz vorher überprüft.«

Tja, meinte ich, entweder hätten die getrieft oder nichts dagegen gehabt. Er könne jedoch arbeitsrechtlich durchaus belangt werden, wenn er von Kontakten seiner künftigen Frau in die DDR wisse und diese verschweige. Er habe sich dazu in einem Zusatzvertrag zum IBM-Arbeitsvertrag verpflichtet.

»Was raten Sie mir?« Herr L. schien nicht minder ratlos als ich.

»Keine Treffen im Hotel Nordsee mehr, und verkrümeln Sie sich so schnell wie möglich nach Glücksburg.«

Ich wußte nicht, als ich wieder allein in meinem Büro saß, ob ich mich zu weit aus dem Fenster gelehnt hatte.

Es war nicht zu übersehen, daß mich zunehmend die doppelte und dreifache Konspiration psychisch belastete. Ständig auf dem Sprung zu sein, alle Antennen auf Empfang gestellt zu haben, das zerrte an den Nerven. Unter normalen Umständen hätte ich vielleicht anders reagiert, als ich es bei meinem nächsten Besuch in Ostberlin tat. Ich hatte mein Kommen angekündigt, ich sollte wieder meinem Führungsoffizier durch die Halle in eine Seitenstraße folgen und dann in seinen Wagen steigen. Alles lief zunächst reibungslos. Ich passierte die Kontrolle, betrat die Bahnhofshalle und ließ meinen Blick schweifen. Er blieb bei einem Paar hängen, das an einer Säule lehnte. Sie hielt einen Blumenstrauß in der Hand – nichts Ungewöhnliches hier. Die beiden sprachen miteinander, lachten, taten völlig normal, die Welt um sie herum schien nicht zu existieren.

Ich stutzte, blickte intensiver hin. Den Mann hatte ich schon einmal gesehen. Mist, schoß es mir durch den Kopf, und drehte auf dem

Absatz um. Schon nach wenigen Metern lief ich einem DDR-Grenzschützer in die Arme. »Bürger, Sie laufen in die falsche Richtung – da geht es lang!« Er wies mit dem Finger in Richtung Ausgang.

Ich zischte ihn an, daß ich das wisse, ich sei weder blind noch blöd, aber es gehe aus verschiedenen Gründen nicht, daß ich dort hinausgehe. »Rufen Sie bitte Ihren Vorgesetzten!«

Der hatte uns offensichtlich schon gesehen, kam herüber und baute sich breitbeinig vor mir auf, die Arme in die Hüften gestemmt. »Machen Sie keine Scherereien, Bürger. Weisen Sie sich erst mal aus!« herrschte er mich an.

Ich knurrte ihn an, daß das nicht gehe. Er solle mich schleunigst von hier wegbringen, ich sei Mitarbeiter des MfS.

Der Offizier grinste ein wenig unsicher. Das könne schließlich jeder behaupten.

Seine leichte Verunsicherung verriet mir, daß ich gewonnen hatte. Ich mußte nur naßforsch genug auftreten, um ihn gänzlich zu verunsichern und gefügig zu machen.

»Wenn Sie mich nicht umgehend von hier wegbringen, war das Ihr letzter Dienst an der Grenze. Das verspreche ich Ihnen.«

Er lenkte ein und bat mich, ihm zu folgen. Ich stieg mit ihm hinab in ein undurchschaubares Labyrinth von Gängen und Fluchten im Bauch des Bahnhofs und landete schließlich in einem fernsterlosen Zimmerchen mit kaltem Neonlicht. Dort angekommen, verlangte er erneut meine Papiere. Ich nannte ihm nur meinen Decknamen, den Passiercode und eine Telefonnummer. Die solle er anrufen. Der Uniformierte verschwand, ich hörte, wie sich ein Schlüssel im Schloß drehte. Ich wartete. Die Zeit verrann unendlich langsam. Ich hockte auf meinem Stuhl, klappte mein Köfferchen auf und kontrollierte aus purer Langeweile die Unterlagen, die ich mit mir führte. Dann schloß ich den Aktenkoffer und stellte ihn wieder neben mich. Ich wußte, daß man mich durch den Spiegel an der Wand beobachtete. Ich hob die Hand und grüßte in diese Richtung. Mein Gott, das dauerte.

Nach einer unendlich langen Zeit öffnete sich die Tür. Im Rahmen erschien mein Führungsoffizier. Ehe ich mich vom Stuhl erheben konnte, goß »Winkler« einen Schwall von Vorwürfen über mich. Ob ich verrückt sei, hier so ein Theater zu machen, giftete er, ich brächte alles durcheinander.

Als er das erste Mal Luft holte, ging ich dazwischen. Bevor er mich zur Sau mache, solle er gefälligst für saubere Verhältnisse auf seinem Bahnhof sorgen. Ich sei jedenfalls zum letzten Mal hier gewesen – der Bahnhof Friedrichstraße sei für mich ab sofort tabu.

Der Genosse schaute nunmehr ein wenig irritiert aus seinem Präsent-20-Anzug, was ich verstand: Woher sollte er wissen, was mich derart auf die Palme gebracht hatte.

»Ich komme durch die Schleuse und treffe einen vom Westberliner Staatsschutz.«

Mein Mann hob die Schulter. »Karl, das können wir nicht verhindern, daß die in die DDR-Hauptstadt kommen – wir kennen die nicht alle.«

»Mag ja sein«, hielt ich dagegen. »Doch der stand da und wartete. Das war kein Zufall.«

»Du kannst ja recht haben, vielleicht aber täuscht du dich auch. Es kann Zufall gewesen sein.«

Ich schüttelte den Kopf. »So naiv bin ich nicht mehr, um das anzunehmen. Ich habe den Mann auf einem Clubtreffen von IBM kennengelernt. Er wurde mir als Sicherheitsbeauftragter bei Siemens in Berlin vorgestellt, zuständig für Arbeits- und Betriebsschutz. Was das tatsächlich bedeutet, können wir beide uns ausrechnen. – So einer steht nicht zufällig am selben Tag und genau zur Stunde unmittelbar hinter der Schleuse, wenn ich die passiere.«

Mein Führungsoffizier war noch immer nicht bereit, mir zuzustimmen. »Woher sollen die wissen, daß du kommst?«

»Das ist genau die Frage, die mich so verunsichert.«

»Was schlägst du vor?«

»Erstens sollten wir uns künftig einen anderen Grenzübergang aussuchen, zweitens verschwinde ich heute abend durch ein anderes Loch im Zaun. Drittens versucht herauszubekommen, was dieser Typ dort tatsächlich wollte, und viertens werde ich in Wilhelmshaven meine Fühler ausstrecken, ob da irgendetwas im Busch ist. – Eure Fürsorge und der Quellenschutz in allen Ehren, doch für mich gilt noch immer die alte Regel: Hilf dir selbst, dann hilft dir Gott...«

Der Genosse W. nickte andächtig. »So wollen wir es halten.«

Wir fuhren wieder hinaus in das abseits im Wald gelegene Gebäude. Ich packte meine Unterlagen und die Filme aus, die umgehend von einem Kurier zur Auswertung gebracht wurden. Unterdessen tranken wir wie üblich Kaffee und aßen Kuchen, bis Helen aufkreuzte und ein wenig die Atmosphäre auflockerte. Ich hatte das Gefühl, daß meine Anmerkungen zu einigen Elementen des realexistierenden Sozialismus nicht auf sonderlich große Zustimmung gestoßen waren. Manche Bemerkung hatte unterschwellig zu Mißfallen geführt. Kritik, das spürte ich, war nicht sonderlich gefragt. Mag ja sein, daß mir solche nicht zustand und sich der Verdacht der Klugscheißerei aufdrängte. Außerdem: Was ich über die DDR wußte, wußte ich aus den Medien der Bundesrepublik, mithin den Sprachrohren des Klassenfeindes, also konnte ich schon nicht objektiv urteilen. Das unterstellte allerdings, daß erstens jede im Westen über die DDR verbreitete Nachricht falsch oder tendenziös war und daß zweitens die Konsumenten dieser Nachrichten nicht fähig seien, sich darauf einen eigenständigen Vers zu machen. Die DDR hatte Biermann ausgebürgert, wie es zwischen 1933 und 1945 nur die Nazis mit ihren Staatsbürgern getan hatten. Das war der objektive Sachverhalt – ob man diesen Schritt nun für politisch gerechtfertigt oder für unklug hielt, ob nun die Westmedien die Analogie herausstellten oder das neue Deutschland keine Silbe darauf verwandte und statt dessen seitenlang organisierte Zustimmung zu diesem unsinnigen Schritt veröffentlichte. An diesem objektiven Sachverhalt konnte man nicht rütteln.

Nicht minder lächerlich waren die Argumente, wenn ich auf diese albernen Massenaufmärsche und Fackelzüge der Blauhemden zu sprechen kam, die mich fatal an die Demonstrationen der Hitlerjugend erinnerten. Das eine habe mit dem anderen überhaupt nichts zu tun, hieß es, der Inhalt wäre ein ganz anderer. Ja, sagte ich, aber könne man denn den Inhalt gänzlich von der Form abstrahieren? Daraufhin hieß es sofort, die Nazis hätten ja die politischen Ausdrucksmittel der Arbeiterbewegung gestohlen und für sich instrumentalisiert, man würde also nicht die Nazis kopieren, sondern die Traditionen der Arbeiterbewegung fortsetzen. Und hätten nicht die Kommunisten, bevor die Nazis den Deutschen Gruß einführten, mit »Heil Moskau!« gegrüßt und die Sozialdemokraten mit »Frei heil!«?

Das kann ja wirklich so gewesen sein, doch eine gewisse Sensibilität für das, was zwischen 1933 und 1945 passiert war, die Folgen eingeschlossen, hätte man schon erwarten dürfen. Doch dieses Fingerspitzengefühl schien man in Ostberlin nicht zu haben. Und wenn unsereiner darauf zu sprechen kam, reagierten meine Genossen allergisch oder gar nicht.

Das änderte jedoch nichts an meiner grundsätzlichen Überzeugung, daß meine Kundschaftertätigkeit für diesen Staat richtig und notwendig war. Ein Vater liebt sein Kind auch, wenn es häßlich ist oder körperliche Gebrechen aufweist.

Helen wurde beauftragt, mich zu einem anderen Grenzübergang nach Westberlin zu kutschieren.

»Geht es noch heute nach Bremen zurück?«

»Nein, ich habe drüben ein Hotelzimmer. Ich fliege erst morgen?« Helen kicherte auf ihrem Wartburg-Sitz (offenkundig gab es für Mitarbeiter des MfS nur diesen einen Fahrzeugtyp als Dienstwagen).

»Was lachst du?«, fragte ich, obgleich ich die Antwort schon ahnte.

»Willst du mal die Puppen tanzen lassen?«

»Quatsch«, entgegnete ich. »Ich werde ins Kino gehen, mich ein wenig entspannen.«

»Kinos haben wir auch«, grummelte Helen, »und Entspannung ist auch bei uns möglich.« Dabei ließ sie offen, ob sie darunter dasselbe verstand wie ich.

»Na gut«, sagte ich unverblümt, »dann fahren wir zu dir nach Hause.«

Das gehe nun überhaupt nicht, wehrte die blonde, großgewachsene Schönheit ab. Wenn das herauskäme, hätte sie Ärger am Hals. Ich sei ja nicht nur Kundschafter, sondern auch Bundesbürger. Und zu denen dürften Mitarbeiter des MfS keine privaten Beziehungen unterhalten.

Ob dies nicht ein wenig schizophren sei, warf ich ein.

Was ist nicht schizophren in diesem Gewerbe, fragte Helen zurück. »Und deshalb nenne mir dein Hotel – ich werde Punkt 20 Uhr im Foyer sein und auf dich warten. Das ist dann dienstlich.«

»Auch wenn wir dann zusammen ins Bett gehen?«

»Das wird nicht passieren, mein Lieber. Und falls doch: Dann wird es mit Sicherheit kein Hotelbett sein. Dafür gibt es eine Privatwohnung – ein Anruf genügt, und sie gehört uns.«

»Damit wir dann nur von der HVA überwacht werden, was?« Ich schüttelte den Kopf. Es war wirklich eine aberwitzige Situation. Keinen Schritt konnte ich unkontrolliert machen. Ich befand mich auf dem Präsentierteller.

Selbst wenn es nur der eigenen Sicherheit diente, wie es hieß.

Else hatte jedoch keinen Grund, mir mangelnde Treue vorzuhalten. Wir kamen gut miteinander aus und sprachen darüber, was uns bewegte. Ihr Job und der meine gehörten nicht dazu. Ich fand es angenehm, daß sie nie Rechenschaft forderte, wo ich wann und warum war, weshalb ich mal später kam und ein andermal gar nicht. Es bestand zwischen uns ein Grundvertrauen, das aus dem Verständnis für die Arbeit des anderen gespeist wurde.

Das war auch die wesentliche Ursache, weshalb ich dem Drängen des Verfassungsschutzes nicht nachgab, Else als V-Mann bei den Grünen zu etablieren. Die Firma trug dieses Ansinnen bei Gelegenheit der Eröffnung ihrer Residentur in Wilhelmshaven neuerlich vor. Nachdem das von mir ausgesuchte Gebäude an der Vogelwarte 16 im Ortsteil Rüstersiel gekauft und umgebaut worden war, lud mich das Landesamt für Verfassungsschutz zur offiziellen Einweihung. Das flache Einfamilienhaus befand sich auf einem Eckgrundstück und wurde überschattet von alten Bäumen. Es lag in einer idyllischen Ecke und hatte, wie mir schien, nur einen Nachteil: Es war verputzt. Nicht grundlos waren die meisten Häuser in Wilhelmshaven verklinkert: die salzhaltige Luft griff jeden Putz an – weißgestrichene, verputzte Gebäude sahen binnen kurzer Zeit sehr unansehnlich aus. (Das fand ich bestätigt, als ich jüngst das Gebäude inspizierte. Offenkundig wohnen jetzt unbescholtene Bürger dort.) Auf dem Dach des Hauses ragte eine beachtliche Antenne in den Himmel, wie ich sie bei Amateurfunkern gesehen hatte – von denen gab es vielleicht ein Dutzend in der Stadt. Im Erdgeschoß war eine Wohnung eingerichtet, in die der »Hausbesitzer« – ein mir bislang unbekannter Verfassungsschützer – mit Frau und Schäferhund einzog. Noch nie hätten sie eine derart hübsche Wohnung besessen, versicherten die beiden ein ums andere Mal ihren Gästen. Das waren neben mir noch drei vom Verfassungsschutz und deren Ehefrauen, darunter auch Abteilungsleiter Sch. aus Hannover.

Im Obergeschoß befanden sich die Archivräume und Büros mit drei Arbeitsplätzen. In einem schmalen Seitenraum hatte man ein Fotolabor untergebracht. Eine Tür blieb beim Rundgang ungeöffnet; wie ich später in Erfahrung brachte, lag dahinter die Fernmeldezentrale.

Nachdem man alles besichtigt hatte, ließ man sich unten zu Kaffee und Cognac nieder. Es blieb nicht aus, daß es schon bald dienstlich wurde und der Chef aus Hannover die Aufgaben der Residentur zu skizzieren begann. Obgleich mich das wahnsinnig interessierte, signalisierte ich aus Höflichkeit meinen Rückzug. Es wurde genauso aufgenommen, wie ich es erhofft hatte. »Lieber Herr Gebauer, bleiben Sie bitte. Sie gehören doch zu uns, wir haben keine Geheimnisse voreinander.«

Das glaubst auch nur du, feixte ich im stillen, und ließ mich wieder in den Sessel fallen. Da Sch. bereits das Wort an mich gerichtet hatte und seine Feststellung offenkundig belegen wollte, lobte er meine Zeichnungen, die ich auftragsgemäß geliefert hatte. »Ausgezeichnete Arbeit«, sagte er. »Mit diesem Plan wissen wir jetzt genau, wo wir bei der SPD und im Gewerkschaftshaus die Mikrofone installieren müssen. Das wird im übrigen in den nächsten Tagen passieren: Es werden Delegationen aus der DDR und aus Jugoslawien erwartet. Herr C.« – er wies auf einen der Herrn am Tisch – »wird Sie noch genau instruieren, wo Sie die Technik in den einzelnen Räumen anbringen müssen. Zum Wohl.«

Er hob den Schwenker in meine Richtung und prostete mir lächelnd zu.

»Auch der Zeitungsausschnittdienst funktioniert bereits – es sind die ersten Lieferungen eingegangen. Glückwunsch.« Er trank sein Glas bis zur Neige leer. Der »Hausherr« eilte sich, den alten Pegel wieder herzustellen.

»Nur bei den Grünen kommen wir nicht so recht voran.«

Ich wußte, worauf er anspielte und schenkte reinen Wein ein. Ich sei mit einer Frau intim, die beim MAD arbeite und mit den Grünen sympathisiere. Zweimal schon hätte ich sie zu Versammlungen begleitet, sie sei durchaus in der Lage, dort Karriere zu machen. Doch wenn ich ihr vorschlüge, für den Verfassungsschutz die Grünen auszukundschaften, würde sie vielleicht vermuten, ich sei einzig zu diesem Zweck auf sie angesetzt worden. Diesen Eindruck möchte ich auf keinen Fall aufkommen lassen. Das wäre – nach ihrer gescheiterten Ehe – vielleicht ihre zweite große Enttäuschung und Lebenskatastrophe.

Herr Sch. aus Hannover nickte verständnisvoll. »Das verstehe ich. Aber können Sie diese Dame nicht ›abschöpfen‹, sich von ihr informieren lassen, was dort läuft?«

Ich wolle es mir überlegen, wich ich zum wiederholten Male aus.

Um mich zu agitieren, machte Sch. einen Exkurs über die Grünen, wie sie derzeit vom Verfassungsschutz gesehen wurden. Es gebe ein paar ganz vernünftige Leute darunter, sagte er, aber eben auch sehr viele »Chaoten«. Die seien kreuzgefährlich und nicht zu steuern. Die Tauben bekäme man gezähmt und an die Leine gelegt, die Falken nicht. Begriffe wie Realos und Fundis kamen erst später auf, doch bereits in dieser Phase waren die beiden Tendenzen offenbar. Die einen bereiteten den Schützern der freiheitlich-demokratischen Grundordnung kaum Sorgen, sie glaubte man kanalisieren und beherrschen zu können, wie man es bei früheren politischen und sozialen Bewegungen auch gekonnt hatte. Unberechenbar schienen jedoch »die Chaoten«, meinte Sch. aus Hannover und legte sein Gesicht in sorgenvolle Falten. »Die driften nach linksaußen – wenn sie nicht schon dort sind. Und vielleicht sind sie nur die 5. Kolonne des Ostens. Unterwandert und fremdgesteuert wie die Friedensbewegung oder damals die VVN. Alles eine Vorfeld-Organisation der KP…«

Da war sie wieder: diese scheißende Angst vor dem Kommunismus, diese panische Furcht vor etwas Fremden, das nicht nach Marktwirtschaft und Bürgerlichem Gesetzbuch roch. Leute wie er mußten das schon mit der Muttermilch bekommen haben. Diese Aversion steckte tief in ihnen, als sei sie in den Genen angelegt. Jahrzehnte antikommunistischer Indoktrination hatten sichtbare Spuren in das kollektive Bewußtsein des deutschen Volkes gegraben.

Nachdem Sch. dieses Thema abgearbeitet hatte, leitete er zum nächsten über: dem MAD. Demnächst erwarte man auch den Chef der Gruppe 22 zur Antrittsvisite im Hause. Ich kenne Herrn von P., was ich ich von ihm halte?

Mein Bedürfnis nach einer Diskussion über den Rivalen war sehr gering, ich machte ein paar unbestimmte Bemerkungen und – einige unaufschiebbare Aufgaben vorschützend – verabschiedete ich mich. Herr Sch. holte mit einer auffälligen Geste aus seiner Jackentasche ein Kuvert hervor, als ich ihm die Hand reichen wollte, und drückte mir generös den Umschlag in die Hand. »Hier, eine kleine Aufmerksamkeit für Sie, lieber Herr Gebauer.«

Ich nahm ein wenig verstört das Dargebotene und drehte es in der Hand.

»Nur Mut«, sagte er, »machen Sie es auf.«

Ich vermutete einen Scheck oder Geld, es war mir peinlich, coram publico einen Judaslohn zu empfangen – eine solche Regung war natürlich in dieser Runde der Judasse albern. Derart gedrängt öffnete ich den Umschlag – und zog eine Einladung für ein Wochenendseminar in einer Harzstadt heraus. Ich wußte nicht, ob ich lauthals losprusten oder mich gerührt zeigen sollte.

»Oh«, sagte ich nach einer Schrecksekunde.«Das kann ich doch nicht annehmen.«

Doch doch, versicherte Herr Sch. erfreut. »Ich habe bereits mit Herrn Dr. W., ihrem Vorgesetzten in Bonn, gesprochen – er ist damit einverstanden.«

Da konnte ich nichts mehr machen.

Zurück in meinem Appartment erwartete mich Else. Sie hob ihr Näschen in meine Fahne. »Aha, wieder einmal zur Dienstbesprechung gewesen. Mußt du denn immer mit denen saufen?«

Ich hob entschuldigend die Schulter, was sollte ich denn machen.

»Du säuft dich noch um Kopf und Kragen«, zürnte sie und ahnte dabei nicht, wie recht sie damit hatte. Daß meine »Gefährten« jeden Verkehrsunfall deckeln würden und ich immer heil aus jeder Sache herauskäme, schien mir ziemlich sicher. Von dort drohte absolut keine Gefahr. Was aber, wenn ich im Vollrausch die Dinge nicht mehr auseinanderhielte und mich verquatschte?

»Bist du soweit klar, daß du noch aufnahmefähig bist?« Else musterte mich kritisch und schaute mir in die Augen.

»Na selbstverständlich.«

»Dann schau dir das mal an.« Sie legte drei Schwarzweiß-Aufnahmen vor mir auf den Tisch. »Die sind auf dem Parkplatz vor dem Olympia-Werk gemacht worden.«

Auf dem ersten Foto stieg eine Frau aus einem PKW. Sie hatte ein geblümtes Kopftuch umgebunden und trug ein elegantes Kostüm. »Taubenblau«, ergänzte Else. So habe es jedenfalls im Observationsbericht des MAD gestanden.

»Ein wenig albern ist es schon«, meinte ich. »Schau dir mal den wolkenverhangenen Himmel an. Wozu braucht die eine Sonnenbrille?«

Else kicherte. »Vermutlich hat sie das in schlechten Spionagefilmen gesehen.«

»Amateure. Da hätte sie mindestens ihr Nummernschild abdecken müssen.«

Ich tippte auf das deutlich lesbare Autokennzeichen. »Amateure.«

Das zweite Foto zeigte sie auf dem Beifahrersitz eines zweiten Fahrzeuges. Hinterm Lenkrad saß ein Mann. Auch er hatte eine Sonnenbrille auf der Nase. Die dritte Aufnahme dokumentierte den Weg der Frau zurück zu ihrem eigenen PKW.

»Schön. Und was soll das? Hat sich eine Frau mit ihrem Liebhaber getroffen oder war das eine konspirative Begegnung zweier Spione?« Ich wußte nicht, was ich von diesen Bildern halten sollte.

Else lieferte mir gleich die Erklärung. »Die Frau ist mit einem Kapitän verheiratet.«

Aha, eine Liebesaffäre, warf ich ein. Dafür habe der MAD ja immer ein offenes Ohr.

»Schlimmer«, meinte Else. »Die Frau und ihr Mann gehören zu einem Kreis von zwei weiteren Pärchen, die regelmäßig miteinander verkehren. Ein Koks-Kreis, wenn du verstehst, was ich meine.«

Ich nickte. Aber wer war der Mann auf dem Foto? Der Dealer?

»So ist es.«

Warum erzählte mir Else das alles? Was ging es mich an? Offenkundig war das wieder mal eine Sache des MAD, damit hatte ich nichts zu tun. Ich sagte das Else auch. Die aber ließ sich nicht von ihrem Thema abbringen.

»Oh doch, das tangiert dich schon«, meinte sie. »Einer der Ehemänner aus diesem Kreis arbeitet in deiner Firma. Damit ist es auch dein Problem.«

»Gebt das an die Drogenfahndung weiter, die sollen eine amtsärztliche Untersuchung anordnen, dann habt Ihr das Problem gelöst.«

So einfach wäre das nicht, meinte Else, in diesen Kreisen würde man solche Probleme nicht derart simpel lösen. Man bedenke die Folgen. Wie immer würde man eine elegantere Lösung präferieren. »Ich vermute, daß man wegen des IBM-Mitarbeiters in den nächsten Tagen auf dich zukommen wird.«

Offen gestanden: Mir schmeckte die ganze Sache nicht. Es war kaum ein Grund erkennbar, weshalb ich mich da in irgendeiner Form engagieren sollte? Aber ich wurde das Gefühl nicht los, daß Else es wünschte, daß ich mich engagierte, und sei es nur in der Weise, daß ich dem Mann einen Tip gab und ihm die Chance des Rückzugs bot.

»Du weißt, daß ich nicht für Gefühlsduselei zu haben bin«, erklärte ich ihr. »Wenn sich jemand eine Suppe einbrockt, soll er sie auch auslöffeln. Wir sind ein freies Land – wer sich die Birne mit Drogen vollhaut, muß dann mit den Konsequenzen leben.«

Else sah es nicht anders. Nur in einem Punkt wich ihre Auffassung von der meinen ab. Vielleicht weil sie eine Frau war. »Es stimmt also, daß man dir nachsagt, du wärst ein eiskalter, berechnender Hund. In diesem Falle aber bitte ich dich, von deiner Linie mal abzuweichen. Gut, die haben vielleicht Scheiße gebaut. Aber wenn die Sache aufgerollt wird, ist die Karriere von allen im Eimer. Die kommen nie wieder auf die Füße. Meinst du, daß dies ein angemessener Preis für diesen Fehltritt ist?«

Ich lenkte ein und versprach, morgen mit dem Mann zu sprechen. Wenn er sich einsichtig zeigte, würde ich ihn mit Kind und Kegel in den Zwangsurlaub schicken, damit er in den nächsten Wochen nicht greifbar wäre. »Wenn er aber alles abstreitet, lasse ich die Sache laufen. Dann ist mir das egal, was mit ihm und seinen Freunden passiert.«

Else küßte mich auf die Stirn.

»Ich wußte, daß man mit dir reden kann. – Und, kannst du noch eine Sache vertragen?« Sie wartete meine Antwort nicht ab und legte noch ein Foto auf den Tisch. Die Frau, die es zeigte, war mir bekannt.

»Noch 'ne Drogensache? Langsam wird mir das ein wenig zuviel.« Ich griff nach dem Bild unserer besten Übersetzerin. Die bildhübsche, junge Frau war in der Firma sehr beliebt. Sie hatte gepflegte Umgangsformen, war fachlich eine Perle und wurde von jedermann geachtet. Ich wußte nur, daß sie mit ihrer Tochter zusammenlebte, nachdem sie von ihrem Mann geschieden worden war. Sonst hatte ich keine Ahnung, was sie außerhalb der Firma trieb.

»Nein, keine Drogen. Zumindest nicht, wie du vielleicht denkst.« Else räusperte sich. »Ihr Liebhaber ist ein Zuhälter.«

»Wie bitte? Das Mädel ist doch keine Nutte!« Meine Empörung war nicht gespielt. Ich hielt es für undenkbar, daß diese distinguierte, kultivierte junge Frau für jemanden auf den Strich ging.

»Du mußt dich nicht ereifern. Sie ist sauber. Und genau das ist es, was uns so irritiert. Der Mann wurde in Unehren aus der Marine entlassen – daher hat er eine Akte auch beim MAD. Er ist gewalttätig, wegen räuberischer Erpressung vorbestraft und ganz gewiß auch in der Drogenszene tätig. Deshalb verstehe ich nicht, daß diese Frau auf so ein Schwein fliegt.« Else schüttelte ihren Kopf. »Ich verstehe es einfach nicht.«

Die Geschichte rührte mich einerseits, andererseits behielt ich auch einen klaren Kopf. »Liebe Else, seit wann ist der MAD für Seelsorge zuständig?«

»Nicht für Seelsorge – für Prophylaxe.«

»Kannst du mal Klartext reden? Ich verstehe nur Bahnhof.«

»Wir gehen davon aus, daß dieser Typ – da er unter ständigem Geldbedarf leidet...«

Wer nicht, warf ich kichernd ein und erntete einen bösen Blick.

»... auch die Verbindung zu eurer Übersetzerin nutzen könnte, um Kohle zu machen.«

»Du meinst, er könnte sie abschöpfen oder nötigen, ihm geheimes Material aus der Firma zu besorgen, das er dann verkauft?«

»So ist es. Also, was schlägst du vor?«

Phh, machte ich und ging zum Kühlschrank, um mir ein Bier zu holen. Dadurch gewann ich Zeit zum Überlegen.

»Ich könnte mit ihr reden und sie bitten, die Verbindung mit dem Kerl zu beenden?«

»Vielleicht verstehst du was von Konspiration, aber von Gefühlen hast du keine Ahnung. Gegen die Liebe ist kein Kraut gewachsen.«

Ich nickte, ich hatte davon schon gehört. Außerdem führte ich solche Gespräche lieber mit Männern. Frauen reagierten bei delikaten Themen immer so emotional, manche brachen gleich in Tränen aus. Und dagegen war ich hilflos. Weinende Frauen machten mich machtlos, ich war unfähig, damit umzugehen. Jede Logik, jedes Argument wurde im Fluß der Tränen davongeschwemmt. Da konnte man nur noch das Taschentuch reichen und das Gespräch beenden – was aber grundfalsch war, weil es einer Kapitulation gleichkam.

»Gut, ich werde den Betriebsrat informieren und gemeinsam das Gespräch mit ihr führen. Mein Vorschlag: Wir setzen sie um – Verwaltung oder so, jedenfalls an einen Platz, wo sie nicht allzuviel mitbekommt.«

Else schüttelte den Kopf. »Das wird dem MAD nicht genügen.«

»Komm, Mädchen, reden wir ganz offen miteinander. Was hast du für eine Marschroute bekommen?« Else zierte sich ein wenig, weil ich sie durchschaut hatte. Ich wußte nicht, ob ich verärgert oder erfreut darüber sein sollte, daß inzwischen unsere persönlichen Beziehungen auch einen dienstlichen Charakter bekommen hatten. Ja, erfreut, denn dadurch wurde zumindest partiell die Mauer des Schweigens durchbrochen. Wir konnten uns über konspirative Dinge austauschen und ein wenig den Druck mindern, der allgemein auf Menschen lastet, die in Geheimdienstarbeit eingebunden sind. Man konnte nicht alles in sich hineinfressen und hinunterschlucken, da wurde man auf Dauer krank. Als ich einmal meinen Führungsoffizier in Ostberlin in eben dieser Sache befragte und wissen wollte, wie sie damit umgingen, meinte er, sie hätten dafür das Parteilehrjahr, wo man sich alles von der Seele redete. Ich mußte ihm das abnehmen, hatte aber meine Zweifel, ob diese Praxis ein hinlängliches Mittel sein konnte, sich von dieser Last zu befreien. Da schien mir die Variante mit Else die effektivere.

»Ich denke, du solltest ihre Kündigung veranlassen.«

»Tickst du noch ganz richtig?« Ich war wütend, weil offenkundig jemand beim MAD einen solchen Vorschlag gemacht hatte, der bar jeglicher Kenntnis des Arbeitsrechts war. »Ich kann nicht jemanden feuern, gegen den nichts vorliegt. Damit verliert man jeden Arbeitsgerichtsprozeß.«

Else begriff das. »Ich habe so das Gefühl, die wollen dem einen Denkzettel verpassen.«

»Das ist mir doch egal. IBM hat mit dem Mann nichts zu schaffen – warum also sollen wir für den MAD den bösen Onkel spielen? Im übrigen: Wie sollte das funktionieren?«

Meine Freundin hob die Achseln. Sie wisse das auch nicht. Ihr scheine es auch sinnvoller, dem Mann die Fünfte Kolonne des MAD auf den Hals zu schicken.

»Was ist denn das für eine Truppe?«

Else schaute mich ungläubig an. »Na komm, die wirst du doch kennen?«

Ich verneinte, denn diese Benennung im Kontext mit dem Militärischen Abschirmdienst hatte ich noch nie gehört.

»Wenn der MAD jemanden aus dem Verkehr ziehen will, wird dem Rauschgift untergeschoben. Es gibt dann genügend Zeugen, die das bestätigen. Und schon landet der Betreffende hinter Gittern. Das alles besorgt die Fünfte Kolonne. Ist zwar nicht ganz legal im Sinne des Gesetzes – aber du kannst sicher sein: Derjenige, den es trifft, hat soviel Dreck am Stecken, daß es ganz gewiß keinen Unschuldigen erwischt.«

Ich spürte, wie sich meine Nackenhaare aufrichteten. Das war ein klarer Gesetzesbruch, jemanden zu belasten, weil ihm sonst nichts nachzuweisen war. »Der Vorzug im deutschen Recht besteht in der Unschuldsvermutung«, wütete ich. »Ein Mensch gilt solange als unschuldig, bis ihm der Staat in Gestalt seiner exekutiven Organe das Gegenteil nachweisen kann. Wenn nun staatliche Institutionen eine ›Schuld‹ unterschieben und das Opfer seine Unschuld nachweisen muß – was ihm mit gekauften Zeugen der Klage schwerfallen dürfte –, dann heißt dies, alles wird von den Füßen auf den Kopf gestellt.«

Else unternahm nur einen schwachen Versuch der Verteidigung. Ich solle nicht so tun, als wenn ich die Moral für mich gepachtet hätte. Auch ich würde mich auf einem schmalen Grat zwischen Recht und Unrecht bewegen und nicht immer mit Bestimmtheit sagen können, ob ich bereits geltendes Recht beugte oder verletzte. Natürlich traf dies zu, und ich begann ernsthaft zu zweifeln, ob es mir zustünde, mich darüber bei Else zu empören. Mitgefangen, mitgehangen – das galt auch für mich. Ich war, aufs Ganze gesehen, keinen Deut besser.

Am nächsten Tag bekam ich die Unterlagen des MAD auf den Tisch. Zwischen MAD-Dienststelle und IBM verkehrte regelmäßig ein Kurier, das war nichts Ungewöhnliches, wenn ich auf diese Weise einen dicken Umschlag erhielt. Der Fall M. war ausreichend recherchiert; nach meinem Eindruck war es eine vergleichsweise harmlose Angelegenheit. Offenkundig wurden in dieser Sechserrunde nur weiche Drogen konsumiert, und die Spielchen nebenbei... Man konnte es vergessen. Allerdings wußte nicht nur ich, daß manche Sache, die ganz banal anfängt, eine eigene Dynamik bekommt, die sich nicht mehr steuern läßt. Insofern war es nachvollziehbar, wenn prophylaktisch das Sicherheitsrisiko gemindert werden sollte. Und wenn ich diesen Vorgang in aller Ausführlichkeit schildere, dann nicht primär deshalb, um ein gewisses Verständnis für die Tätigkeit des MAD einzufordern, sondern um die Analogien zu verdeutlichen. In der DDR gab es zwar das Drogenproblem nicht, aber es gab sicherheitsrelevante Bereiche in der Volkswirtschaft, die ebenso überwacht und ihre Mitarbeiter fürsorglich kontrolliert wurden, wie es auch hier bei uns geschah. Unterschiede in der Sache vermag ich da nicht zu erkennen.

Nachdem ich die Akten studiert hatte, bat ich Herrn M. zum Gespräch in mein Zimmer. Wir setzten uns an den runden Tisch in der Ecke; ich wollte bewußt die durch den Schreibtisch entstehende Distanz aufheben. Die Archiv-Sekretärin brachte zwei Tassen Kaffee, wir fingen mit Belanglosem an. M., als Wissenschaftler zu Rationalität neigend, unterbrach mich bald. »Was wollen Sie, Herr Gebauer? Bei mir müssen Sie nicht um den heißen Brei schleichen.«

Ich nickte und langte nach den drei Fotos, die ich auf meinem Schreibtisch liegen hatte. »Kennen Sie die Dame?«

M. gab sich cool und wenig überrascht. »Na klar, das ist Frau G., unsere Nachbarin.«

Ob er ahne, um was es sich handeln könnte, wollte ich wissen. M. bestätigte vage und wollte von mir gesagt bekommen, was ich konkret wisse. Ich schenkte reinen Wein ein und sagte in aller Deutlichkeit, daß sich der MAD bereits für den Kreis lebhaft interessiere, weil ein höherer Marineoffizier involviert sei. Schon deshalb werde man den Vorgang nicht an die Öffentlichkeit bringen, aber intern hätte das gravierende Konsequenzen. Auch für ihn.

Der Mann verlor ein wenig seine Selbstsicherheit. Man habe doch nur gekifft, keine harten Drogen genommen. Im übrigen sei Drogenkonsum nicht strafbar – nur der Besitz und der Handel.

Wohl wahr, räumte ich ein. Aber ob er sich vorstellen könne, welche Wirkung es hätte, wenn in den nächsten Tagen einige Herren des Drogendezernats – im Rahmen einer Amtshilfe für den MAD – hier in der Firma vorstellig würden, um sein Dienstzimmer zu durchsuchen und ihn anschließend aufs Polizeipräsidium mitzunehmen?

M. besaß ausreichend Phantasie, um sich genau dies ausmalen zu können, und fragte sichtlich erschüttert, was ich ihm riete.

»Haben Sie noch Urlaub?«

Er schüttelte den Kopf.

»Dann werde ich dafür sorgen, daß Sie welchen bekommen. Fahren Sie weit weg, ins Ausland am besten. Dann sind Sie physisch nicht greifbar. Zum zweiten können wir der zu erwartenden Bitte des MAD, Sie zu entlassen, dadurch zuvorkommen, daß Sie sich in eine andere Niederlassung von IBM versetzen lassen. Damit das klar ist: Das ist eine Verabredung zwischen uns beiden – ich bitte also um Vertraulichkeit. Hier ist die interne Liste der freien Stellen von IBM Deutschland.«

M. griff dankbar nach der Ausschreibungsliste und versenkte sich augenblicklich darin. Meine Vorschläge schienen also auf fruchtbaren Boden gefallen zu sein. Doch nachdem er etwas für ihn Interessantes gefunden hatte, meldete er sich mit einem Einwand zurück. »Das Problem ist allerdings meine Frau, Herr Gebauer. Ich glaube nicht, daß die so einfach mitspielen wird.«

Da hörte sich denn alles auf! Ich machte eine unbestimmte Geste, die soviel bedeutete wie: Das ist nun Ihre Aufgabe, wie Sie damit zu Rande kommen. Doch M. leistete umgehend einen Offenbarungseid. Er sei ein feiger Hund, bei ihm daheim habe die Frau die Hosen an, er allein würde vermutlich nicht Manns genug sein, ihr diese Idee überzeugend zu vermitteln. Ob ich nicht...

Er ließ den halben Satz im Raum stehen und mir darauf einen Reim machen. Also gut, willigte ich ein, wenn er es nicht schaffe, stünde es ihm frei, mich anzurufen. Ich würde zu ihm kommen und Wunderwaffe spielen. Ich sagte dies in der stillen Hoffnung, daß er davon keinen Gebrauch machen würde, denn hysterische Frauen konnte ich auf den Tod nicht leiden, sie beraubten mich mitunter jeder Selbstkontrolle. Ich erinnerte mich der Nächte in Wiesbaden, als wir im Luftschutzkeller saßen und die Bomben über unseren Köpfen detonierten. In solchen dramatischen Situationen, wo man dem Tode näher schien als dem Leben, gerieten einige Frauen außer sich. Sie kreischten und rannten zur Tür, wollten hinaus, taten, als bekämen sie keine Luft, schlugen um sich, wenn man sie beruhigen oder zurückhalten wollte. In solchen Augenblicken wußte ich mir nicht zu helfen – und schlug meine Mutter und meine Geschwister, damit sie endlich Ruhe gaben. Ich knallte ihnen die flache Hand ins Gesicht, bis sie erschrocken verstummten. Dieser Reflex folgte nicht medizinischer Einsicht, sondern war Folge ungezügelter Aggressivität, die bei mir losbrach, wenn ich Zeuge solcher Ausbrüche wurde. Was mich später immer gleichermaßen überraschte wie ärgerte: Ich war mit dem Grundsatz erzogen worden, daß man wehrlose Frauen nicht schlagen dürfe, und normalerweise funktionierte auch dieser Schutzmechanismus. Doch bei den Luftangriffen verloren sich Kinderstube und Kontrolle.

Wie befürchtet, erreichte mich kurz vor Dienstschluß der Anruf von M. Ich möge zu ihm nach Hause kommen, seine Frau zeige sich gänzlich uneinsichtig. Schweren Herzens setzte ich mich ins Auto; Graftschaft lag am Wege, wo die M.'s wohnten.

Der Hausherr öffnete mit einem verlegenem Grinsen, jener Mischung aus Unsicherheit und Kumpanei, und wies mir den Weg ins Wohnzimmer. Dort saß auf der Couch Frau M. mit zornigem Gesicht. Meine zum Gruß gereichte Hand ignorierte sie. Ich hatte sie nur einmal auf einer Betriebsfeier gesehen und eben auf jenen Fotos. Es wäre übertrieben gewesen zu behaupten, sie sei eine Schönheit – doch der Unmut, der ihr ins Gesicht geschrieben stand, verlieh ihr eine gewisse Interessantheit. Zorn machte mitunter auch schön.

»Frau M.«, begann ich, »ich weiß nicht, wann Sie Ihren Mann geheiratet haben – bevor er zu IBM Sondersysteme kam oder hinterher. Auf alle Fälle verdanken Sie Ihr schönes Heim dem nicht geringen Lohn dieser Firma, der über dem Durchschnitt in der Branche liegt, wie Sie vielleicht wissen. Das ist nur zu einem Teil der guten Arbeit Ihres Mannes geschuldet – zu einem anderen Teil auch den Bedingungen, unter denen er dort tätig ist. Für ihn gelten besondere Sicherheitsbestimmungen.«

Noch ehe ich den nächsten Satz aussprechen konnte, fiel mir Frau M. ins Wort. »Das heißt nicht, daß Sie in unsere Privatsphäre einbrechen dürfen. Die ist für die Firma tabu.«

So einfach wäre das nicht, hielt ich dagegen, und ich spürte verärgert, daß meine Stimme lauter war, als ich mir eigentlich gestattet hatte. Ich wollte ganz ruhig und sachlich argumentieren – selbst wenn mir Unvernunft entgegenschlüge.

»Natürlich hat jeder Bundesbürger Anspruch auf eine Privatsphäre, dafür steht schon unser Grundgesetz. Das heißt aber nicht, daß die Privatspäre ein rechtsfreier Raum ist. Verstehen Sie?«

Frau M. schüttelte heftig ihre Kaltwelle. »Ich will es nicht verstehen. Ich sehe nur, daß Sie in unserem Intimbereich herumstochern, daß Sie herumschnüffeln, und nun meinem Mann auch noch vorschreiben, daß er Urlaub zu machen hat und wo er künftig arbeiten soll. Das finde ich zum Kotzen, und das lasse ich auch nicht zu. Mein Mann ist vielleicht so ein Weichei, der alles mit sich machen läßt, ich aber nicht. Das wird für Sie Folgen haben, das garantiere ich Ihnen.« Sie reckte wütend ihr Fäustchen in meine Richtung und warf einen selbsbewußten Blick in Richtung ihres Mannes, der verschüchtert auf der Vorderkante eines Sessels hockte.

»Jetzt halten Sie mal Ihre Klappe, Frau M.«, warf ich nicht minder zickig ein. »Ich habe Ihrem Mann ein Angebot gemacht, wie er glimpflich aus der Sache herauskommen kann. Um das mal klarzustellen: Sie haben aus freien Stücken gegen das Rauschmittelgesetz der Bundesrepublik Deutschland verstoßen, also müssen Sie mit den Folgen leben. Das könnte – wenn er meine Offerte, die Sie als Einmischung in Ihre Privatsphäre denunzieren, ablehnen würde – so aussehen: Job weg, unter Umständen Gerichtsverfahren, Eintrag in die Personalakte, Karriere im Arsch, und…«, ich machte eine bewußte Pause, um die Dramatik zu erhöhen, »Entzug des Sorgerechts für Ihre Kinder.«

Das saß. Frau M. riß ihre dunkelbraunen Augen weit auf. »Wieso das denn? Wir sind doch keine Asozialen, unsere Kinder wachsen ordentlich auf.«

»Weil man Drogenabhängigen in der Regel die Kinder wegnimmt«, erklärte ich triumphierend, obgleich ich nicht wußte, ob das stimmte. Aber die demagogische Drohung verfehlte die Wirkung bei der Mutter nicht.

»Ich kann also davon ausgehen, daß sich Ihr Mann um eine freie Stelle bei einer anderen IBM-Niederlassung bewirbt und wir gemeinsam die Sache zum Abschluß bringen?«

Herr M. brachte mich zur Tür und drückte mir fest die Hand. Er wisse gar nicht, wie er mir danken solle, sagte er ein ums andere Mal.

»Und das hätten Sie nicht allein zuwege gebracht?« Ich schüttelte nur mit dem Kopf und verabschiedete mich.

Die Sache mit unserer Übersetzerin hingegen lief nicht so glatt. Bei ihr schien jegliche Logik ins Herz oder noch ein wenig tiefer gerutscht zu sein. Nein, sagte sie unter Tränen, sie wolle und werde sich nicht von ihrem Freund trennen, egal, ob er ein Schuft oder Schwein sei, sie stünde zu ihm. Und überhaupt: Wer gebe mir das Recht, in ihr Privatleben einzugreifen? Mein Angebot, in die allgemeine Verwaltung zu wechseln, schlug sie aus. Die einzige Tätigkeit, die sie nach unserem Gespräch noch verrichtete, war das Schreiben ihrer fristlosen Kündigung. Danach verließ sie das Haus.

Für mich war der Vorgang damit abgeschlossen, doch er war es nicht. Wenige Tage später erhielt ich ein Schreiben vom Rechtsanwalt der Frau Sch., in dem behauptet wurde, die Kündigung sei rechtsunwirksam, da sie angeblich unter Druck zustandegekommen sei. Ich übergab den Brief dem Betriebsrat mit der Bitte, sich darum zu kümmern. Frau Sch., so erklärte ich wahrheitsgemäß, lebe mit einem Luden zusammen, sie selbst sei auch schon im Rotlichtmilieu gesehen worden und deshalb als Übersetzerin von IBM nicht mehr tragbar. Meinen Vorschlag, sie künftig in der inneren Verwaltung zu beschäftigen, habe sie mit fristloser Kündigung quittiert. Ich denke, so schloß ich meine Ausführungen, wir haben gute Karten beim Arbeitsgericht, wobei ich es nicht soweit kommen lassen würde – wir sollten uns um eine außergerichtliche Lösung bemühen.

Die Kollegen des Betriebsrates folgten mir völlig, und auch gegenüber Herrn von P., der mich schon bald aufsuchte, hatte ich eine wasserdichte Argumentation. Der MAD-Chef zeigte sich nur erstaunt, woher ich den ganzen Background der Geschichte kannte, denn soweit er wußte, war ich offiziell darüber von ihnen nicht in Kenntnis gesetzt worden. Ich drehte feixend meine Handflächen nach oben. »Kam ein Vogel geflogen...«

Na schön, sagte von P., dann könne man beim MAD den Vorgang Sch. ad acta legen. »Aber alles wissen Sie nicht«, sagte er triumphierend. »Da gibt es noch eine Geschichte, die Sie tangiert: Einer Ihrer Mitarbeiter ist in einen Drogenring involviert.«

Ich gab mich erstaunt, obgleich ich ahnte, um was es sich handeln könnte. »Wer ist es?«

»Herr M. und seine Frau. Hier ist die Ermittlungsakte.« Er hielt mir einen Ordner unter die Nase.

Ich griff danach und blätterte interessiert in den Papieren, die ich bereits alle kannte.

»Tja, Herr von P.«, sagte ich nach der oberflächlichen Lektüre. »Da kommen Sie ein wenig zu spät. M. ist seit der vergangenen Woche im Auslandsurlaub, und danach wird er hier nicht wieder anfangen. Er hat um seine Versetzung nachgesucht und wird nach seiner Rückkehr in unserem Werk in Böblingen anfangen. Auch diesen Fall können Sie ad acta legen. Zumindest was den IBM-Part betrifft. Oder stecken da noch andere von uns mit drin?«

Der MAD-Offizier schluckte sichtlich. »Und wie ich Sie inzwischen kenne, ist er bereits entpflichtet worden.«

»So ist es. Die Kopie geht augenblicklich dem MAD zu, wenn Herr M. Wilhemshaven verläßt. Es sei denn«, ich blinzelte Herrn von P. an, »der MAD hat solche gravierenden Belastungsbeweise, daß eine juristische Verfolgung notwendig ist. Dann müßten Sie allerdings die Herrn vom 7. K informieren. Denn Sie sind ja keine Ermittlungsbehörde.«

Die Beweise hatte man natürlich nicht. Und den Rest der Angelegenheit regelte der MAD standesgemäß, das heißt: die Marine blieb sauber. Else informierte mich darüber. Der verstrickte Kapitän zur See wurde nach Kiel versetzt, und den Drogendealer, den man in Oldenburg ausfindig gemacht hatte, trieb man in eine Falle der Kripo. Weit und breit gab es dort keine blaue Uniform. Und der Dealer hielt, was man von von ihm auch erwartete, die Klappe. Es herrschte wieder Ruhe im Schiff.

12. Kapitel

Bevor ich mich zum Wochenendseminar nach Bad L. im Harz aufmachte, wozu mich der Verfassungsschutz eingeladen hatte, suchte ich auf dessen Bitte den Dienststellenleiter C. des LfV in der von mir ausgewählten Residentur auf. Er fragte mich, ob ich nach meiner Rückkehr für die lange geplante Abhöraktion zur Verfügung stünde. Die Offerte war taktisch gut plaziert – hätte ich abgelehnt, wäre die nächste Frage durchaus legitim gewesen: Was wollen Sie dann noch im Harz? Inzwischen gewohnt, jeden Fakt mißtrauisch zu bewerten, hatte ich natürlich auch diese Einladung von allen Seiten bedacht. Insofern lag vermutlich diese Testfrage auf der gleichen Linie: Inwieweit war ich tatsächlich ihr Mann?

Nachdem ich meine grundsätzliche Bereitschaft signalisiert hatte, griff er mir unter den Arm und zog mich ins Allerheiligste, was uns bei der Eröffnung nicht gezeigt worden war. In der kleinen Kammer standen ein halbes Dutzend verschiedenfarbiger Telefone und zwei ziemlich große Aufnahmegeräte. C. machte sich daran, mir jedes Telefon zu erklären.

Das rote da wäre der heiße Draht zur Zentrale in Hannover. Ich nickte. Das schien überall auf der Welt zu sein: Die roten Telefone waren die wichtigsten. Ich vermutete, selbst die Verbindung zwischen Moskau und Washington, die nach der Kuba-Krise 1962 im Weißen Haus und im Kreml geschaltet worden war, mündete jeweils in ein rotes Telefon. Daß dieses hier aber nur bis zur Landeszentrale des Verfassungsschutz reichen sollte, enttäuschte mich in gewisser Weise. Andererseits: Es offenbarte natürlich auch die Bedeutung dieser Residentur für den ganzen Apparat. Wilhelmshaven war eines der vielen kleinen Rädchen im Überwachungsgetriebe dieser Republik. Nichts besonderes, eben Provinz. Insofern wirkte die Geste von C. ein wenig lächerlich, mit der er auf die Bedeutung gerade dieser Leitung hinweis. Das war die mir vertraute Attitüde der kleinen Arschlöcher, die sich wichtiger nahmen, als es ihr Amt in Wirklichkeit war.

»Mit dem grünen hier«, er zeigte auf den Apparat, als sei ich farbenblind, »halten wir Verbindung zu unseren Aufnahme- bzw. Übertragungswagen.« Meinen fragenden Blick beantwortete er umgehend. »Nein, wir haben weder was mit Rundfunk noch mit Fernsehen zu tun. In dem einen Fahrzeug haben Sie doch schon gesessen.« Ich erinnerte mich, als er mich so direkt auf diese Abhöraktion ansprach.

»Der gelbe Draht geht nach Flensburg.« Ich konnte mir ein Lachen nicht verkneifen. »Direkt zu Beate Uhse?«

C. machte eine unwirsche Handbewegung. »In Flensburg sitzt auch die zentrale Fahrzeug-Erfassungsstelle, wie Sie vielleicht wissen. Dort sind alle in der Bundesrepublik zugelassenen Fahrzeuge registriert, dort werden auch die Punkte gesammelt. Wenn wir also einen Fahrzeughalter identifizieren wollen, nehme ich den Hörer ab, nenne unsere Dienststellennummer WHV 26, gebe das Kennzeichen durch – und wenig später bekomme ich per Fernschreiben alle erfaßten Daten. Bei ausländischen Fahrzeugen dauert es etwas länger, aber Flensburg hat uns noch nie enttäuscht.«

Ich ergänzte süffisant, daß diese Verbindung ausschließlich nur dazu diene, als gestohlen gemeldete PKW ausfindig zu machen, doch C. überhörte meine spitze Bemerkung und wies auf das nächste Telefon. Es war schwarz. Damit wären sie mit dem Bundesgrenzschutz verbunden, konkret: mit der Erfassungsstelle des BGS. »Wir melden dort vornehmlich die zu Fahndungszwecken ausgeschriebenen Fahrzeuge.« Offenkundig hatte ihn mein Einwurf doch erreicht. »Sie wählen dreimal die drei, melden sich mit der Dienststellennummer WHV 26, geben das Kennzeichen durch und beantragen ›verhaften‹ oder ›observieren‹. Im Falle der Oberservierung wird uns – hier und in der Zentrale in Hannover – per Fernschreiben mitgeteilt, wann und wo das Fahrzeug die Grenze der Bundesrepublik passiert hat. Uns interessieren natürlich besonders die Ein- und Ausreisen an der DDR-Grenze, wie Sie sich vorstellen können.« Das konnte ich mir nicht nur sehr gut vorstellen, ich wußte ja bereits, wie präzise jeder Transit meiner Landsleute nach Westberlin überwacht wurde.

»Das weiße Telefon stellt die Verbindung zur Staatsschutzabteilung im hiesigen Polizeipräsidium oder zur Zentrale in Bad Merckenheim her. Sie wissen vermutlich, daß der Verfassungsschutz kein Exekutivorgan ist, wir dürfen keine Verhaftungen vornehmen. Wir müssen also, wenn wir jemanden hoppnehmen wollen, beim Staatsschutz quasi um Amtshilfe nachsuchen. Da hat es die Stasi drüben einfacher.«

Ob es angesichts der Vielzahl hiesiger Geheimdienste von Vorteil sein konnte, wenn jeder Verein nach Belieben verhaften durfte, wagte ich ernsthaft zu bezweifeln. Wir befanden uns ohnehin bereits in einem totalen Überwachungsstaat – mein Bedarf nach einem Polizeistaat hielt sich da in überschaubaren Grenzen.

»Das letzte Telefon« – es hatte die Farbe einer stark vergilbten Gardine – »läuft über das normale Netz, das heißt: Dienstgespräche sind tabu. Es kann ja sein, daß die andere Seite mithört.«

»Und wie kommunizieren Sie dann mit dem MAD oder den BND?«

»Wir rufen dort an, bitten um einen Rückruf, dann verabreden wir einen Treffpunkt. Kein einziges Wort wird über dienstliche Belange verloren.«

»Ein bißchen aufwenig«, erlaubte ich mir zu bemerken.

C. winkte resigniert ab. »Obgleich wir in technischer Hinsicht weitaus besser ausgestattet sind als unsere Kollegen bei den anderen Diensten, haben wir selbst noch ein Funkgerät mit Morsetaste im Betrieb, mit dem wir verschlüsselte Texte versenden können. Aber das benutzt kaum einer – ich vermute mal, weil kaum einer noch das Morsealphabet beherrscht. Demnächst bekommen wir so ein Kryptogerät oder wie das Ding heißt, bei dem die Impulse völlig zerhackt und nach einem bestimmten System auf der Empfängerseite wieder zusammengefügt werden. Damit soll zunächst das rote Telefon ersetzt werden.«

»Und was ist mit der Funküberwachung?« Die Frage interessierte mich natürlich aus naheliegenden Gründen besonders.

»Wir haben eine Übersicht aller im hiesigen Raum an Amateurfunker ausgegebenen und benutzten Frequenzen. Die Post überwacht das, doch unsere besten Spürhunde sind die Amateurfunker selbst. Wenn jemand in ihrem Revier ›wildert‹, melden sie es umgehend. Das ist natürlich albern. Wir wissen, daß hier Spione Nachrichten im Äther absetzen, doch die benutzen einmal kurzlebige Codes – ehe wir die geknackt haben, nehmen sie schon einen neuen. Zum anderen senden die nur sehr kurze Zeit und von wechselnden Standorten. Ehe die geortet sind, haben sie schon ihr Gerät eingepackt und sind auf und davon. Ein aussichtsloses Unterfangen.«

Im Inneren grinste ich. Wenn du wüßtest...

»Mit diesen beiden Geräten schneiden wir die Gespräche mit, die wir mit Mikrofonen überwachen. – Übrigens, bevor ich es vergesse: Wir haben jetzt die Daten der Handelsvertreter, deretwegen Sie bei der SPD und im Gewerkschaftshaus die Wanzen anbringen sollen. Es sind drei Personen aus der DDR und zwei aus Jugoslawien. – Sobald dort das erste Wort gesprochen wird, schaltet sich das Gerät automatisch an. Wenn die Spule voll ist, geht das zweite an. Die Geräte sind miteinander gekoppelt. Das passiert aber nur für den Fall, daß niemand hier ist. Normalerweise wird der Raum mit zwei Personen besetzt. Zur Zeit machen das meine Frau und ich; in der nächsten Woche kommen jedoch zwei Kollegen aus Bremen, die wieder ihren angestammten Platz an den Geräten einnehmen werden. Gott sei Dank.«

Die Reichweite der Sender in den Mikrofonen war allerdings nicht so groß, daß sie bis in die Residentur reichten. C. nickte, als ich ihn danach fragte. Ja, klar, die schaffen es nur bis zum Übertragungswagen, der vorm Haus stünde. Dort würden die Impulse verstärkt und zur Residentur abgestrahlt. Die Übertragungswagen stünden ihnen rund um die Uhr zur Verfügung.

Und sonst? C. musterte mich kritisch, er wußte genau, was ich meinte. Wenn der Staatsanwalt uns eine Überwachungsaktion genehmigte, gingen sie direkt übers Fernmeldeamt. Da brauche man weder altertümliche Wanzen im Telefon noch versteckte Mikrofone im Raum. Doch es falle natürlich schwer, eine längere Überwachungsaktion in einer legalen Einrichtung der Bundesrepublik, etwa Parteibüros oder Gewerkschaftshäuser, hinlänglich zu legitimieren.

Offenkundig gab es immer noch Scham- und Gesetzesgrenzen in unserem Rechtsstaat, der eine ungehemmte Tätigkeit der Dienste in gewissem Maße verhinderte. Aber die Spitzel waren ausgebufft genug, sie illegal zu überschreiten. Insofern war es nur ein schöner Wahn, daß die Dienste hinlänglich von den Institutionen der Demokratie kontrolliert und beherrscht wurden. Es war wie der berühmte Wettlauf zwischen Hase und Igel: Der eine war schon längst da, wenn der andere auf dem Felde des Gesetzesbruches erschien.

»Und Sie schneiden dann jeden Satz mit?«

C. sagte Ja und Nein. Natürlich würde zunächst alles aufgezeichnet werden, aber es würde nur schriftlich protokolliert, was sicherheitspolitisch relevant sei.

»Und dann werden die Bänder gelöscht?«

Der Verfassungsschützer antwortete ausweichend. Im Prinzip schon, aber man lasse das gespeicherte Material noch »einige Zeit« liegen. Es könnten sich später eventuell Momente ergeben, die dann ein früher als belanglos eingestuftes Gespräch in einem anderen Lichte erscheinen ließen.

Und die Mitschriften? Nun, ihnen, dem Verfassungsschutz, gehe es vornehmlich um die Abwehr von Spionage. Für Geschäftsabmachungen und analoge Vereinbarungen mit auswärtigen Firmen interessiere sich der Bundesnachrichtendienst – deshalb bekäme die Dienststelle des BND eine Kopie ihrer Mitschrift. Eine verkürzte natürlich. C. griente.

»Und der MAD bekommt natürlich auch nur eine verkürzte Kopie«, sagte ich. Wir hatten uns verstanden. Mit dem Prinzip der abgestuften Information behauptete der Verfassungsschutz seine Monopolstellung unter den Diensten. Der alte Bebel-Spruch, Wissen sei Macht, wurde schamlos ausgenutzt und damit konterkariert. Für sie die Torte, für die anderen die Brosamen – und je besser man sich zum Verteiler stellte, desto größer wurden die Brocken bemessen.

Auf dem Weg nach unten, wo seine Frau bereits den Kaffeetisch gedeckt hatte, eröffnete C. ein neues Thema. Sein Chef habe ihn beauftragt, mit mir über Aufwandsentschädigungen zu sprechen. Davon ausgehend, daß ich nach Abschluß meiner Tätigkeit als Sicherheitsbeauftragter bei IBM Sondersysteme zum LfV wechseln würde, wolle man bereits jetzt über diese Frage mit mir sprechen.

Ich gab mich entrüstet. »Lieber Herr C., ich bekomme ein anständiges Salär und benötige kein Zubrot. Das habe ich schon einmal Herrn Sch., Ihrem Vorgesetzten, gesagt. Außerdem bin ich vertraglich gehalten, jede Nebentätigkeit meiner Firma mitzuteilen. Was sollte ich da sagen: V-Mann des Landesamtes für Verfassungsschutz? Das würde mich in gewisser Weise auch beleidigen – als Zuträger bin ich mir denn doch ein wenig zu schade. Das habe ich auch dem MAD gesagt, als man mich in gleicher Weise binden wollte.«

C. lächelte ein wenig gequält. Seine Frau, die sich zu uns gesetzt hatte, verzog keinen Gesichtsmuskel. Wie ich später erfuhr, kamen beide aus dem Dienst und waren beide bereits zwölf Jahre verheiratet. Kinder gab es keine. Es war im klassischen Sinne eine Dienstehe. Nur die Dienstgeheimnisse verbanden sie noch miteinander, mehr nicht. Für das »normale Leben« schienen diese Menschen weitgehend gestorben. Ich hatte bis dato (und auch später) nie eine Frau aus dieser Branche kennengelernt, die eine Freundin aus dem zivilen Bereich hatte. Sie lebten in ihrer eigenen Welt und waren von der übrigen isoliert. Ihre Einsamkeit füllten sie mit Arbeit und/oder Alkohol.

Ich müsse mich wegen des Angebots keineswegs beleidigt fühlen, sagte C., eine solche Offerte bekäme nicht jeder. Es wäre durchaus Ausdruck einer gewissen Wertschätzung. Und daß man noch einiges mit mir vorhabe, mache auch die Einladung zum Seminar deutlich.

Ich lenkte ein. »Sie können sicher sein, daß mich eine hauptamtliche Perspektive bei Ihnen reizt, ich fühle mich allein durch ein solches Angebot hinlänglich geehrt. Bis dahin aber möchte ich lediglich jede Mark dem Verfassungsschutz in Rechnung stellen, die ich dienstlich für das LfV ausgeben werde. Und mehr nicht.«

Das gehörte zu meinen grundsätzlichen Prinzipien, die ich auf beiden Seiten und mit allen Diensten praktizierte: Ich tat, was ich tat, aus politischer Überzeugung, nie aus Gründen der Bereicherung. Es war nicht die Furcht vor möglicher Enttarnung und nachfolgender Publizierung der Umstände, daß ich bei allen Diensten abkassiert hätte. Erstens zog ich diese Möglichkeit nicht in Erwägung – wer als Spion ausschließlich von der Angst des Aufliegens gesteuert wird, sollte aussteigen. Zweitens war es bei einer möglichen Verurteilung für den eigenen Leumund dann auch egal, ob man es auch des Geldes wegen getan hatte – der Ruf war eh ruiniert. In der Welt des Kapitals wegen Bereicherung verurteilt zu werden, war nicht annähernd so stigmatisierend und verhängnisvoll wie eine Verurteilung als Überzeugungstäter der Kommunisten. Ich konnte mir also aussuchen, gehenkt oder erschossen zu werden.

C. langte nach der Flasche Sekt, die ebenfalls auf dem Kaffeetisch stand, löste das Silberpapier und begann den Draht aufzudröseln. »Da wir – so oder so – miteinander arbeiten werden, möchte ich Sie in unserer verschworenen Gemeinschaft offiziell willkommen heißen und Sie, lieber Herr Gebauer, auch mit einem allerletzten Dienstgeheimnis vertraut machen.« Der Korken flog mit einem Plopp aus dem Hals der Flasche, C. langte nach meinem Glas und füllte es zur Hälfte. Der Sekt schäumte auf, C. goß nach und griff nach dem Glas seiner Frau.

Nun aber war ich gespannt.

»Bei uns duzt man sich. Ich heiße Max, und das ist Inge.«

Prost, sagte ich, und nahm einen Schluck. »Ich heiße Karl. Aber das werdet Ihr sicherlich schon ermittelt haben.«

Max und Inge oder wie immer sie in Wahrheit hießen, hoben ihre Gläser in Augenhöhe. Willkommen im Klub, lieber Karl, auf deine und unsere Zukunft.

Am nächsten Freitagabend fand ich mich in Bad L. im Westharz zum Wochenendseminar ein. Bei der angegebenen Adresse handelte es sich um eine äußerst gediegene Villa, die ein Steinbruchbesitzer um die Jahrhundertwende sich hatte errichten lassen, wie ich später erfuhr. Im Foyer des Hauses traf ich auf etwa ein Dutzend Personen, darunter eine einzige Frau. Alles Sicherheitsbeauftragte von Rüstungsbetrieben, wie ich bei der flüchtigen Begrüßung feststellen konnte. Plötzlich schwebte eine Grandezza die breite Marmortreppe hinab, sehr edel gewandet, sehr gepflegt, eine Herbstzeitlose mit sehr vornehmen Gesten. War sie fünfzig oder schon fünfundsechzig? Schwer zu sagen. Das weiße Haar war im Nacken zum Dutt geknotet, um den Hals trug sie ein blaues Band mit einer Elfenbeinbrosche, das blaue Kleid brachte den schlanken, fraulichen Körper deutlich zum Vorschein. Wir schauten und staunten und verfolgten jeden Tritt. Drei Stufen über uns verhielt sie ihren Schritt.

»Meine Dame, meine Herren, ich heiße Sie im Namen des Innenministers von Niedersachsen herzlich willkommen in unserem Hause, das zu leiten ich die Ehre habe. Mein Name ist Baronin von B. Die Einrichtung wird vom Landesamt für Verfassungsschutz als Gästehaus genutzt, vorrangig finden hier Schulungen für direkte und inoffizielle Mitarbeiter des Dienstes statt. Wir sind in diesem Sinne kein Kurheim wie die meisten Häuser in Bad L.«

Gedämpfte Heiterkeit rollte durchs Foyer. Die Baronin lächelte. Die Bemerkung war vieldeutig.

»Ich darf also um eine gewisse Vertraulichkeit bitten. Aber selbstverständlich können Sie sich im Hause wie auch im Ort frei bewegen. Wir schließen offiziell 23 Uhr. Sie bekommen nunmehr Ihre Zimmerschlüssel ausgehändigt und können sich frisch machen. In einer Stunde erwarte ich Sie zum Abendessen. Über den Ablauf der Tagung informieren Sie sich bitte im Souterrain. Dort hängt der Plan an einer Tafel.« Sie wies in die Richtung.

Nunmehr mußten wir an ihr vorbeidefilieren, um von ihr den Schlüssel ausgehändigt zu bekommen. Sie machte ein Häkchen hinter dem Namen auf ihrer Liste und schaute einen dabei mit ihren dunkelblauen Augen an. »Oh, Herr Gebauer«, sagte sie, als ich mich vorgestellt hatte. »Herr Dr. H., der Seminarleiter, möchte Sie einmal sprechen.«

Ich war ein wenig überrascht. »Heute noch?«

Die Baronin schüttelte ein wenig indigniert den Kopf. Vermutlich nicht, ich könne den Abend frei gestalten.

Das Zimmer wies den Luxus eines gehobenen Drei-Sterne-Hotels auf – mit gut gefüllter Hausbar, einem französischen Bett und einem ordentlichen Bad. Ich stellte mich unter die Dusche und machte mich dann auf den Weg durchs Haus. In unmittelbarer Nähe des Eßsalons stieß ich auf einen kleinen Raum, in dem eine kleine Bibliothek untergebracht war. In den Regalen und auf den

Tischen lag die aktuelle Presse, bei der Literatur dominierte ganz offenkundig das politische Sachbuch. Ganz klar, hier stieg niemand zur Kur oder zum Urlaub ab. Ich beschloß, nach dem Abendmahl hierher zurückzukehren und mit ein wenig Lektüre den Tag zu beschließen.

Ein Glocke rief zum Essen. Uns erwartete ein üppiges Buffet, an dem sich jeder selbst bedienen mußte. Es gab offenkundig keine vorgeschriebene Sitzordnung. So nahm ich an einem Vierertisch Platz, an der bereits die einzige Frau aus unserer Runde saß. Wir machten uns miteinander bekannt. Die Dame plapperte munter drauflos. Sie wisse gar nicht, was sie hier eigentlich solle. Sie käme aus einem Betrieb, dessen Personal zu 80 Prozent aus Frauen bestünde, sie sei dort Vorarbeiterin und im Betriebsrat, und die Kollegen dort hätten sie auch zur Sicherheitsbeauftragten gemacht wegen der Gleichberechtigung und so. Aber sie wisse wirklich nicht, was sie hier solle, denn der Betrieb stelle Taucheranzüge her, die man auch in jedem Sportgeschäft zu kaufen bekäme, das Gros allerdings gehe an die Bundeswehr.

Eben, sagte mein Nachbar, da sind Sie ein Rüstungsbetrieb. Und gehören folglich mit zu unserem Kreis.

Ich finde so etwas schrecklich, nahm die Dame dankbar den Einwurf auf. Ständig schnüffele der Verfassungsschutz in unseren Personalakten herum. Sie habe schon Kolleginnen entlassen müssen, nur weil bei der einen der Neffe bei der Volksarmee der DDR war und die andere regelmäßig die Großmutter aus der DDR zu Besuch hatte. Sie habe immer angenommen, daß einzig die Qualifikation zähle und nicht die Verwandtschaft, um in der Bundesrepublik voranzukommen, aber da müsse sie sich wohl getäuscht haben.

»Haben Sie sich bestimmt«, erklärte ihr Nachbar zur Linken. »Selbst wenn Ihre Firma nur Socken produzierte, und zwar für die Bundeswehr, wird jede Strumpfwirkerin zum Sicherheitsrisiko. Unsere tapferen Feldgrauen können gewiß nicht mehr ihren Mann stehen, nur weil der böse, böse Gegner weiß, aus wie vielen Maschen ihre Strümpfe bestehen.« Wir lachten alle aus voller Kehle, denn der Aberwitz des geschilderten Umstands war so offenbar wie nichts an diesem Abend. Mit Ironie und Zynismus frotzelten wir uns über den Alltag des hypertrophierten Sicherheitsdenkens hinweg. Alle waren sich über den Unsinn einig – aber alle spielten dennoch brav ihre Rollen, die man uns zugewiesen hatte. Anpassung und Opportunismus bestimmten das Handeln aller meiner Kollegen.

Die beiden an meinem Tisch kamen aus tatsächlichen Rüstungsbetrieben. Der eine, das glaubte ich herausgehört zu haben, war bei einer Firma beschäftigt, die Teile für die Panzerproduktion fertigte. Der andere hatte etwas mit der Flugzeugherstellung zu tun. Es galt jedoch das ungeschriebene Gesetz, nicht nach Details zu fragen. Wer es dennoch tat, machte sich verdächtig. Also gab sich jeder mit den Andeutungen zufrieden, die im Gespräch preisgegeben wurden.

Nach dem ausgiebigen Abendessen versammelten sich alle wie auf Verabredung im Foyer. Was machen wir mit dem angebrochenen Abend, fragte man sich, und zur Beantwortung der Frage warfen sich alle in ihre Mäntel und brachen auf, das »Nachtleben« von Bad L. zu erkunden. Ich winkte desinteressiert ab. Ich sei müde, schließlich hätte ich die weiteste Anreise gehabt, und würde um Verständnis bitten, wenn ich dem Ruf zur Fahne nicht Folge leistete. – Ich wußte zur Genüge, wie solche Kneipentouren endeten und hatte keine Lust, irgendwo zu versumpfen und am nächsten Tag mit dickem Kopf im Seminar zu hocken.

So ging ich denn, wie ich mir vorgenommen hatte, in den Lesesalon, stopfte mir meine Pfeife und griff zur Tagespresse. Ich weiß nicht, wie lange ich bereits gelesen hatte, als plötzlich die Baronin im Zimmer stand. Oh, sagte ich überrascht, doch sie reagierte auf meine Verwunderung nicht und fragte gänzlich unbeeindruckt: »Störe ich?«

»Ganz und gar nicht«, erklärte ich stotternd. Denn zu meiner eigenen Verwunderung übte die Dame mit dem unbestimmten Alter, was ganz gewiß über dem meinen lag, einen eigenartigen Reiz aus. Ihr Aussehen und ihr Auftritt nahmen mich für sie ein. Zwar erfüllte sie auch nicht alle meine Kriterien – ich hatte es mir zur Angewohnheit werden lassen, bei Frauen zuerst auf den Mund zu schauen. Je schmaler die Lippen waren, desto zickiger war die Trägerin in aller Regel. Volle, wohlgeformte Lippen hingegen besaßen etwas Sinnliches, was mich faszinierte. Die Lippen der Baronin waren nicht sonderlich üppig, nach meinen Maßstäben eher uninteressant. Doch alles andere an ihr ließ diesen Makel in den Hintergrund treten.

Nun wußte ich zur Genüge von meinen Freunden in Ostberlin, daß man als Aufklärer oder Spion – je nach Lesart – möglichst unauffällig leben und in der Lage sein sollte, unerkannt in seine Umgebung einzutauchen. Das hieß auch, nicht anfällig gegenüber Alkohol und Frauen zu sein. In dieser Hinsicht sündigte ich fortgesetzt, und auch hier drohte wieder ein Sündenfall, denn als ich auf die Frage der Baronin, ob ich etwas zu trinken haben möchte, antwortete: ein Bier, kehrte sie wenig später mit einem Tablett wieder, auf dem mein Bier und ein Glas, aber auch eine Flasche Cognac, eine Cola und ein weiteres Glas standen. Während ich mein Bier trank, füllte sich Frau von B. ihr Glas bis zur Hälfte mit Cognac, dann mit der braunen Brause. Zum Wohl, sagte sie, und hielt ihr Glas in meine Richtung. – Ich glaubte bereits zu wissen, wie der Abend verlaufen würde.

Nach einigem belanglosen Zeug und dem zweiten Glas, das ihre Zunge erkennbar lockerte, begann sie mir ihre Lebensgeschichte zu erzählen. Keine Frage, der Dame fehlte der Partner, mit dem sie sich gelegentlich austauschen konnte. Nun war ich unverschuldet in die Rolle des Seelentrösters geraten.

Sie stammte aus aristokratischen Kreisen, war Jahrgang 1921, kam mit elf in ein Internat in der Schweiz, der Vater diente als Rittmeister bei der Reichswehr und stieg nach der Machtübernahme durch die Nazis bald ins Oberkommando der Wehrmacht auf. Mit ihren exzellenten Englisch- und Spanisch-Kenntnissen, ferner beherrschte sie Schreibmaschine und Stenographie, vermittelte sie ihr Vater nach ihrer Rückkehr nach Berlin 1938 an die Geheime Staatspolizei als Übersetzerin und Stenotypisten. Mit diesem Vormund bekam die 18jährige Aufgaben höchster Geheimhaltung übertragen. Sie bat ihren Vater, der mittlerweile im Reichssicherheitshauptamt saß, er möge ihre Versetzung veranlassen. So kam sie nach Danzig, wo sie sich bei Admiral Wilhelm Canaris zu melden hatte. Den Chef der Abwehr im OKW bekam die feierlich vereidigte Geheimnisträgerin zwar selten zu sehen, wohl aber General Reinhard Gehlen, den Vorgesetzten ihres Mannes. Der war Hauptmann bei dem Nachrichtendienst Fremde Heere Ost, den Gehlen leitete.

Die Schwiegereltern lebten im ostpreußischen Marienwerder. Bei der Flucht vor den Russen Ende 1944 verlor sie ihr Kind. In Berlin fand sie die Mutter, dann kam ihr Mann, der sich inzwischen in Bayern niedergelassen hatte und holte sie nach München. Später wechselten sie nach Pullach. Seit 1948 arbeitete er bei Gehlen. Er gehörte dessen Beraterstab an und war später Koordinator für die Spionageabwehr im Balkanbereich, als der Nachrichtendienst Gehlen zum BND geworden war. Im August 1972 kam ihr Mann auf mysteriöse Weise in Österreich ums Leben. Der BND sprach von einem Selbstmord. Die österreichischen Ermittlungsbehörden, die sie eigenmächtig konsultierte, erklärten ihr, ihr Mann sei durch einen Kopfschuß durch ein Fenster getötet worden. Eine Waffe habe man nicht gefunden.

Der Dienst zahlte ihr eine Abfindung von einer Viertelmillion und bot ihr diese Stelle als Heimleiterin an. Von dem Geld kaufte sie sich eine Eigentumswohnung, den Rest spendete sie dem Roten Kreuz in der stillen, aber wohl unbegründeten Hoffnung, der Suchdienst würde ihre auf dem Treck verloren gegangene Tochter doch noch ausfindig machen. So lebte sie nun dahin, eine sympathische Frau, die seit ihrem 18. Jahr in den Fängen verschiedener Geheimdienste war. Unbefriedigt, unglücklich, ein verpfuschtes Leben im Grunde, ohne Perspektive und Aussicht auf tatsächliche Freiheit. – Ich war nahe daran, ihr mein Mitgefühl zu erklären.

Ihre Zunge wurde immer schwerer, die Rede immer anzüglicher. »Alle Zimmer sind verwanzt, bis auf wenige Ausnahmen. Wenn Sie sich eine Frau mit in Ihr Bett nehmen, sollten Sie das wissen.«

Ich hatte so etwas bereits vermutet, aber es war eigentlich ohne Belang. »Na wenn schon«, antwortete ich, »gestöhnt wird überall gleich«.

Die Baronin kicherte. Man wolle weniger die moralische und sonstigte Standfestigkeit von Seminarteilnehmern feststellen, sondern deren Verschwiegenheit testen. Es sei wohl eher Regel denn Ausnahme, daß man sich zu lockerer Runde vor der Hausbar in einem Raum träfe. Und dabei würde natürlich über die eigene Arbeit gesprochen. »Sie verstehen?«

Natürlich hatte ich verstanden. Der Appell zum Schnauzehalten war ja nicht zu überhören.

»Ich gehe aber richtig in der Annahme, wenn ich vermute, daß Ihr Zimmer nicht abgehört wird?«

»Ich heiße Irene«, sagte die Baronin, und stieß ihr volles Glas gegen mein leeres.

Am nächsten Morgen versammelten wir uns im Schulungsraum. Die Mehrheit hatte offenkundig die ganze Nacht durchgezecht, entsprechend zerfurcht waren die Gesichter. Der Seminarleiter, ein Herr mit graumeliertem Haar und der Haltung eines Oberstudienrates, gab jedem einzelnen die Hand. Als ich mich ihm mit der Bemerkung vorstellte, daß mir sein Wunsch, mit mir ein Gespräch zu führen, bereits gestern zugetragen worden sei, lächelte er maliziös. Er würde vorschlagen, dies im Anschluß des Seminars zu tun, meinte er, und griff bereits zur nächsten Hand, die sich ihm bot.

Das Seminar bot mir wenig Neues, den anderen offenkundig doch. Sie schrieben eifrig mit, was Herrn Dr. H. zu der Bemerkung veranlaßte, daß sie diese Aufzeichnungen vertraulich, mithin als Verschlußsache behandeln sollten.

Zunächst verbreitete er sich allgemein über die Aufgaben der Sicherheitsbeauftragten in den Rüstungsbetrieben, die praktisch den verlängerten Arm des Verfassungsschutzes darstellten. Er gebrauchte das Bild einer Sicherheitskette, die quasi um diese Bereiche gelegt werden müsse, und bekanntlich sei eine Kette so fest wie deren schwächstes Glied. Insofern käme es darauf an, alle Glieder stark und fest zu machen wie irgend möglich.

Sodann ging er auf Methoden des Gegners ein, wie dieser versuche, in die sicherheitsrelevanten Bereiche einzudringen, wie diese Leute das Vertrauen von Mitarbeitern erschlichen und Informationen abschöpften. In seiner Argumentation gab es nicht eine Bemerkung in jene Richtung, daß es auch langjährige Mitarbeiter geben könne, die aufgrund bestimmer Erfahrungen aus sich selbst heraus den Schluß gefaßt hätten, nicht mehr mitzuspielen. Die vom Gegner also weder angeworben noch erpreßt werden mußten, um Nachrichten zu liefern. Die Vorstellungen des Herrn Seminarleiters schienen mir doch sehr schematisch zu sein und sich an den gängigen Klischees entlang zu bewegen.

Da schilderte er genüßlich die Romeo-Julia-Variante, wie sich der böse »Romeo« an schwache und einsame Chefsekretärinnen heranmachte, um sie – entweder wissentlich oder unwissentlich – abzuschöpfen. Gerade war in Bonn ein solcher Fall ruchbar geworden, was offenkundig dazu führte, daß er breiten Raum in seinen Ausführungen einnahm.

Sodann kündigte er eine neue Sicherheitsvorschrift des Bundeswirtschaftsministeriums an für die Verwendung und Entsorgung von Schreibmaschinenbändern. In der Vergangenheit wären diese aus Baumwolle oder Kunstfaser und mehrmals benutzbar gewesen. Inzwischen gebrauche man wegen des besseren Schriftbildes welche aus Plastik, die allerdings den Nachteil hätten, daß sie nach einmaliger Benutzung verschlissen seien. Diese dürfe man jedoch nicht wie früher einfach in den Papierkorb werfen, sondern müsse sie in einem Säurebehälter vernichten.

Ich hielt das für ausgemachten Schwachsinn, weil ich mir nicht vorstellen konnte, daß jemand ein solches Band aus dem Papierkorb fischte, um dann damit alle Schriftsätze zu rekonstruieren, die auf der Maschine geschrieben worden waren. Das ließe sich gewiß einfacher bewerkstelligen. Aber so konnte wieder eine Firma gleich zwei Neuerungen in großem Stil verkaufen – ein Schreibband und das Gerät zum Entsorgen. Das war typisch Kapitalismus: Man schuf das Bedürfnis nach etwas Neuem, was eigentlich nicht gebraucht wurde (es taten auch die alten Farbbänder), und koppelte daran gleich ein zweites Bedürfnis, das man nicht zu befriedigen hätte, wenn man nicht in die erste Falle getappt wäre. Unablässig wurden Innovationen auf den Markt geworfen und wieder aus dem Verkehr gezogen, weil sie in eine technische Sackgasse geführt hatten oder die künstliche Nachfrage nicht nachhaltig genug aufrecht erhalten werden konnte. Das war der Fluch dieser Gesellschaft: Ständig mußte den Konsumenten, um sie zum Konsumieren anzuhalten, suggeriert werden, alles sei neu, anders, besser. Am deutlichsten war dieser Unfug in der Waschmittelwerbung abzulesen, aus sauber wurde rein und weißer als weiß. Mal gab es Pulver, mal Flüssiges, mal Megaperls, mal Ökosäckchen, mal Riesenpakete, dann Konzentrate in kleinen Tüten, mal Mehrkomponenten für 30-60-90 Grad, dann Einkomponentenreiniger für eine Waschstufe, dann mal mehr, dann wieder weniger biologisch abbaubare Tenside (von denen außer Chemie-Ingenieuren keiner wußte, was sie eigentlich bedeuteten), mal ging es gegen den Gilb, dann mal pro Farbe usw, usf. Alle fielen auf diesen Unfug rein und machten den Zirkus mit. Wir liefen alle wie der Hamster im Laufrad nach dem wirkungsvollsten Waschmittel der Gegenwart und der Zukunft, waren ständig in Bewegung, aber traten die ganze Zeit auf der Stelle wie die gesamte Gesellschaft. Die täuschte nur Bewegung vor, im Kern aber war sie erstarrt und verkrustet, eigentlich schon tot. Alles war geregelt und beschlossen, nichts blieb dem Zufall überlassen, jeder Impuls wurde umgehend aufgenommen und kanalisiert, damit er keine Unruhe hereinbrachte. Die einzig kreative Herausforderung schien der real existierende Sozialismus trotz aller Unzulänglichkeiten darzustellen, er provozierte den einzig nennenswerten Reflex auf unserer Seite: politisch, sozial, militärisch.

Dieser Verdacht wurde indirekt auch von Dr. H. bestätigt, der mich nach dem Seminar in den Lesesalon bat. In dem sehr ausführlichen Gespräch ließ H. keinen Zweifel daran, daß er bestens über mich informiert war. Er erklärte, daß der bislang vom Landesamt stiefmütterlich behandelte Raum Friesland und Wilhelmshaven in letzter Zeit aufgrund politischer und wirtschaftlicher Entwicklung zu einem Brennpunkt in Niedersachsen geworden sei, und Dank meiner engagierten Mitarbeit habe dies nicht zu Problemen geführt. Er lobte ein ums andere Mal die mir nachgesagte Vermittlerrolle zwischen den Diensten. Meine guten Kontakte namentlich zum MAD hätten dazu geführt, daß die traditionellen Rivalitäten ein wenig abgebaut werden konnten.

Wie ich wisse, erwarte man in Wilhelmshaven in den nächsten Monaten die eine oder andere Wirtschaftsdelegation aus dem Osten. Die DDR-Leute erfüllten offenkundig die Rolle eines Moderators, im Kern gehe es um die Auslagerung von Teilen der Produktion der Olympia-Werke nach Jugoslawien. »Ein Billiglohn-Land«, sagte Dr. H. abschätzig. Dem Verfassungsschutz sei das letztlich egal. Unser Interesse, so dozierte er weiter, richte sich auf die Personen, die am Zustandekommen und der Abwicklung dieses Geschäftes beteiligt sind. »Wir müssen wissen, wer da seine Finger mit im Spiel hat«, erklärte er.

Er hatte natürlich auch schon davon gehört, daß ich bereit sei, einige Mikrofone zu installieren. Das werde nicht reichen, meinte er. Aus diesem Grunde habe er für mich am morgigen Sonntag eine Privatausbildung organisiert.

»Mit anderen Worten: Wenn die anderen Freizeit haben, darf ich die Schulbank drücken?« Auf der einen Seite fand ich das ziemlich unverschämt, andererseits interessierte es mich durchaus, welche »Spezialausbildung« mir zugedacht worden war. Doch auch hier meldete sich wieder meine Skepsis: Tat man dies, weil man sich meiner hundertprozentig sicher war – oder baute man mir eine Falle, um wieder einmal zu testen, wie verläßlich ich wirklich war. Gewiß, ich hatte bisher nicht den geringsten Anlaß zum Verdacht gehabt, man wisse, daß ich doppeltes Spiel spielte. Doch war nicht allein dieses Gefühl, man könne sich in absoluter Sicherheit wiegen, der erste Schritt zur Leichtsinnigkeit?

Im Anschluß an das Gespräch sahen wir uns gemeinsam einen Lehrfilm an, der – wie Demonstrationen dieser Art überall auf der Welt so sind – mit der Wirklichkeit soviel gemein hatte wie Barbie und die Figur der amerikanischen Durchschnittsfrau. Der Streifen dokumentierte die Tätigkeit von Sicherheitsbeauftragten in Rüstungsbetrieben, also unsere Arbeit, und bewegte sich damit mal im Bereich der Realsatire, mal auf dem Felde von James Bond. Wieder und wieder brach Gelächter aus, mal rief einer wütend: So ein Quatsch! Die heftigsten Unmutsbekundungen löste eine Sequenz aus, als ein vermeintlicher Sicherheitsbeauftragte außerhalb des Betriebes Mitarbeiter observierte. So weit kommt es noch, knurrte mein Nachbar laut und vernehmlich, ein anderer machte eine anzügliche, vulgäre Bemerkung etwa in dem Sinne: Die haben wohl den Arsch offen, so etwas von uns zu verlangen.

Ich untersagte mir jeglichen Kommentar, weil ich von Irene wußte, daß auch dieser Raum abgehört wurde. Unten im Keller drehten sich die Tonbandspulen und zeichneten jedes Wort auf, das hier im Schutze der Dunkelheit ausgestoßen wurde. Ich schluckte meinen Unmut herunter und biß mir auf die Lippe.

Am Abend fuhr ich per Taxi mit Irene nach Herzberg. Sie kannte dort ein kleines, gemütliches Weinlokal, von dem sie mit Bestimmtheit wußte, daß es nicht abgehört wurde und keine »Kollegen« aufkreuzen würden. Wir sprachen über dies und das, auch über den zurückliegenden Tag – allerdings nicht über den Wortlaut meines Gespräches mit dem Seminarleiter. Denn wer sagte mir denn, daß Irene hundertprozentig ehrlich zu mir war? Wir kannten uns keine 24 Stunden. Allerdings informierte ich sie über meinen morgigen Privatunterricht. Die Baronin machte eine abschätzige Handbewegung. Das sei der »Einbrecherkönig«, wie er in ihren Kreisen genannt würde. Von dem hätten schon Aberdutzende gelehrt bekommen, wie Schlösser geknackt werden. Allerdings stimme sie das sehr bedenklich, wenn man solches mit mir vorhabe. Dann stünde ich wohl am Beginn einer Geheimdienstlaufbahn, von der sie dringend abrate. »Wenn du einmal bei denen so tief drinsteckst, kommst du nicht mehr raus. Sieh mich doch an! Deine Überlegung, nach dem Ausscheiden bei IBM eine zivile Laufbahn als Buchbinder oder dergleichen zu beginnen, kannst du dir aus den Kopf schlagen. Einmal Dienst, immer Dienst... Du siehst doch, wie es mir geht.«

Im Laufe des Abends erzählte mir Irene auch noch, welche auswärtigen »Gäste« sie bereits unter ihrem Dach beherbergt habe. Unlängst habe sie drei Familien aus Irland als Dolmetscherin betreut. Die Männer von der grünen Insel stammten aus der Terroristenszene, hatten sich aber als Kronzeugen der Anklage zur Verfügung gestellt und erhielten nun, vermutlich durch den Bundesnachrichtendienst, eine neue Identität. Daß die allgemeine Entrüstung über Terroristen nur für die Öffentlichkeit bestimmt war, der Dienst intern mit ihnen offenkundig keine Probleme hatte, offenbarten auch andere Besucher. So wären hier vierzehn Kurden ausgebildet worden, die offenbar für eine Tätigkeit als V-Leute in Deutschland vorgesehen waren. Irene hatte mitbekommen, daß sie alle ihre Verwandten und Bekannten in der Bundesrepublik aufzulisten hatten und nach erfolgter Präparation in verschiedenen Orten plaziert wurden. Wenig später kamen Türken hierher, mit denen man ähnlich verfuhr. Damit es nicht publik wurde, wurden sie gehalten, nur Deutsch miteinander zu sprechen.

Das Haus, dem Irene vorstand, schien ein sehr stark frequentiertes zu sein. Prominente Presseleute schauten vorbei, Politiker von der Landes- und Bundesebene, und es war immer schwer auszumachen, ob sie als Lehrende oder als Lernende die Gastfreundschaft von BND oder Verfassungsschutz in dieser angenehmen Umgebung genossen. Irene zeigte sich sichtlich unangenehm berührt von dem Umstand, wohin die Dienste reichten, welche Kreise sie durchdrungen hatten und mit welcher Selbstverständlichkeit miteinander verkehrt wurde. Zweifellos gehörten die Dienste zum Mobiliar dieser Republik, sie waren nichts Fremdes oder gar Feindliches, obgleich sie sich doch mehrheitlich benahmen, als operierten sie in Feindesland und nicht auf dem Boden des Grundgesetzes. Und man müßte sich darüber nicht sonderlich ereifern, wenn nicht Jahre später – nach dem Untergang der DDR – jene Ostdeutschen öffentlich verurteilt und diskreditiert wurden, die mit ihrem Dienst ebenso »normal« umgingen wie die Bundesbürger mit den ihren. Es war die Stunde der Pharisäer, der Heuchler und politischen Falschmünzer, von denen es in der westdeutschen Republik schon immer viel zu viele gab.

Am nächsten Morgen, eine Stunde vor dem Frühstück, fand ich mich im Speisesalon ein. Ich wurde bereits von Dr. H. und dem Spezialisten erwartet. Es war ein Mann Mitte Vierzig, nicht unsympathisch. Der Seminarleiter stellte uns vor. Wir tranken zusammen Kaffee, plauderten über belangloses Zeug, während das Personal die Nachbartische für das Frühstück herrichtete. Anschließend verabschiedete sich Dr. H. von uns und ging hinaus in einen dienstfreien Sonntag, während ich mit dem »Einbrecherkönig« in den Keller stieg. Unten sperrte er die Tür zu einem Raum auf, der auf den ersten Blick wie eine Hobbywerkstatt ausschaute. Doch bei näherer Betrachtung waren hier keine Freizeitbastler untergekommen, sondern Profis. Die Hobbywerkstatt war ein Fachkabinett.

»Halten wir uns nicht lange bei der Vorrede auf«, sagte mein Lehrmeister. »Ich soll Ihnen beibringen, wie Schlösser zu öffnen sind, und zwar so unauffällig, daß man anschließend nicht merkt, daß sie geöffnet worden sind. Wozu Sie im einzelnen diese Fingerfertigkeit benötigen, weiß ich nicht, will ich auch nicht wissen.«

Ich lachte ein wenig gequält. »Damit ich nach meinem Ausscheiden bei IBM eine zweite Laufbahn als Tresorknacker beginnen kann. Irgendwo muß man ja schließlich bleiben...«

Unbeeindruckt entrollte der Spezialist ein Wandbild und setzte seine Rede fort. »In den meisten Fällen werden Sie es mit Zylinderschlössern zu tun haben, den sogenannten Sicherheitsschlössern. Auf der Tafel sehen Sie diverse Modelle nebst Querschnitten und anderen technischen Details. Das wird Sie vermutlich verwirren, weil die Varianten und Zahlenkombinationen in die Millionen gehen. Das ist aber unerheblich. Wichtig ist das Prinzip, auf dem alle beruhen.«

Er warf ein Lederetui auf den Tisch und öffnete es lässig. In den Schlaufen steckte eine große Zahl unterschiedlich geformter Metallstäbchen, flache und kantige, dreieckige und ganz platte, Nadeln und Spieße. »Das ist Ihr Besteck.«

Sodann sperrte er einen Schrank an der Wand auf. Die Innenseiten der Türen wie auch die Rückseite waren übersät mit diversen Schlössern. Ich staunte nicht schlecht. Der Experte trat an das Schaubild und erläuterte die Zeichnung. »Die Sperren funktionieren mit kleinen Federchen. Der Schlüssel mit seinen Zähnen drückt sie entsprechend beiseite. Sind die Kerben und Zacken, die sogenannten Bartprofile, nicht hundertprozentig identisch mit der Schloßpräparation, bewegt sich nichts.«

Das verstand ich, soweit war ich in meinem laienhaften Schloßverständnis bereits gekommen.

»Mit Ihrem Werkzeug nun« – er langte nach einer Nadel im Etui und führte sie in eine Schlüsselöffnung ein – »ertasten Sie zunächst das Federbett. Sie müssen jede einzelne Feder erkennen und zählen, damit sie keine vergessen. Wenn Sie das haben, schieben Sie diesen flachen Stift nach. Dann drehen Sie ganz vorsichtig nach links – die meisten Schlösser arbeiten nach dem Linksprinzip. Sollten Sie jedoch Widerstand spüren, drehen Sie nach rechts.« Er demonstrierte mir das an einem Schloß. Dann griff er nach einem Stück Kreide und markierte mehrere Schlösser mit einem Kreuz. »So, und an diesen werden Sie üben. Bitte.«

Ich tat, wie mir geheißen. Vorsichtig führte ich die Teile nacheinander ein, drehte nach links – die Verriegelung sprang auf. Das wiederholte ich viermal ohne jegliche Komplikation.

»Sie scheinen ein Naturtalent zu sein«, meinte der Spezi mit sichtbarer Befriedigung. Er habe selten jemanden zur Ausbildung, der das auf Anhieb packe.

»Nun kommen wir zu den BKS-Schlössern. Die Schlüssel unterscheiden sich von den anderen durch eine zweite Gleitschiene, das heißt auf jeder Seite des Schlüsselblattes gibt es eine. Zudem sind die Schlüssel numeriert. Ersatz kann Ihnen nur der Hersteller liefern, kein Schlüsselmacher könnte sie nachschleifen. Aber auch dafür genügt Ihr Besteck.«

Über die simplen Schlösser, die man schon mit einem Dietrich öffnen könne, wollten wir nicht reden. Nur ein wenig über Konspiration und Psychologie. Beim Aufsperren müsse man unbedingt darauf achten, wie oft der Schlüssel beim Abschließen gedreht worden ist. Die meisten Menschen seien Pedanten und würden sich genau erinnern, daß sie zweimal oder einmal den Schlüssel herumgedreht haben. Wenn man nun nicht Gefahr laufen wolle, sich zu verraten, müsse man beim Zusperren das Schloß genauso oft bewegen. Wenn man allerdings durch eine Tür zu einer konspirativen Wohnung ginge – er blinzelte mir wissend zu –, müsse man zunächst die Tür genauestens untersuchen. Meist würde vom Wohnungsbesitzer eine »Sicherung« eingebaut werden – etwa ein Haar, das mit Speichel unsichtbar zwischen Rahmen und Tür befestigt ist. So würde er nach seiner Rückkehr sofort bemerken, ob jemand während seiner Abwesenheit in der Wohnung gewesen war. Eine andere beliebte Methode der Kontrolle, ob sich jemand etwa im Hotelzimmer am Gepäck zu schaffen gemacht habe, sei die Benutzung von Luftkoffern mit Reißverschluß. Die würden zwar abgeschlossen sein (was kein Hindernis wäre), aber eine bestimmte Anzahl von Zähnen blieb offen. Darauf würde selten ein Eindringling achten, aber der Kofferbesitzer hätte einen untrüglichen Beweis, daß jemand an seiner Wäsche war – um etwas zu stehlen oder, was häufiger der Fall sei, um etwas hineinzulancieren, etwa die sogenannten Kompromate. Bei einer polizeilichen Durchsuchung oder bei der Grenzkontrolle gebe es mitunter ein böses Erwachen.

Er langte in seine Tasche. »Hier gebe ich Ihnen ein zweites Besteck. Das ist für Sonderfälle. Es ist ein Schlüssel ohne Bart – und das sind die diversen Aufstecker mit flexiblen Stahlblättchen, die sich dem Profil des Schlüsselloches anpassen. Dennoch müssen Sie dabei auch mit der Nadel arbeiten. So, auch das wollen wir ein wenig üben.«

Aus der angekündigten einstündigen Ausbildung wurde der ganze Vormittag. Ich räume ein, daß ich alles sehr spannend und interessant fand und der festen Überzeugung war, daß ich diese Fingerfertigkeiten eines Tages benötigen würde.

Als wir aus dem Keller hinaufstiegen, erwartete mich Irene bereits im Lesesalon. Sie hatte mein Mittagessen abgesagt und lud mich in ihre Wohnung ein, wo sie für mich gekocht hatte. Bereits auf dem Weg dorthin zeigte ich ihr mein »Besteck«. Sie machte ein nachdenkliches, wissendes Gesicht.

»Hat der dir auch den Umgang mit Sprengstoff gezeigt?«

Ich schüttelte überrascht den Kopf. »Macht der auch das?«

Irene meinte, sie sei sich nicht sicher, ob er oder ob das jemand vom BGS besorgte habe. Jedenfalls seien die beiden Jungs, die unlängst ein Loch in die Gefängnismauer zu Celle gesprengt hätten, zwei Tage hier Gast gewesen. Sie hatte davon erst Wind bekommen, als die Provinzposse vom »Celler Loch« durch die Medien der Republik ging. Um V-Leute in der Terroristenszene einzuschleusen, hatte man die Legende eines Gefängnisausbruchs inszeniert, was aber völlig in die Hose gegangen war.

Nach dem Essen schlug sie mir vor, sie zum Kaffeetrinken nach Osterode zu begleiten. Sie sei vor geraumer Zeit von einer ehemaligen BND-Kollegin, die unlängst in Pension gegangen sei, dazu eingeladen worden. Sie möchte meinetwegen nicht absagen. Natürlich begleitete ich sie. Es wurde ein angenehmer Nachmittag. Die Tochter der Gastgeberin und deren Ehemann waren ebenfalls zugegen. Der Mann war, wie sich bald herausstellte, Hauptmann an der Grenze und für einen Abschnitt verantwortlich. Das interessierte mich brennend. Und da er meine Herkunft wußte, hatte er keine Probleme damit, mit mir über dienstliche Belange zu parlieren. An seinem Grenzabschnitt herrsche im wesentlichen Ruhe, sagte er. Mal versuchten welche von der DDR-Seite die Grenzanlagen zu überwinden, mal welche von unserer Seite. Das wären zuweilen reuige Rückkehrer, die vom Westen enttäuscht seien und nicht wüßten, daß man auch legal, an den entsprechenden Übergangsstellen, die Grenze passieren könnte. Mitunter wären es aber auch Kriminelle oder Geheimdienstler, die den Durchbruch versuchten.

»Und, wird dann auch geschossen?«

»Na klar«, sagte der Hauptmann. »Wer illegal das Land verläßt, verstößt gegen geltendes Recht. Also wird der Flüchtling angesprochen: ›Halt, stehenbleiben oder ich schieße!‹ Läuft er weiter, eröffnet der Grenzschützer das Feuer.«

»Mit anderen Worten: Auf dieser Seite wird es genauso gehandhabt wie auf der anderen Seite.«

»Im Prinzip schon«, räumte der Hauptmann ein. Es gebe allerdings einen fundamentalen Unterschied: Hierzulande dürfe sich jeder Staatsbürger frei bewegen und, sofern er nichts am Stecken hat oder Geheimnisträger sei, auch das Land verlassen. Das dürften die drüben nicht. »Vergessen Sie nicht: Die Minenfelder und Selbstschußanlagen sind nicht auf unserer Seite.«

Allerdings war der Hauptmann Realist genug einzuräumen, daß der Drang nach Westen bei den DDR-Deutschen inzwischen übermächtig sei. Wenn man ständig das Bild einer bunten Warenwelt im Fernsehen vor Augen habe, rutsche der Verstand zunehmend in den Bauch. Er sei sich ziemlich sicher, daß die Mehrheit der Ostdeutschen, wenn man sie denn reisen ließe, über kurz oder lang in ihre DDR zurückkehren würde. »Ich habe Ihnen schon gesagt: Die häufigsten Grenzübertritte von unserer Seite passieren von Leuten, die mit dem Leben in der Bundesrepublik nicht klarkommen und in ihre angestammte Heimat zurückkehren wollen.«

Am Montagvormittag gab es noch ein Seminar mit Dr. H. über Politik und den Rechtsstaat. Die Veranstaltung diente der moralisch-ideologischen Aufrüstung, würden meine Freunde in Ostberlin sagen. Ich hörte mir schweigend die Ausführungen des Vortragenden an, offen gestanden interessierten mich die Gemeinplätze und Phrasen wenig. H. zeichnete nicht die gesellschaftliche Realität, sondern wie sie sein sollte. In dieser Hinsicht unterschied er sich kaum von den Propagandisten auf der anderen Seite. Man war nicht fähig und willens, den Unterschied zwischen Anspruch und Wirklichkeit klar zu benennen. Bei den Propagandisten in der DDR hatte ich noch Verständnis. Die mußten den Menschen nach dem Krieg eine rosige Zukunft versprechen, damit sie die Ärmel hochkrempelten und Optimismus entwickelten, um aus den Trümmern aufzustehen. Dadurch hatten sie ein Ziel vor den Augen, dem sie zustrebten: die lichte Zukunft des Kommunismus. Ulbrichts Programm hieß: So wie wir heute arbeiten, werden wir morgen leben! Das ging eine Zeitlang gut. Als 1971 Honecker ans Ruder kam, drehte er die Losung um – in der Hoffnung, daß das massenhafte materielle Wohlbefinden sich in sozialistisches Bewußtsein niederschlagen würde. Das stellte sich zunehmend als Milchmädchenrechnung heraus. Und um sie nicht offenbar werden zu lassen, färbte man den grauen Alltag schön. Man unterließ es, die notwendige propagandistische Perspektive an die Realität anzupassen. Der Volksmund reagierte mit Witz darauf, wie ich in Ostberlin vernahm: Ein Mann geht zum Abschnittsbevollmächtigten (ABV) und sagt, er wolle ausreisen. Der Polizist ist entrüstet ob dieses Ansinnens: Mann, Genosse, Du gehörtest immer zu den Standfesten in der Straße, was hat Dich geritten? Ja, sagte der Mann, er bleibe dabei – er wolle ausreisen. Schließlich fragte der ABV gänzlich konsterniert: Wohin denn, Genosse? Darauf die erhellende Antwort: In die DDR! Was, in die DDR, sagt der Polizist erleichert. Da bist Du doch schon! – Nee, ich will in die DDR, über die das ›Neue Deutschland‹ täglich schreibt...

Ich empfand es jedoch als zynisch, wenn bei uns vom Rechtsstaat gesprochen wurde und dieser zugleich fortwährend unterwandert wurde, indem man seine Gesetze brach. Man bildete mich aus, damit ich einbrach. Man lehrte mich den Gebrauch von Einbruchswerkzeugen, wie man Mikrofone installierte und unbescholtene Bürger überwachte, ich hatte dafür zu sorgen, daß ungestört eine militärische Überlegenheit hergestellt werden konnte, die – möglicherweise – den Keim eines Krieges in sich trug. Und Krieg bedeutete im Zeitalter atomarer, biologischer und chemischer Massenvernichtungswaffen millionenfachen Mord. Und das im Namen der Demokratie, der freiheitlich-demokratischen Grundordnung?

In den 90er Jahren, nach dem Ende des Realsozialismus, haben die Spezialisten des Ostens offenbart, daß nach allen ihnen damals vorliegenden Erkenntnissen der Westen keinen atomaren Erstschlag auf den Warschauer Pakt als strategische Option verfolgt habe. Das will ich gern glauben – der Osten hatte solches auch nie vor gehabt (auch wenn man heute und damals Gegenteiliges behauptet). Aber: Nicht nur Militärs wissen, daß der Angriff die beste Verteidigung ist. Und darum wurde in den Sandkästen der Hauptquartiere aller Militärbündnisse diese Variante stets durchgespielt. Zudem hatte die Hochrüstung inzwischen eine solche Dynamik erlangt, daß menschliches Wollen und technischer Automatismus zunehmend auseinanderfielen. Angesichts der in der Bundesrepublik und in der DDR stationierten Mittelstreckenraketen entschied nicht der Präsident oder der Kreml-Chef über den Einsatz dieser Atomraketen, sondern wegen minimalster »Vorwarnzeiten« ein Computer. Was passierte, wenn das »Frühwarnsystem« der einen Seite den Aufstieg eines Gänseschwarms auf der anderen als Abschuß einer Rakete ausmachte und den Mördermechanismus in Gang setzte?

Dr. H. reduzierte den Begriff Rechtsstaatlichkeit auf das Bürgerliche Gesetzbuch, was bei etlichen Anwesenden auf Widerspruch stieß. Das BGB sei 1900 in Kraft getreten, sagte jemand, viele der noch gültigen Gesetze – etwa das Staatsbürgerschaftsrecht – stammten noch aus der Kaiserzeit. Unter diesen Umständen könne man wohl kaum von einer modernen Demokratie sprechen.

Da habe er zweifellos recht, antwortete Dr. H., aber der ganz elementare Fortschritt gegenüber dem Kaiserreich oder etwa einer Diktatur bestünde doch in der demokratischen Gewaltenteilung. Rechtsstaatlichkeit sichere jedem einzelnen Rechte und Freiheiten zu, die auch juristisch einklagbar seien. Das überhaupt sei die Basis jeder gesellschaftlichen Ordnung, Demokratie ergebe sich dann zwangsläufig schon von allein.

Hinter mir hörte ich es höhnisch kichern. »Wenn ich die Zeitung aufschlage, dann sehe ich, wie gleich wir alle sind.«

Er räume ein, so unser Referent, daß zwischen der von einzelnen tatsächlich erlebten Wirklichkeit und dem Anspruch vielleicht da und dort nicht vollständig Kongruenz herrschte, aber im großen und ganzen...

»...leben wir in der glücklichsten aller Welten«, vollendete Erika den Satz. Sie empfing dafür einen bitterbösen Blick von Dr. H. Der schien wirklich zu glauben, was er uns sagte.

Im Verlaufe des Seminars machte sie noch etliche solcher spitzen Bemerkungen, daß ich aufstand, mir ihre Kaffeetasse nahm, diese an dem Automaten an der Stirnseite füllte und bei meiner Rückkehr ihr ins Ohr flüsterte: »Um Gottes Willen, halten Sie den Mund. Sie reden sich um Kopf und Kragen.« Die Kollegin aus der Textilbranche zuckte zusammen, hielt sich aber daran. Nach dem Seminar zog ich sie in den Leseraum. Sie müsse schon entschuldigen, wenn ich vorhin etwas unwirrsch war, doch ich gehe davon aus, daß sie nicht ihren Job verlieren wolle. Natürlich wollte sie das nicht.

»Jeder Seminarteilnehmer bekommt am Ende eine Beurteilung, die in die Personalakte eingeht«, erklärte ich. »Wenn man Ihnen darin bescheinigt, Sie haben kein richtiges Verhältnis zum Grundgesetz und zur freiheitlich-demokratischen Grundordnung, sind Sie die längste Zeit Sicherheitsbeauftragte gewesen.«

Am Nachmittag wurden wir alle zum Tanztee an einen Stausee gefahren. Auch das Hauspersonal begleitete uns. Es war ein vergnüglicher Ausklang für die Wochenendschulung. Erika fragte mich, ob ich sie morgen bei der Heimfahrt mitnehmen könne, sie müsse bis Braunschweig, und das liege am Wege. Ich sagte zu.

Auch die letzte Nacht verbrachte ich bei Irene. Unsere Verbindung bestand bis 1990, als sie ihrem Leben ein Ende setzte. Mit der Dienstwaffe ihres ermordeten Mannes schoß sie sich eine Kugel in den Kopf, nachdem die Ärzte unheilbaren Leberkrebs bei ihr diagnostiziert hatten. Ich hatte sie zum letzten Male im November 1989 gesehen, nach dem Fall der Mauer. Zwei Monate später schrieb sie mir, daß sie bereits tot sei, wenn ich ihren Brief lesen würde. Ich fuhr sofort nach Osterode zu Frau R., ihrer Vertrauten. Diese hatte wunschgemäß die Verbrennung veranlaßt und hielt sich auch an den Auftrag, niemandem – auch mir nicht – den Ort mitzuteilen, wo ihre Asche verstreut worden sei. Ich fand keinen Ort, an dem ich trauern konnte. Sie hatte alle Spuren hinter sich ausgelöscht und dem Roten Kreuz ihre ganze Habe vermacht. Wiederholt hatte ich Irene aufgefordert, ihre umfangreichen Erlebnisse und Einsichten zu Papier zu bringen, doch sie hatte immer mit dem Hinweis abwinkt, die Bibel sei schon zweitausend Jahre alt und habe kaum zur Veränderung des menschlichen Charakters beigetragen. Weshalb solle sie auf ihre alten Tage noch missionieren?

Der Verlust von Irene bedeutete für mich eine Zäsur, mit ihr verlor ich einen lieben Menschen, der mehr von mir wußte als die meisten. Sie wußte nicht alles, aber sie war mir Vertraute.

13. Kapitel

Erika war eine richtige Plaudertasche. Am Nachmittag am Stausee hatte ich wiederholt mit ihr getanzt und dabei in Erfahrung gebracht, daß ihre Firma Taucheranzüge für Kampfschwimmer der Bundesmarine fertigte, die sich von herkömmlichen auch dadurch unterschieden, daß sie ein integriertes Unterwasserkommunikationssystems besaßen.

So konnten sich die Taucher untereinander verständigen. Ein elektronischer Verzerrer sorgte dafür, daß Fremde – etwa in einem U-Boot – den Dialog zwar mithören, aber nicht entschlüsseln konnten. Der Code wurde in den sogenannten Headdies einprogrammiert und in rascher Folge gewechselt, so daß das System schwer zu knacken war.

Ich log Erika vor, daß ich ein leidenschaftlicher Taucher und sehr an diesem Kommunikationssystem interessiert sei. Das Subsprechgerät, was meine Freunde und ich benutzten, sei inzwischen Schrott.

Erika winkte ab, da käme sie nicht heran. Ihre Firma würde die Teile auch nicht selbst produzieren, bekäme sie nur zur Montage geliefert.

Ich kam erst wieder im Auto am Dienstagmorgen darauf zu sprechen. Je näher wir Braunschweig kamen, desto eindeutiger wurden die Offerten von Erika. Schließlich lud ich sie noch zum Essen ein; ihr Angebot jedoch, den Kaffee bei ihr zu Hause zu nehmen, lehnte ich mit Hinweis auf die vorgerückte Stunde ab. Wir könnten ja die Telefonnummern austauschen. Sie wolle sich um ein solches Sprechgerät bemühen und es mir leihweise überlassen; wenn ich handwerklich geschickt sei, könne ich es ja nachbauen, meinte sie. Nein, sagte ich, dazu benötigte ich auch die Schaltpläne. Erika meinte, die lägen versiegelt im Tresor und würden nur höchst selten von den Ingenieuren abgeholt werden.

»Was ist das für ein Siegel – Papiersiegel wie beim Notar oder eines aus rotem Siegellack?«

»Ich glaube roter Siegellack.«

»Und der Umschlag? Welches Format, welche Farbe?«

»Das gängige Format, A 4 ist das wohl. Und klassisch braun.«

»Dann ist es kein Problem. Wenn du die Pläne hast, rufe mich an, mein Herz. Ich kopiere die Unterlagen am Abend bei dir mit der Kamera – am nächsten Morgen kannst du sie wieder zurücklegen...«

»Und wir hängen noch ein gemeinsames Wochenende dran«, meinte Erika. »Ich besorge außerhalb Braunschweigs ein Hotelzimmer.«

Ich pfiff durch die Zähne. »Und weshalb nicht bei dir zu Hause?« Offen gestanden: Mir war das nur recht. Die Nachbarn mußten nicht merken, wer bei ihr im Wortsinne verkehrte. Es war nie gut, wenn man unfreiwillige Zeugen bekam. Das waren vermutlich auch die Gründe, weshalb Erika einen solchen Vorschlag machte. Ihr persönlicher Leumund schien ihr wichtig zu sein.

In einem Bastlerladen besorgte ich mir flüssiges Metall, das an der Luft erkaltete, eine Stange roten Siegellack und mehrere unterschiedliche A4-Umschläge. Ich wußte ja nicht, was ich für einen vorfand. Auf die gleiche Weise hatte ich den Mobilisierungsplan (MOP) von IBM kopiert, der zweifach versiegelt im Panzerschrank lag und nur im Falle der Mobilmachung zu öffnen war. Zweimal im Jahr wurde das Papier aktualisiert. Es enthielt Namen und Adressen sowie Telefonnummern aller Mitarbeiter sowie der Aufgaben bzw. der Umgang mit ihnen im Kriegs- und Katastrophenfalle. Mit dem Flüssigmetall nahm ich vom Siegel auf dem Umschlag eine Matrize. Dann brach ich das Siegel, zog die Listen heraus, kopierte sie und versiegelte mit der Metallmatrize und dem Siegellack einen neuen Umschlag. Das sah derart perfekt aus und niemand merkte, daß es sich nicht um den originalen Siegelabdruck handelte. Ich hatte keinen Zweifel, daß mir bei Erika ebenfalls ein solches Kunststück gelingen würde.

Zurück in Wilhelmhaven meldete ich mich zunächst in der Firma, dann in der Residentur des Verfassungsschutzes. Dort wurde mir mitgeteilt, daß noch in dieser Woche die Abhöranlagen in der SPD-Geschäftsstelle und im Gewerkschaftshaus installiert werden müßten, und schlug für die Aktion die Nacht von Donnerstag auf Freitag vor. »Max« vermerkte auf meiner Lageskizze die Stellen, wo er die Mikrofone mit Minisender plaziert haben wollte. Sodann trainierte ich mit meinem Einbruchbesteck an diversen Schlössern in der Residentur. Der Dienststellenleiter war sichtlich entzückt, wie ich eins-zwei-drei jede Tür ohne Schlüssel öffnete. Erst als ich beiläufig meinte, diese Technik beherrschten auch andere, begann das große Grübeln.

Am Donnerstagabend fuhr ein Ford Kombi in die Einfahrt der Residentur, so daß »Max« und ich unbemerkt einsteigen konnten. Im Auto saßen zwei Unbekannte. Sie zeigten mir die Technik, die ich installieren sollte, die Anlage, mit der die Impulse in die Residentur übertragen werden sollten, und schließlich probierten wir sie gemeinsam aus. Im Haus saß »Inge« und kontrollierte, ob das Tonband ansprang. Alles funktionierte. »Inge« schien plötzlich vom Jagdfieber gepackt zu sein und bat, mich begleiten zu dürfen. Ich war strikt dagegen, doch ihr Mann sah das anders. Das wäre gar nicht so schlecht, meinte »Max«, dann könne sie noch etwas lernen. »Du bist der Boss«, grummelte ich und fügte mich in mein Schicksal.

Gegen 23 Uhr fuhren wir zur Geschäftsstelle der SPD. »Inge« und ich stiegen aus, versenkten die Taschenlampen in den Manteltaschen und schlenderten untergehakt zum Eingang des Bürohauses. Die Parteiräume befanden sich im Obergeschoß eines Verbindungsteils zwischen zwei Gebäuden, nichts Besonderes. (Später wurden hier auch Büros von SPD-Landtagsabgeordneten eingerichtet.) Man blickte von dort auf die Bismarckstraße, eine Ausfallstraße, auf der man die Stadt schnellstmöglich verließ. Das Türschloß, das merkte ich bald, stellte kein technisches Problem dar. Das Problem waren die Passanten. »Inge« hatte die Situation sofort erfaßt und suchte meine Lippen. Sie knutschte, was das Zeug hielt, während ich über ihre Schulter schaute und mit meinem Werkzeug im Schlüsselloch fummelte. Als die Tür aufsprang und wir in den Flur eingetreten waren, flüsterte sie triumphierend: »Na, war doch gut, daß ich mitgekommen bin? So hielt uns jeder für ein Liebespaar.«

»Schon«, sagte ich ein wenig verärgert, »aber so echt mußte es nun wirklich nicht sein.«

Sie leuchtete auf meine zitternden Hände, als ich mich am nächsten Schloß zu schaffen machte.

»Dir hat es aber, wie es scheint, auch Spaß gemacht.«

»Hör endlich auf mit der Anmacherei – vielleicht sind die Mikros schon aktiviert und dein Mann hört im Auto alles mit.« Nachdem auch diese Tür offen war, griff ich zu meinem Walkie-Talkie und meldete Vollzug. »Schätze, in zehn Minuten ist alles erledigt. Ende.«

Auf dem Rückweg bekam ich gesagt, daß man über das eine Mikrofon eine Standuhr ticken höre. »Klar, Jungs, das ist der Beweis, daß das Ding auch wirklich funktioniert!«

An der Eingangstür mußte »Inge« unbedingt wieder das Liebespaar geben, obgleich weit und breit niemand zu sehen war. »Komm, laß das«, seufzte ich. »Sonst komme ich noch auf den Geschmack. Und was soll ich dann deinem Mann sagen?«

»Inge« kicherte, ich solle nicht den Moralapostel spielen. Sie drohe mir ja auch nicht mit meiner Frau. So flaxten wir auf dem Rückweg zum Auto, wo man uns schon sehnsüchtig erwartete.

»Und nun paßt mal auf«, sagte der eine und wählte eine Nummer. Wir hörten im Kopfhörer ein Telefon klingen. »Toll, was?« Er habe zur Kontrolle in dem einen Büro angerufen, um das Mikro auszuprobieren. »Saubere Arbeit« meinte er und schlug mir anerkennend auf die Schulter. »War's aufregend?«

Nicht so sehr, meinte ich, der Bruch sei einfach gewesen. Nur die Rolle als knutschender Liebhaber in einer Haustür beherrsche ich noch nicht sehr gut. – Die Männerrunde feixte.

»Los, auf in die Kieler Straße. Bringen wir den zweiten Bruch hinter uns.«

Der Ford hielt auf dem Parkplatz der AOK in der Paul-Hug-Straße. Der Fahrer war sich nicht sicher, ob dieser Ort günstig sei für den Empfang der Signale. Er wollte nicht ausschließen, daß er sich im Einsatz vielleicht einen anderen Platz würde suchen müssen. Das war für mich jedoch ohne Belang.

Mit »Inge« machte ich mich auf den Weg zum Gewerkschaftshaus. Sie hatte häufiger Gelegenheit als mir recht war, Liebespaar zu spielen und fiel mir unablässig um den Hals. Sie bemerkte auch als erste den Wachmann, der den Block umkreiste. Das Herz schlug mir bis zum Halse, doch »Inge« war kalt wie ein Eisblock. Ich wurde den Verdacht nicht los, daß solche Aktionen für sie nichts Seltenes waren. Mit zitternden Händen öffnete ich die Eingangstür des Bürohauses aus den frühen 70er Jahren. Diesmal sollten wir in drei Räumen je zwei Mikrofone verstecken, was ich auch zügig tat. Wie schon im SPD-Büro installierte ich die Wanzen hinter den Scheuerleisten und in den Steckdosen. Dabei sprach ich mit »Inge«. Über Walkie-Talkie kam die Quittung. »Ihr seid exzellent zu verstehen. Weiter so!«

Der Rückzug war noch einmal eine Zitterpartie, weil unablässig Passanten vorbeigingen und ich kaum dazu kam, die Eingangstür zu versperren. »Inge« lief zu großer Form auf. Dann aber war auch das erledigt, und wir konnten zurück zum Auto schlendern.

Gemeinsam fuhren wir in die Residentur, wo wir noch einiges tranken und den Erfolg der Aktion feierten. Für den Rest der Nacht – es waren keine zwei Stunden – packte ich mich auf die Couch im Wohnzimmer. Im Unterschied zu den anderen hatte ich einen richtigen Job und mußte mich folglich am Freitagmorgen zum Dienst einfinden. »Inge« weckte mich, machte mir einen starken Kaffee und brachte mich zur Tür. »Tschüß, mein Schatz«, flötete sie, und ich fürchtete, daß sie das auch so meinte.

Am nächsten Tag fuhr ich, wie verabredet, nach Ostberlin. Ich berichtete über das Wochenendseminar und den Lauschangriff und kündigte Unterlagen der Unterwasserkommunikationsanlagen an. Die Genossen waren hoch erfreut. Bereits in den nächsten Tagen sollte eine DDR-Delegation nach Wilhelmshaven reisen, um Möglichkeiten wirtschaftlicher und politischer Zusammenarbeit auszuloten, wie das hieß. Beide Seiten bemühten sich offiziell im Geiste von Helsinki um Entspannung, und beide Seiten wußten, daß alles nur oberflächlich und fürs Schaufenster passierte. In der Delegation könnten ruhig Genossen der Firma dabeisein, sagte ich meinem Führungsoffizier, die würde man nicht antasten. Der Verfassungsschutz glaube, es würden vornehmlich Anbahnungsgespräche mit Westdeutschen geführt werden – an diesen Kontakten sei man interessiert, um die eventuell Geworbenen für eigene Zwecke »umdrehen« zu können.

In der kommenden Woche war ich täglich für mindestens eine Stunde in der Residentur und hörte mir die Mitschnitte an. Es handelte sich um die üblichen Büro-Gespräche: Personal- und Kommunalpolitik, Telefonate von da und dort, Dialoge und Konferenzen usw. Es war auffällig, mit welcher Unbefangenheit die Leute im Gewerkschaftshaus und bei der SPD miteinander sprachen – was Wunder, ihnen war ja nicht bekannt, daß der Verfassungsschutz seine Ohren im Raum hatte. Häufigstes Thema war die beabsichtigte Schließung der Olympia-Werke, wo im Prinzip die Würfel längst gefallen waren. Nach außen aber, so las ich es in der Zeitung, kämpften die lokalen Gewerkschafts- und SPD-Spitzen tapfer für den Erhalt der Arbeitsplatze.

Am Dienstag traf die DDR-Abordnung in Wilhelmshaven ein. Offenkundig hatte man den Unterhändlern in Ostberlin übermittelt, daß die Räume bei der SPD und dem DGB verwanzt waren, denn sie schlugen ihren Gesprächspartnern vor, im Hotel die Treffen abzuhalten. Man begründete den Vorschlag damit, daß man die Gegenseite nicht kompromittieren wolle. Schließlich könne es die antikommunistische Öffentlichkeit in den falschen Hals bekommen, wenn man in SPD-Büros miteinander konferiere. Man folgte diesem Vorschlag – und ich wurde vom Verfassungsschutz beauftragt, die in Aussicht genommenen Konferenzräume ebenfalls mit Mikrofonen zu bestücken. Ich meldete mich bei der Geschäftsleitung des Hotels als Abgesandter einer Versicherung, die eine Vertreterversammlung abzuhalten gedachte, besichtigte die dafür geeigneten Räume und plazierte dabei meine Wanzen. Nun hoffte ich, daß die DDRler nicht so blöd sein würden, um anzunehmen, sie befänden sich in einer abhörfreien Zone und würden nunmehr dummes Zeug erzählen. Wie sich aber herausstellte, hatte man echte Profis geschickt.

In dieser Woche meldete sich auch Erika aus Braunschweig. Sie würde am Freitag den bewußten Umschlag haben und hätte bereits prophylaktisch ein Doppelzimmer in einem kleinen hübschen Landgasthof gemietet. Ich würde doch kommen?

Natürlich würde ich das, erklärte ich, obgleich die Wünsche der einzelnen Dienste mich mehr und mehr in Beschlag nahmen. Tag und Nacht, Woche für Woche forderten sie meinen Einsatz. Ich drohte meine Selbstkontrolle zu verlieren, die Fesseln zogen sich immer enger und fester. Es blieb kein privater Freiraum. Selbst wenn ich mit Erika ins Bett stieg, war das Arbeit. Langsam bekam ich eine Ahnung, was Irene gemeint haben konnte, als sie von der vollständigen Okkupation des Individuums durch den Dienst sprach. Und das man dies nur dadurch verdrängen konnte, indem man sich einredete, die Fremdbestimmung sei eigentlich Selbstbestimmung – man habe sich bewußt und mit Vorsatz so zu handeln entschieden.

An der Rezeption des Landhotels im Weserbergland legte ich meinen falschen Paß vor und trug mich als »Herr Gärtner und Frau« in den Unterlagen ein. Erika war so taktvoll, erst im Zimmer danach zu fragen, wieso ich plötzlich Gärtner heiße. Als Sicherheitsbeauftragter bei IBM hätte ich eine zweite Identität, erklärte ich ihr, doch Erika hakte verwundert nach, weshalb dann nicht auch sie einen zweiten Paß besäße? Nun, sagte ich gelassen, im Unterschied zu ihr würde ich ständig mit geheimen Dokumenten durchs Land reisen, zwischen Dienststellen und Ministerien in Bonn und Hannover pendeln, da wäre es nicht opportun, sich überall mit Klarnamen auszuweisen. Und deshalb besäße ich einen Decknamen nebst zugehöriger Personaldokumente. Ach, Häschen, amüsierte ich mich im stillen, wenn du wüßtest, woher ich diesen Paß habe…

Doch meine Andeutung genügte, um ihr zu suggerieren, daß ich ein ganz heißer Hirsch sein mußte und mehr zu bewerkstelligen habe, als ich offiziell vorgab. Womit sie natürlich durchaus recht hatte. Im Prinzip. Mit geheimnisvollem Blick überreichte sie mir den doppelt versiegelten Umschlag, den sie aus ihrem Kosmetikkoffer hervorholte. Aus ihren Augen las ich eine Mischung aus Furcht und Trotz, und um sie zu beruhigen, demonstrierte ich ihr an einem harmlosen Siegel mit Niedersachsenroß, wie ich eine Negativ-Kopie goß und mit dieser dann den auf ein Papier getropften Siegellack prägte. Die Kopie unterschied sich in Nichts vom Original. Erika war entzückt. »So einfach ist das?« sagte sie anerkennend-zweifelnd.

»So einfach ist es – wenn man die Technik kennt«, antwortete ich cool.

»Und wo lernt man das?«

»In unserem Verein«, antwortete ich unbestimmt. Erika würde sich darauf schon ihren Vers machen, der ganz bestimmt der falsche war.

»Mach mal bitte das Fenster auf«, forderte ich sie auf. »Diese Kaltmetallpaste stinkt entsetzlich. Ich werde das Zeug jetzt auf die beiden Siegel auftragen, dann gehen wir essen und ein Glas Wein trinken. Unterdessen härten die Matrizen aus.«

Wir speisten sehr ordentlich, das kleine Gasthaus hatte einen erstaunlich guten Koch. Wir sprachen über dieses und jenes, belangloses Zeug eben, mit dem man die Zeit totschlägt. Erika, die sonst so burschikose, verriet sich dabei als sentimentale Nudel und bestätigte einmal mehr meinen Verdacht, daß Frauen für dieses Gewerbe nur bedingt tauglich seien. Stets wohnten zwei Seelen in ihrer Brust, oder anders gesagt: Sie waren Kopf- und Bauchmenschen, und wenn ihre Emotionen ins Blut schossen, ging der Verstand in Urlaub.

Die Herbergseltern verabschiedeten uns zur Nacht, wir staksten scherzend in unsere Kemenate und spielten das Pärchen, das seinen zweiten oder dritten Frühling erlebte. Mit Neugier hob ich die erste ausgehärtete Matrize vom Siegel, danach die zweite. Ich war stolz auf mich. Saubere Arbeit. Nicht ein Luftbläschen hatte ein Loch hinterlassen, kantig und glatt ragte jede filigrane Versenkung hervor. Erika sagte nur: Phantastisch. Und während sie die Betten aufschüttelte, brach ich die beiden Siegel und holte aus dem Umschlag drei zusammengefaltete Bögen im Format A 2 hervor. Sie enthielten einen Wirrwarr von Linien und Kreisen, offenkundig handelte es sich wirklich um eine höchst komplizierte Technik.

Ich breitete die Bögen auf dem Fußboden aus, holte meine Fototechnik aus dem Koffer und machte von jedem Bogen drei Aufnahmen mit drei verschiedenen Belichtungszeiten. Das dauerte alles nur wenige Minuten. Danach faltete ich die Bögen zusammen, suchte unter den mitgebrachten Umschlägen das Duplikat heraus, steckte sie hinein, ließ flüssiges Siegellack darauf tropfen, nahm meine Matrize und siegelte damit. »Fertig«, rief ich zu Erika hinüber, die sich im Bad für die Nacht präparierte.

Alles andere war dann Routine.

Am Sonntagabend lud ich Erika in Braunschweig ab, fuhr auf dem Rückweg in Oldenburg vorbei, wo ich in dem Toten Briefkasten den Film deponierte, setzte auf der Weiterfahrt per Funk das in Berlin am Wochenende zuvor verabredete Codewort ab und traf am Abend zu Hause bei meiner Frau ein. Jetzt hätte das Wochenende beginnen können. Aber es brach schon wieder eine neue Arbeitswoche an.

14. Kapitel

Man mußte kein Insider sein, um zu wissen, daß IBM Sondersysteme Wilhelmshaven eine temporäre Institution sein würde. Als sich das Projekt dem Ende näherte, bat ich um ein Zwischenzeugnis, was mir unsere Verwaltung in der Bonner Godesberger Allee 117 per 25. Oktober 1979 ausstellte. Das Papier, das – so hoffte ich – meinen künftigen Lebensweg jenseits der Dienste erleichtern würde, hatte folgenden Wortlaut:

»Herr Karl Gebauer steht seit dem 1.1.1974 bei der IBM Sondersysteme GmbH Bonn, Niederlassung Wilhelmshaven, in einem ungekündigten Arbeitsverhältnis. Herr Gebauer wurde als technischer Zeichner und Archivar eingestellt. Nach kurzer Einarbeitungszeit zeigte sich, daß Herr Gebauer im Bereich der Administration besonders universell einsetzbar ist. Herr Gebauer hat die Ausarbeitung diverser Dokumentationen administrativ betreut und auch unter Zeitdruck eine gute Mengenbewältigung gezeigt.

In seiner Eigenschaft als Archivar hat Herr Gebauer die in unserem Hause benötigte EDV-Fachliteratur verwaltet, war für die Ausleihkontrolle und die Beschaffung im Archiv verantwortlich.

Auf eigenen Wunsch übertrugen wir Herrn Gebauer ab Oktober 1978 eine andere Aufgabe. Herr Gebauer wird zur Zeit in unserem Rechenzentrum als Operator eingearbeitet.

Neben seinen eigentlichen Aufgaben war Herr Gebauer in unserem Hause vom November 1975 bis zum Mai 1978 örtlicher Sicherheitsbeauftragter gemäß den Bestimmungen für den Geheimschutz in der Wirtschaft.

Ebenfalls nebenamtlich ist Herr Gebauer seit Februar 1977 bis heute als Sicherheitsbeauftragter für Arbeitsschutz tätig. In dieser Eigenschaft absolvierte Herr Gebauer auch die notwendigen externen Seminare. Herr Gebauer hat stets mit großer Sorgfalt seine Aufgaben erfüllt und gute Ergebnisse erzielt.

Wir stellen dieses Zwischenzeugnis auf Wunsch von Herrn Gebauer aus.«

Es zeichnete sich nämlich ab, daß man mir nach Schließung der Filiale Wilhelmshaven eine Stelle in Böblingen anbieten würde. Die anzunehmen verspürte ich wenig Neigung. Ich war bereits Ende 40 und wollte mich nicht mehr nach Süddeutschland verpflanzen lassen. Ich fühlte mich im Norden zu Hause, fast die Hälfte meines damaligen Lebens hatte ich dort zugebracht.

Im Sommer 1979 war die erste Ausbaustufe des Marineführungssystems erfolgreich abgeschlossen worden. Alle EDV-Programme und Computer waren in der Führungsstelle Glücksburg installiert worden und sollten 1980 bei einem NATO-Manöver erstmals im vollen Umfang eingesetzt werden. Die zweite Ausbaustufe von »Tenne« würde eine andere Firma besorgen. IBM war aus dem Rennen. Nachdem man Milliardenbeträge umgesetzt hatte, war der angebotene Wartungsvertrag um 15 Millionen zu teuer.

Darüber berichtete ich in Ostberlin am 26./27. November 1979 meinem Führungsoffizier »Winkler«. Wir hatten uns mehr als zwei Jahre nicht gesehen. Seit November 1977 traf ich mich in regelmäßigen Abständen mit »Michael« im Bundesgebiet. Er war mir im August 1977 in Ostberlin als Instrukteur und Kurier vorgestellt worden, mit dessen Hilfe ich künftig die Verbindung zur Zentrale hielt. Wir trafen uns gelegentlich zur Übergabe von Unterlagen und Dokumenten im Oldenburger Raum, doch »Michael« wurde eines Tages vom BGS dahingehend erwischt, daß man seine Papiere bei der Einreise kopierte. Damit war er als mein Partner verbrannt. Er nahm dann noch ein paarmal bei Treffen mit »Winkler« in Ostberlin teil, ehe er aus meinem Gesichtskreis verschwand.

»Winkler« war bei unserem Treffen im November 1979 ein wenig verunsichert, weil ich als Sicherheitsbeauftragter abgelöst worden war und er die Ursachen nicht kannte. »Ist man dir auf den Fersen?« fragte er ein ums andere Mal, obgleich weder er noch ich irgendwelche Hinweise darauf hatten.

Ich vermutete, daß der MAD Wilhemshaven für meinen Abschuß verantwortlich zeichnete. Ich hatte mich geweigert, belastende Personalien von IBM-Mitarbeitern an sie weiterzugeben. Die Forderungen wurden im Laufe der Jahre immer unverschämter, worauf ich mich den Jungs zunehmend zu entziehen begann. Daß ich mit meinem Verdacht nicht so falsch lag, bestätigte mir bald Rolf de V., der mich seinerzeit zu IBM geholt hatte. Er leitete inzwischen die IBM-Niederlassung in Glücksburg und wollte mich nach Schließung von Wilhelmshaven zum 31. März 1980 als Sicherheitsbeauftragten in Glücksburg einstellen. Das aber, so V. mir gegenüber, scheiterte am Veto des MAD. Der Militärische Abschirmdienst wolle nicht mehr mit mir zusammenarbeiten, habe es geheißen. Offenkundig saßen die Wunden tief, die ich ihnen zugefügt hatte. Ich räume ein, daß ich nicht ganz frei von Rachegefühlen war, als ich »Winkler« im November 1979 ausführliche Informationen über den MAD Wilhelmshaven lieferte. Ich berichtete über Personalstärke, Unterbringung, charakterisierte die wichtigen Leute, nannte ihre abartigen und sonstigen Neigungen, Schwächen und Stärken. Die Saufgemeinschaft im blauen Zwirn mit den gehobenen Nasen war mir inzwischen derart zuwider, daß ich keinerlei Hemmungen mehr kannte.

Allerdings konnte ich meinen Führungsoffizier beruhigen: Als Vertreter des Sicherheitsbeauftragten hatte ich weiterhin Zugang zu den VS-Räumen und konnte ihn weiterhin mit Material versorgen – zumindest noch so lange, wie die Firma existieren würde; dankbar nahm er Unterlagen über eine neue IBM-Entwicklung entgegen. Es handelte sich um einen stoßgesicherten Kleincomputer zur Geschützstabilisierung in Panzern. Dennoch war uns beiden klar, daß aufgrund der Entwicklung möglicherweise unsere Zusammenarbeit sich dem Ende neigte.

Im Februar 1980 spitzte sich alles dramatisch zu. Alles stand in Wilhelmshaven auf Abriß, die Schredder ratterten Tag und Nacht, um nicht mehr benötigte VS-Unterlagen zu vernichten. In einer vielleicht wahnwitzigen Aktion klaute ich 40 Leitz-Ordner mit EDV-Ausdrucken, die im Rahmen eines Testlaufes zur Überprüfung der systemtechnischen Funktion des Bereiches Fernmeldezentrale des Führungs- und Informationssystems im Marinehauptquartier – so hieß es im Amtsdeutsch – entstanden waren. Ich ließ ferner mitgehen das Telefonverzeichnis des Flottenkommandos mit 20 Blatt sowie diverse Untersuchungs- und Testberichte, alles in allem noch einmal an die hundert Seiten Verschlußsachen. Das alles packte ich in meinen PKW, fuhr nach Hause, mietete wie gewohnt einen Leihwagen und fuhr mit diesem zum Grenzübergang Drewitz. Mir war es nicht gelungen, »Winkler« in Ostberlin zu informieren, also offenbarte ich mich den Grenzern. Die telefonierten – wenig später meldeten sich zwei Mitarbeiter der Hauptabteilung II/2 und übernahmen meine Wagenladung. Ich drehte um und fuhr nach Jever zurück.

Schon wenige Wochen später traf ich meinen Führungsoffizier in Ostberlin. Es war der 29. März 1980; in zwei Tagen endete offiziell mein Arbeitsverhältnis bei IBM. Ich hatte eine ordentliche Abfindung bekommen und mich zum 1. April als arbeitslos gemeldet. Die Kollegen auf dem Arbeitsamt machten mir wenig Hoffnung – mit fast 49 Jahren sei ich zu alt für den Arbeitsmarkt.

»Winkler« konnte ich noch die Benutzungspläne für die Kasernenblöcke 4, 5 und 6 des Sicherheitsbereiches im Flottenkommando Meierwik übergeben. Dort arbeitete »in Friedenszeiten« das Marineführungssystem. Das war es dann auch schon, was ich an Substantiellem nach Ostberlin liefern konnte. Wir sahen uns im Juni und im November wieder, wobei ich am 10. Juni als einziges Geschenk einen Hauptstecker zum Verbindungskabel zwischen Rechner-Anlage und Verschlüsselungsgerät mitbrachte. Ich konnte es bei der Auflösung der IBM-Niederlassung in Wilhelmshaven mitgehen lassen und versprach mir durch die Demontage von Fachleuten, daß sich aus dem Schaltbild Schlüsse ziehen lassen würden auf die codierte Übertragungsform.

Die seinerzeitigen Offerten des Landesamtes für Verfassungsschutzes, mich eventuell hauptamtlich zu übernehmen, erwiesen sich aus subjektiven wie objektiven Gründen als nicht realistisch. Ich hatte in der Tat von diesem Klüngel die Nase voll und sehnte mich durchaus nach meiner Freiheit zurück. Das schloß zwangsläufig auch die Abnabelung von Ostberlin ein. Das Interesse dort an mir bewegte sich natürlich in Abhängigkeit zu meiner Funktion und meinen potentiellen Möglichkeiten. Während meiner Tätigkeit bei

IBM hatte ich Material beschafft, das – so der Generalbundesanwalt in seiner Anklageschrift – den »potentiellen Gegner« in die Lage versetzt habe, die »unersetzbare zentrale Führungseinrichtung«, das Marinehauptquartier in Glücksburg, »in ihrer Gesamtheit ausschalten« zu können. Damit hatte ich meinen persönlichen »Kampfauftrag« erfüllt. Mit Genossen »Winkler« war ich mir darüber einig, daß ich ohne Einbindung in einen der drei westdeutschen Dienste oder in eine adäquate Funktion wie meine frühere als Quelle für die HVA unergiebig sein würde. Wir trafen uns noch dreimal – im Juni 1981, im April 1982 und im März 1983 –, dann trennten wir uns. Das MfS schloß meine Akten am 30. August 1985. Darin befand sich auch der »Kampforden für Verdienste um Volk und Vaterland« in Bronze, der mir von Generalleutnant Günther Kratsch anläßlich meines 50. Geburtstages verliehen worden war. An der Auszeichnungsveranstaltung nahm auch Mielke teil. Unsere zweite, eher zufällige Begegnung fand in den neunziger Jahren in der Krankenstation der Justizvollzugsanstalt Berlin-Moabit statt. Wir waren allein. Mielke musterte mich aus seinem Rollstuhl. »Kennen wir uns?« fragte er und vermittelte den Eindruck, als erinnere er sich vage. Ich schüttelte den Kopf. »Ich weiß, wer Sie sind – Ihr Bild ist ja gelegentlich in der Zeitung oder im Fernsehen. Aber mich werden Sie ganz bestimmt nicht kennen.«

Mielke fixierte mich, man spürte förmlich, wie er sein Hirn marterte, und ich war mir nicht sicher, ob er nur im Nebel stocherte. Doch um mich nicht zusätzlich zu belasten – für mich stand außer Frage, daß jemand mithörte: an zufällige Begegnungen dieser Art mochte ich nicht glauben – erklärte ich mit fester Überzeugung: »Nein, Sie müssen sich täuschen, Herr Mielke. Wir sind uns noch nie begegnet.«

Mielke sagte nur kurz »Aha« und wechselte umgehend das Thema. »Sagen Sie mal, womit schlagen Sie die Zeit in der Zelle tot?«

Ich lese, antwortete ich wahrheitsgemäß.

Er täte dies auch. Augenblicklich habe er Literatur über die deutsche Eiche in Arbeit. »Die deutsche Eiche ist ja ein unerhört interessanter Baum, wissen Sie das? Die reagiert außerordentlich empfindsam auf Veränderungen der Umwelt. Stärker als jeder andere

Baum in Mitteleuropa. Wirklich, damit sollten Sie sich einmal beschäftigen.«

Angesichts dieser Leidenschaft und Inbrunst, mit der der frühere Minister über die deutsche Eiche dozierte, war ich im Zweifel, ob der Greis nun wirklich gaga war, wie die Zeitungen mitunter kolportierten, oder ob er hellwach war und auf vollständige Konspiration umgestiegen war. Ein so unverfängliches Thema wie die deutsche Eiche kompromittierte weder mich noch ihn.

Seit dem Frühjahr 1980 meldete ich mich regelmäßig auf dem Arbeitsamt in Wilhelmshaven und bewarb mich bei etlichen Firmen. Doch überall bekam ich das gleiche zu hören, wobei man sich in den seltensten Fällen um eine Verklausulierung des Ablehnungsgrundes bemühte. Ich war denen zu alt. Im Herbst 1981 bekam ich eine Stelle als Fensterverkäufer vermittelt, die aber hinsichtlich der Bezahlung wie auch der Arbeitsbedingungen unzumutbar war. Dazu war ich nun doch inzwischen ein wenig zu erwachsen, um mir derartiges antun zu lassen. Nach wenigen Wochen haute ich dort in den Sack. Wieder meldete ich mich als Arbeitssuchender. 1983 bekam ich eine Arbeitsbeschaffungsmaßnahme zugewiesen. Die ABM-Stelle im Archiv des Amtsgerichts Wilhelmshaven füllte mich zwar nicht aus, aber es war zumindest eine geregelte Tätigkeit: Ich durfte alte Gerichtsakten vernichten. Dabei bemerkte ich, daß viele Dokumente Gerichtskostenmarken aufwiesen. Das weckte nun meine Neugier. Ich beschäftigte mich intensiv mit diesem Thema und begann die Marken, die ich mit den Akten vernichten sollte, zu sammeln. Dadurch kam eine bemerkenswerte Kollektion zusammen mit Stücken, die älter waren als die ältesten bekannten Briefmarken. Die Sammlung vermachte ich nach Auslaufen meiner befristeten Arbeit dem Gericht.

In jener Zeit vollzog ich auch den endgültigen Bruch mit meiner Frau; 1984 zog ich aus unserer Wohnung im Reiterlandweg in Jever aus und zog zu meiner neuen Bekannten Aline Kühnl im Ostfriesenweg im Ortsteil Rahrdum. Aline hatte ihren Mann verloren, war Witwe und bewohnte ein ordentliches Einfamilienhaus in einer schmucken Neubausiedlung am Rande von Jever. Ich hatte sie in der Behindertengruppe kennengelernt. Mit ihr lebe ich noch heute zusammen. Ihr verdanke ich es, daß ich 1984 von der Flasche wegkam und später die schwere Zeit während meiner Haft durchstand. Meine Ex-Frau Marianne starb 1998, von Else hatte ich mich 1979 getrennt.

Ich war wild entschlossen, mir eine ruhige bürgerliche Existenz aufzubauen. Allerdings fiel das angesichts von Arbeitslosigkeit und gesellschaftlicher Ablehnung ziemlich schwer. Im Juni 1985 erhielt ich erneut eine zweijährige ABM-Stelle, diesmal sogar in Jever. Die Schloßverwaltung brauchte jemanden, der das Archiv und die Bibliothek auf Vordermann brachte, und als gelernter Buchbinder war ich sehr willkommen. Ich bekam im Schloßturm ein sieben Quadratmeter großes Kämmerchen zugewiesen, wo ich beschädigte Bücher restaurieren und binden konnte. Ich fertigte Schilder für Museumsrundgänge, besserte dieses und jenes aus und wuchs in die Rolle eines Faktotums. Das alte Schloß war 1945 kurzzeitig Quartier des britischen Oberkommandos beim Vorrücken gewesen; doch dieser kurze Aufenthalt hatte genügt, um nahezu das gesamte historische Mobiliar verschwinden zu lassen. Später wurde mühsam die museale Einrichtung zusammengesucht und zusammengekauft, und ich hatte nun quasi als Hausmeister für die tausend kleinen Dinge Sorge zu tragen. Gegenüber der Lokalzeitung äußerte ich am 21. Februar 1987 scherzhaft: »Um das gesamte Archiv aufzuarbeiten, bräuchte ich bis zur Rente«. Da ich damals 55 war – mithin also noch zehn Jahre. Diese Erklärung gab ich auch wegen der Erwartung ab, daß ich nach dem Auslaufen der ABM-Stelle einen festen Arbeitsplatz bekäme.

Der öffentliche Hilferuf wurde verstanden. Ich wurde übernommen und konnte als Buchbinder und Restaurator in meinem Turm weiter wirken.

Das Jahr 1989 war für mich ein schwarzes in jeder Hinsicht. Ich stürzte bei Malerarbeiten im Schloß von der Leiter und erlitt am Fuß komplizierte Brüche, die operiert werden mußten. Die Schädigung war so stark, daß ich nicht mehr weiter beschäftigt werden konnte. Der Arbeitgeber kündigte mich. In den folgenden Jahren bekam ich bis zu meiner Verhaftung monatlich etwa anderthalbtausend Mark Krankengeld.

Schwarz war das Jahr auch insofern, als die DDR zusammenbrach. Nun war die zweite deutsche Republik nicht unbedingt meine zweite Heimat; wäre ich ihr so zugeneigt gewesen, wie es vielleicht mancher vermutet, hätte ich dort schon vor Jahren um Obdach nachsuchen können, und ich bin mir sicher: Man hätte es mir auch gewährt. Denn im Unterschied zu den hiesigen Geheimdiensten, das hatte ich wiederholt beobachten können, besaß man dort so etwas wie eine soziale Verantwortung. Für den Westen traf ohne Zweifel zu: Man liebte den Verrat, nicht aber den Verräter. Überläufer quetschte man aus, dann ließ man sie fallen wie eine leere Zitronenschale – Ausnahmen bestätigten lediglich die Regel. Im Osten ging man mit verbrannten Kundschaftern, ausgebrannten Geheimdienstlern, Szeneaussteigern und »Heimkehrern« anders um. Sie wurden geehrt und öffentlich gefeiert, bekamen einen Lehr- oder Forschungsauftrag oder – sofern sie es wollten – tauchten mit einer neuen Identität in der Anonymität unter.

Nein, das alles wollte ich nicht. Ich wollte dort bleiben, wo ich die meiste Zeit meines Lebens zugebracht hatte und meinen Erdenkreis in aller Ruhe beschließen. Nun aber brach 1989 die DDR zusammen; der Fall der Mauer, das wußte ich, war der Anfang vom Ende. Das war, als habe man aus einer Badewanne den Stöpsel gezogen. Ich weiß nicht, ob ich fürchtete, man könne mich jetzt entdecken. Die Genossen aus Ostberlin hatten mir signalisiert, die Hauptverwaltung Aufklärung wäre dabei, alle ihre Unterlagen zu vernichten. Doch als ich am 15. Januar 1990 im Fernsehen vom Sturm auf die Normannenstraße hörte, befielen mich Zweifel. Der Bürgerprotest vor der MfS-Zentrale in Berlin schien in gewisser Weise verständlich – ich wünschte mir ähnliche Aufläufe vor den Hauptquartieren von BND, Verfassungsschutz und MAD –, doch ich war nicht so naiv zu glauben, daß sich dort ausschließlich unbescholtene und aufgebrachtete DDR-Bürger eingefunden hätten, die ihre Akten zu sehen wünschten. Als die Tore aufgingen und die Scheiben splitterten, da wußte ich, daß auch meine ehemaligen Kolleginnen und Kollegen von dieser Seite mit von der Partie waren, und worauf diese es abgesehen hatten. Lief nun auch meine Uhr, oder waren wirklich alle Hinweise auf meine Person im Orkus verschwunden?

In der Garage des Hauses von Aline richtete ich mir eine Werkstatt ein. Ich bemalte Fliesen, goß Figuren und Vasen aus Ton, brannte und verkaufte sie. Dadurch verdiente ich mir ein kleines Zubrot zum Krankengeld. Vor allem aber hatte ich eine Beschäftigung, denn niemals war ich fähig gewesen, untätig herumzusitzen und darauf zu hoffen, daß wieder ein Tag sich dem Ende neigte.

So vergingen die Wochen. Die Zeitungen und Nachrichtensendungen des Fernsehens begleiteten die letzten Monate der DDR. Am 2. Oktober 1990 schossen die Feuerwerksraketen in den Himmel zu Berlin, auf den Stufen des Reichstages sang die politische Führung der westdeutschen Republik das Deutschlandlied. Deutschland war eins und der Kalte Krieg Geschichte. Er hatte mich zum Handeln gezwungen. Der Kalte Krieg zwischen West und Ost hatte mich aus Gründen der Logik und Vernunft zum »Verräter« werden lassen, um Gleichheit der Chancen herzustellen. Nun war der Realsozialismus am Ende, der Realkapitalismus übriggeblieben, kein Gegner mehr in Sicht. Mithin: War auch vergeben und vergessen, was während und im Namen dieses Kalten Krieges auf beiden Seiten geschehen war?

15. Kapitel

Der 14. Mai 1992, ein Donnerstag, versprach ein Tag wie jeder andere zu werden. Der Frühling brach in unserem Garten auf, überall blühte und grünte es. Über Rahrdum spannte sich blauer Himmel, kleine Wolken huschten darunter hinweg. Der rasche Wechsel der Färbungen des Himmels, die stete Änderung der Lichtverhältnisse waren ein Charakteristikum der Landschaft. Das zog Maler nach Ostfriesland, das hinter unserer Ortsgrenze begann und wo, schenkte man dem westdeutschen Volksmund Glauben, angeblich die Blödheit zu Hause war. Generationen wuchsen mit Ostfriesen-Witzen auf.

Ich trank mit Aline in aller Ruhe meinen Morgenkaffee, als es an der Tür klingelte. Ich war mir ziemlich sicher, daß der Besuch mir galt. Eine innere Stimme sagte mir: Jetzt holen sie dich! Ich hatte 1990 noch einmal die HVA-Nummern in Ostberlin angewählt – sie waren noch besetzt. Aber seither hatte ich nichts mehr von dort gehört, was mir verständlich schien: Die hatten genug Probleme mit sich selbst. Doch ihrer Aussage, alle Unterlagen, die mich betrafen, seien vernichtet, mochte ich nicht glauben.

Vor der Tür stand eine Frau in Begleitung zweier Männer.

»Herr Gebauer?«

»Ja.«

»Staatsschutz, Bundeskriminalamt. Gegen Sie liegt ein Haftbefehl wegen Landesverrats vor.« Sie hielt mir ein Papier vor die Nase.

Ich blieb ruhig und gelassen und sagte nur: »Kommen Sie herein. Vielleicht ist noch Kaffee da.«

Alina, die von diesem Teil meiner Vergangenheit nichts wußte, war irritiert. Das habe schon alles seine Richtigkeit, beruhigte ich sie, und bat, mir ein paar Sachen einzupacken. Ich werde wohl einige Tage weg müssen, erklärte ich. Dann stieg ich in einen der beiden PKW, die vor dem Haus standen. Einer am Fahrzeug hielt die Arme verschränkt; ich vermutete, daß er eine kleine MPi verbarg. Alles lief ruhig und gesittet ab, die Beamten verhielten sich korrekt und legten mir auch keine Handschellen an. Vermutlich waren sie davon überzeugt, daß ich nicht zu fliehen beabsichtigte, was ich ihnen auch später nachhaltig demonstrierte. Ich lehnte es auch ab, eine Kaution von 150.000 DM zu hinterlegen, damit ich auf freien Fuß käme (Alina war schon drauf und dran, dafür eine Hypothek aufs Haus zu nehmen), wie ich mich während meiner ärztlichen Behandlung wiederholt mutterseelenallein auf freier Straße befand und in der Justizvollzugsanstalt anfragte, wohin ich denn jetzt gehen und was ich machen sollte. Nein, die wurden mich nicht los, ich wollte einfach nicht abhauen.

Wir fuhren hinüber nach Wilhelmshaven, vorbei an der Kaserne am Ortseingang, wo der MAD seinen Stützpunkt hatte. Wir passierten die unzähligen Backstein-Gebäude, die nach dem Krieg in schneller Folge hingesetzt worden waren. Die Stadt war während des Krieges nahezu vollständig bei Bombenangriffen zerstört worden, jetzt lebten um die 100.000 Menschen hier, doch die Stadt besaß kein Gesicht. Nur wenige ältere Gebäude hatten den Krieg überstanden, so auch das Amtsgebäude nebst Gefängnis in der Gerichtsstraße. Dorthin brachte man mich. Das Gefängnis, in dem ich die nächsten Monate zubringen sollte, war klein und überschaubar; wenn es hochkam, hatte es zwanzig Zellen. Der Bau aus dem vorigen Jahrhundert hieß »Familienknast«, weil früher die Frau des Gefängnisdirektors für die Häftlinge kochte, und auch jetzt hatte er noch immer etwas Irdisches: Außer den Gitterstäben an den Fenstern gab es kaum martialische Insignien: keine Schutzzäune, keine Scheinwerfer oder gar Wachtürme. Einige neuralgische Punkte hatte man mit Stachdrahtschleifen gesichert – das war es aber auch schon.

Im rechten Winkel setzte das Gerichtsgebäude an, wo ich einst eine ABM-Stelle hatte und Gerichtsmarken sammelte. Nun erwartete mich dort der Haftrichter. Ich verlangte nach einem Anwalt, der mir auch zur Seite gestellt wurde, doch wie sich zeigte, war er ein

Arbeitsrechtler, der sich mit dieser Materie überhaupt nicht auskannte. Sein Sozius, ein Herr Karl-Heinz B. machte sich erbötig, diesen Part zu übernehmen, und ich nahm dieses Angebot dankbar an, zumal es sich um einen ehemaligen Marine-Offizier handelte. Das sollte sich bald als ein schwerer Fehler erweisen. Davon abgesehen, daß er sich nicht sonderlich engagierte und ich ihn auf bestimmte Paragraphen und Zusammenhänge hinweisen mußte, arbeitete er nach meinem Empfinden auch gegen seinen Mandanten. Mir wurde zugetragen, daß er mit MAD-Mitarbeitern in der Kantine gesessen haben sollte, und es fiel mir auf, daß er vergleichsweise ruhig und gelassen blieb, als mir die Patrone mit dem Zettel »Keine Namen!« in die Zelle geschickt wurde und ich ihn darüber informierte. Aus all diesen Gründen kündigte ich ihm, doch das Gericht lehnte dies ab mit dem Argument, der Anwalt habe sich inzwischen intensiv in die Materie eingearbeitet. Wenn ich einen anderen Anwalt nehmen würde, könne der Prozeß nicht planmäßig stattfinden, und da man ohnehin schon im Verzug sei, könne man jetzt nicht anders handeln. (Mittlerweile wurde B. die Zulassung im Oberlandgerichtsbezirk Oldenburg entzogen; wie man aber hört, soll er jedoch irgendwo in den neuen Bundesländern sein Unwesen treiben.)

Aus den Vernehmungen in Wilhelmshaven und später auch in Köln-Meckenheim wurde für mich erkennbar, daß man keinerlei Beweise hatte. Man wußte lediglich, daß ich eine Zeitlang für die HVA gearbeitet und denen Material geliefert hatte – aber man hatte keinerlei konkrete Beweise. Staatsanwalt und Gutachter »vermuteten«, daß ich Ostberlin die von ihnen aufgelisteten Unterlagen übermittelt hatte, doch sie konnten es nicht belegen. Das war für mich auch Anlaß, später in Revision zu gehen – wie kann ein Urteil gesprochen werden, ohne daß Beweismittel vorliegen? Mein Antrag wurde, natürlich, abgewiesen.

In den Vernehmungen wurde mir klar, daß ich offensichtlich verraten worden war. Das wurde mir später von verschiedener Seite bestätigt. Ein Überläufer, der sich 1990 mit einigen Namen auf der westdeutschen Seite einkaufte, hatte auch mich ans Messer geliefert. Der Vollständigkeit halber soll angemerkt werden: Dieser HVA-Oberst Wiegand kam, wie ich hörte, auf mysteriöse Weise bei einem Autounfall auf der iberischen Halbinsel ums Leben.

Die Nachrichtenagentur dpa meldete am 15. Mai 1992 aus Karlsruhe, daß »der Ermittlungsrichter beim Bundesgerichtshof (BGH) ... Haftbefehle gegen sechs frühere Mitarbeiter des DDR-Ministeriums für Staatssicherheit (MfS) erlassen« habe. »Nach Angaben der Bundesanwaltschaft vom Freitag sollen die Verdächtigen – von denen sich zwei in Untersuchungshaft befinden – für die Hauptabteilung II (Spionageabewehr) des MfS gearbeitet haben. Vier Beschuldigte wurden nach Erlaß der Haftbefehle unter Auflagen auf freien Fuß gesetzt.

Als schwerwiegend wird der Fall eines 60jährigen Handwerkers aus dem Großraum Wilhelmshaven eingestuft. Er soll dem MfS von 1975 bis 1980 etwa 35.000 Blatt Geheimdokumente geliefert haben, zu denen er bei der Firma IBM Sondersysteme dienstlich Zugang hatte. Die Dokumente – laut Bundesanwaltschaft 'Staatsgeheimnis' – betrafen die Entwicklung geheimer Führungssysteme für die Bundeswehr und die Nato.«

Die lokale Presse hatte ihre Schlagzeilen. »War Jeveraner Stasi-Spion?«, »Mit Massen von Papier der Stasi zu Diensten« und »Stasi-Agent verhaftet« waren die Meldungen überschrieben, mit denen man die Ruhe der Provinz störte. Bislang fanden solche »Enthüllungen« irgendwo in der Ferne statt – nunmehr hatte Jever endlich auch einen Agenten. Doch erstaunlich, außer einem anonymen Anruf bei Alina gab es keinerlei unmittelbare Reaktionen. Offenkundig mochten sich die Jeveraner von der allgemeinen Stasi-Hysterie, die seit 1990 in den den westdeutschen Medien gepflegt wurde, nicht anstecken lassen.

Seit dem 2. Januar 1992 waren die Stasi-Archive im Osten offen, dadurch erhielt das Thema neuerlich Nahrung und weitere Eskalation. Am 15. Februar nahm sich der Bundestagsabgeordnete Gerhard Riege das Leben, weil er den Haß nicht mehr ertragen konnte, »der mir im Bundestag entgegenschlägt, aus Mündern und Augen und Haltung von Leuten, die vielleicht nicht einmal ahnen, wie unmoralisch und erbarmungslos das System ist, dem sie sich verschrieben haben. Sie werden den Sieg über uns voll auskosten«, schrieb er in seinem Abschiesbrief. Prof. Dr. Riege, ein international anerkannter Staatsrechtler, war nach der Wende zum Rektor der Universität in Jena gewählt worden. Nun hatte jemand in der

Gauck-Behörde »zufällig« herausgefunden, daß der jetzige PDS-Abgeordnete zwischen 1954 und 1960 Kontakte zum MfS hatte. Obgleich diese Verbindung bedeutungslos war und mithin 32 Jahre zurücklag, hinderte es die »demokratische Öffentlichkeit« nicht, zum großen Halali zu blasen.

Und nun also ich. Doch trotz pikanter, aber falscher Details, die bewußt in der ersten Nachrichtenwelle gestreut wurden (»Er soll für seine Agententätigkeit etwa 60.000 DM erhalten haben«), kam es zu keinem empörten Aufschrei. Meine Schwester Christa aus den Staaten meldete sich besorgt:

»Mit Entsetzen habe ich von Deiner Verhaftung als Spion für den östlichen Geheimdienst erfahren. Die Wiesbadener überschlagen sich mit Briefen und Zeitungsausschnitten über den ›Top-Agenten Gebauer‹. Ich bin bestürzt, vor allem über die lieben Verwandten und ihre gehässigen Bemerkungen. Was mich besonders erstaunt sind unsere Schwägerinnen. Die kannten doch sehr gut die politische Einstellung unserer Brüder; auf einmal tun sie so, als hätten sie von nichts gewußt...

Mit Ausnahme unserer leider zu früh verstorbenen Schwester Mausi hat unser Vater sein politisches Erbe an Euch Jungens weitergegeben. Seine Zuchthaus- und KZ-Erlebnisse waren uns Kindern nicht so bewußt. Seit 1949 bin ich nun schon in Amerika, haben dieses Land kennen und lieben gelernt mit all seinen Stärken und Schwächen. Was mir so unverständlich ist, besonders was Dich betrifft: Gerade mit Hilfe Amerikas wurde ein neues demokratisches Deutschland geschaffen, das sich in der ganzen Welt Achtung verschafft hat – wieso hast Du ausgerechnet für die Kommunisten spioniert? Du mußt doch dazu ein Motiv gehabt haben? Am Tag der Maueröffnung haben wir gejubelt und vor Freude geweint. Über vierzig Jahre wurden die Bolschewisten in Schach gehalten Dank unserer westlichen Überlegenheit. Und nun das. Die Zeitungsberichte über Dich sind so widersprüchlich und sensationell aufgebauscht, daß ich mir keine klare Meinung bilden kann. Bitte kläre mich auf, was wirklich geschehen ist...«

Ich hatte mit großer Freude diesen Brief gelesen, weil Nachrichten, die signalisierten, daß man draußen nicht vergessen war, im Knast immer ans Herz gehen. Aus Berlin erwartete ich nichts – die waren zur Stunde noch zu sehr mit sich selbst beschäftigt. »Winkler« war, so vermutete ich, selber von Verfolgung bedroht. Erst später, als sich viele Ehemalige in Vereinen zusammenfanden und in ihren Mitteilungen auf uns Inhaftierte hinwiesen, kamen Briefe und Karten aus der ganzen Bundesrepublik, aus Chile, Kuba, Holland. Es schrieben einfache Leute, die ich nicht kannte, und auch Prominente, Menschen aus allen Teilen des Landes, insbesondere aus Ostdeutschland. Sie drückten mir symbolisch die Hand, ermutigten mich und erklärten in einfachen, aber wärmenden Worten ihre Solidarität. Da schrieben die Pastorin und der Lehrer, ehemalige Staatsbeamte und NVA-Offiziere, die Rentnerin und der abgewickelte Wissenschaftler, aktive Politiker und unbescholtene, unpolitische Zeitgenossen. Natürlich meldeten sich nunmehr auch politische Gruppierungen, und je linker sie im politischen Spektrum standen, desto kämpferischer und vereinnahmender zeigten sie sich. Sie waren und sind mir alle gleichermaßen lieb und teuer, doch wie ich damals nicht für eine Partei gearbeitet hatte, so ließ ich mich auch jetzt nicht okkupieren und zur Ikone einer bestimmten politischen Strömung machen.

In diesem Sinne antwortete ich auch Christa. »Es gibt kein schöneres Erbe als das, was uns Vater hinterlassen hat, sich für die soziale Achtung und Würde seiner Mitmenschen einzusetzten... Während wir hier im Westen mit Hilfe des Marshall-Plans Staubzucker in den Hintern geblasen bekamen, haben unsere Landsleute im Osten mit ihrer Hände Arbeit ohne Rubelsegen die Schuldenlast des Krieges teuer bezahlen müssen. Verfalle nicht dem Irrglauben, daß die westlichen Alliierten uns aus purer Nächstenliebe wieder wirtschaftlich auf die Beine stellten; das lag im politischen Kalkül. Systematisch wurde dem Wohlstandsbürger beigebracht, wo der künftige Feind zu finden ist...

Aus Deinen besorgten Zeilen geht die typische Frage des unbedarften Bürgers hervor, was einen Menschen bewege, zum ›Verräter‹ zu werden? ... Wir nannten uns Kundschafter für den Frieden und waren darauf bedacht, daß die NATO-Seite kein Übergewicht bekam, welches sie verführt hätte, einen Krieg anzuzetteln. Das Gleichgewicht der Kräfte hielt immerhin 40 Jahre, und daran haben Leute wie ich ihren Anteil. Der ›kleine Unterschied‹ besteht darin, daß in der öffentlichen Wahrnehmung die westlichen Spione die guten Spione waren, während die, die für den Osten arbeiteten, die bösen Spione sind.«

Christa reagierte auf diese Erklärung sehr verständnisvoll und berichtete, daß sie mit ihrem Sohn – meinem Patenkind – darüber gesprochen habe. Charles werde sich noch selber bei mir melden, auch wenn Politik nicht seine Stärke wäre und sein Deutsch im argen läge. Das empfand ich nun wieder gar nicht. Mein Neffe schrieb unter anderem: »Wenn das, was Du getan hast, nicht der persönlichen Bereicherung diente, sondern aus Überzeugung getan wurde, dann kann Dich das nur ehren... Letzte Woche war ich in unserer Bibliothek und habe mich über das Spionagewesen kundig gemacht. Ich fand mein bisheriges oberflächliches Wissen über den amerikanischen Geheimdienst bestätigt, daß er kein besonderes Ruhmesblatt in unserer Geschichte darstellt. Aber welcher Staat kann das schon von seinem Geheimdienst behaupten?«

Die Wochen gingen mit Vernehmungen dahin, inzwischen lernte ich nach Köln meine dritte JVA kennen – die zweite in Wilhelmshaven. Sie lag am Ölhafendamm, war jüngeren Datums und ein wenig größer als der Knast in der Gerichtsstraße. Der ockerfarbene Block hatte vielleicht fünfzig bis siebzig Zellen und sah von außen vergleichsweise unaufdringlich aus – wie alles in der Stadt. Vor meinem Fenster führte die Straße zum Ölhafen und zu dem Objekt der Bundesmarine; keine hundert Meter weiter lag der »Bayrische Hof«, wo ich mich gern mit den Leuten von MAD, Verfassungsschutz, BND und MfS getroffen hatte – wegen der guten Küche und der angenehmen Atmosphäre.

Gesundheitlich war ich ziemlich angeschlagen. Ich laborierte immer noch mit meinem Fuß (das tue ich bis auf den heutigen Tag und benutze deshalb einen Stock), 1990/91 war ich am Herzen operiert worden und hatte Bypässe gelegt bekommen. Und Knast ist nun mal kein Sanatorium, folglich verbesserte sich seit Mai 1992 mein Wohlbefinden nicht. Die Durchblutung der Beine wurde immer schlechter, es drohte die Beinamputation, wenn nicht ein Bypass gelegt werden würde. Eine Operation im Haftkrankenhaus lehnte ich aber ab, da selbst einem U-Häftling wie mir freie Arztwahl zustand. Das Berliner Kammergericht, an dem der Prozeß gegen mich stattfinden sollte, nachdem das zuständige in Celle wegen angeblicher Überlastung das Verfahren abgegeben hatte, wies mein Ansinnen zurück. Es bestünde Fluchtgefahr, hieß es. Das Argument war unsinnig; ich erklärte, daß ich nach einem solchen Eingriff bestenfalls auf Händen davonlaufen könnte, wozu ich mich allerdings zu alt fühle. Das Kammergericht bestand aber auf seiner Auffassung, ich solle entweder im Hospital der JVA Lingen oder aber unter Polizeibewachung in einem Krankenhaus meiner Wahl operiert werden. Das lehnte ich ab und trat am 9. Juli 1993 in den Hungerstreik. Mein Demokratieverständnis bäumte sich gegen diese Haltung auf. Bis zum Zeitpunkt meiner rechtskräftigen Verurteilung hatte auch für mich die Unschuldsvermutung zu gelten. Ich saß seit über einem Jahr bereits in U-Haft und wurde in meinen elementaren Bürgerrechten eingeschränkt wie ein Verurteilter.

Nachdem ich fünf Tage die Nahrungsaufnahme verweigert hatte, fühlte ich mich hundsmiserabel. Man überführte mich in die JVA Lingen und hängte mich an den Tropf. Die Lokalpresse, für jede Nachricht im tristen Alltag dankbar, nahm regen Anteil an meinem Widerstand. Nach zwei Wochen brach ich, ziemlich geschwächt, meinen Protest ab. Das Kammergericht, das noch für August den Prozeßbeginn signalisiert hatte, lenkte nunmehr aber ein. Offensichtlich schenkte es dem ärztlichen Gutachten Glauben, daß ich unter diesen Umständen keine zwei Stunden pro Tag verhandlungsfähig sei.

Seit dem 12. November des Vorjahres verhandelte die 27. Große Strafkammer des Berliner Landgerichts gegen den krebskranken Erich Honecker, gegen Erich Mielke, Heinz Keßler, Hans Albrecht, Fritz Streletz und Willi Stoph. In diesem sogenannten Politbüroprozeß wurde den Angeklagten vollendeter und versuchter Totschlag an 68 Grenzverletzern vorgeworfen. Der Prozeß mußte immer wieder unterbrochen werden, und Berichte über das Wachstum von Honeckers Lebertumor füllten die Zeitungsspalten. Am 13. Januar 1993 hatte das Gericht ein Einsehen und entließ den todkranken Honecker nach Chile, gegen die anderen wurde weiter prozessiert. Offenkundig wollte man diese Peinlichkeit nicht wiederholen und einen halbwegs gesunden Spion – der nach Auffassung der Bundesanwaltschaft gleich nach Kanzleramtsspion Guillaume kam – vor die Schranken bekommen. So stimmte man meiner Operation im Kreiskrankenhaus Westerstede zu. Die Bewachung zog man nach einer Woche ab, so daß ich anderthalb Monate unhelligt blieb. Danach wurde ich wieder nach Wilhelmshaven verlegt.

Gegen Ende des Jahres 1993 brachte man mich nach Berlin-Moabit. Am 9. Dezember begann vor dem 2. Strafsenat des Kammergerichts der Hauptstadt die Hauptverhandlung. Drei Tage zuvor hatte das Oberlandesgericht Düsseldorf Markus Wolf – bis 1986 Mielkes Stellvertreter und Chef der HVA – wegen »Landesverrats und Bestechung« zu sechs Jahren Haft verurteilt. In seinem Schlußwort am 24. November hatte Wolf erklärt: »Obwohl das Gericht minutiös der Vorgabe der Bundesanwaltschaft folgte, ist die Absicht gescheitert, der politischen Abrechnung ein juristisches Mäntelchen umzuhängen. Für jeden objektiven Beobachter wurde dieser Prozeß zur Farce. Es wäre ehrlicher gewesen, namens der Gewinner der deutschen Vereinigung zu sagen: ›Jetzt haben wir euch, nun wird die Rechnung präsentiert und ihr müßt büßen!‹« Und an die Adresse des Staatsanwalts gerichtet, sagte er: »Mit Ihrem verengten Geschichtsverständnis des Kalten Kriegers werden Sie nicht begreifen können, daß ohne die Zäsuren von 1933 und 1945 die gesamte Geschichte der DDR und auch mein Lebensweg nicht zu verstehen sind.«

Vor diesem Hintergrund hatte ich keinen Zweifel, daß auch ich zur Kasse gebeten werden sollte. Nachsicht oder gar Verständnis für den politischen Kontext, in dem ich aktiv geworden war, erwartete ich nicht. Der Vorsitzende Richter Wolfgang Paetzelt war ein ehrenwerter Mann, er bemühte sich erkennbar um Fairneß, aber der Zeitgeist, der nach Rache rief, beeinflußte auch ihn. Die Verhandlung fand unter Ausschluß der Öffentlichkeit statt, Beweise lagen nicht vor, die Gutachter waren nicht neutral, meine Verteidiger dem Verfahren – freundlich formuliert – nicht gewachsen. Oberstaatsanwalt Dr. Wilhelm Schmidt forderte dreizehn Jahre, mein Verteidiger plädierte für sieben, weil inzwischen viel Zeit ins Land gegangen sei und das gelieferte Material technisch längst überholt wäre.

Nach Ansicht der Anklage bestünde kein Zweifel, daß das »Verratsmaterial« auch an den KGB gegangen wäre. Angesichts der derzeitigen Situation in Rußland dauere die Gefahr für die Bundesrepublik an, meinte er. Auch für diese Behauptung lag kein Beleg vor – man erhob die Vermutung zum Beweis.

Am 27. Januar 1994 wurde das Urteil verkündet: zwölf Jahre, davon vier Jahre ohne bürgerliche Rechte. Mehr als Günter Guillaume damals bekommen hatte und soviel, wie auch Rainer Rupp und Klaus Kuron erhielten. Wir waren die drei »Zwölfender«, wie es bald in der Szene hieß.

In der Urteilsbegründung hatte der Richter erklärt, die von mir gelieferten Informationen hätten meine Absicht, für ein Gleichgewicht zu sorgen, ins Gegenteil verkehrt. »Die Vorteile lagen nun, und zwar schon vor der eigentlichen Inbetriebnahme des Systems, beim ehemaligen Warschauer Pakt.« Ja, das bedeutete doch, daß der Osten – obgleich überlegen – dies nicht ausgenutzt hatte, um den Westen zu überrennen. Waren die Kommunisten vielleicht doch nicht so kriegslüstern, wie man ihnen postum unterstellte? Der Richter erkannte den doppelten Boden seiner Aussage nicht.

Meine Verbindungen zu den westdeutschen Geheimdiensten blieben in dem Verfahren gänzlich unerwähnt, was das Jeversche Wochenblatt am 28. Januar 1994 zur Frage in der Unterzeile veranlaßte »Einseitig Recht gesprochen?« Im Text hieß es: »Was beim Prozeß nur von Gebauer zur Sprache gebracht, offiziell allerdings auch nie dementiert wurde, war seine gleichzeitige Zusammenarbeit mit dem niedersächsischen Verfassungsschutz und dem Militärischen Abschirmdienst... Ein der Redaktion vorliegendes Schreiben bestätigt die Zusammenarbeit mit dem westdeutschen Verfassungsschutz, doch vor Gericht spielte sie keine Rolle, wurde nicht einmal richtig zur Kenntnis genommen. Für einen Laien ist es schwer, ein Gerichtsurteil zu kommentieren. Doch im Fall Gebauer bleibt der fade Eindruck zurück, daß hier einseitig Recht gesprochen wurde, um dem Ansehen deutscher Geheimdienste nicht zu schaden.«

Nach meiner Verurteilung, die mich hart traf, aber nicht unbedingt niederstreckte, brachte man mich zurück nach Wilhelmshaven. Ich kam in eine Einzelzelle am Ölhafendamm. Da saß ich nun. Lebendig beerdigt, 62 Jahre alt, mit kaputten Füßen und krank am Herzen, doch wild entschlossen, die Möglichkeiten des deutschen Rechtsstaats auszuloten. Ich setzte mein Studium der Jurisprudenz fort, fand Hebel, die Anstalt zu zwingen, die uns Häftlingen zustehenden Rechte zu gewähren. Ich monierte erfolgreich, als uns überlagerte Konserven zum Verzehr angeboten oder in unzulässiger Weise die Nachtruhe verkürzt wurde. Ich beriet Mithäftlinge und konnte einen saufenden Neonazi im Wachpersonal aus dem Verkehr ziehen. Ich verhielt mich korrekt, unterließ es, politische Erklärungen in der Öffentlichkeit abzugeben und pochte auf meine Rechte. Im Sommer 1994 brachte man mich in den Hochsicherheitstrakt in Celle. Das war Isolationshaft. Das überlebe ich nicht, sagte ich Alina. Das stehe ich nicht durch. Nach zehn Tagen erhielt ich Nachricht, ich käme in den Regelvollzug, d. h. ich könnte einer Arbeit nachgehen und eventuell Freigang erhalten. Wie sich zeigte, ging diese Entscheidung auf eine Intervention meiner Lebensgefährtin zurück, und ein honoriger Richter am Bundesgerichtshof setzte seinen Namen unter das entsprechende Papier. Man verlegte mich in die JVA Meppen, wo ich allerdings gleich ins Lazarett kam. Meine Bettnachbarn waren zumeist Drogenabhängige. Ich war somit nicht nur der Häftling mit der höchsten Haftstrafe dort, was mir einen gewissen Respekt eintrug, sondern zugleich auch der normalste. Nach wiederholten Anläufen erstritt ich mir das Recht auf Freigang, man hatte sich inzwischen davon überzeugt, daß ich nicht mit der Absicht schwanger ging, mich ins Ausland abzusetzen? Wohin hätte ich auch gehen sollen? Aus meiner Heimat wollte ich nicht weg. Das Klima, vornehmlich die gute Luft an der Küste bekamen mir sehr gut; bereits bei Besuchen in meiner Geburtsstadt Wiesbaden hatte ich Atemprobleme. Der Ort lag in einem Talkessel – selbst wenn vom Taunus frischer Wind blies, fegte er über Wiesbaden hinweg. Nein, ich wollte mein Leben in Jever beschließen und spielte nicht einmal mit dem Gedanken, mich aus der Gegend zurückzuziehen.

1996, meine Haft ging ins fünfte Jahr, schwollen die Drüsen am Hals spürbar an. Ich ging zum Anstaltsarzt, der eine »Ferndiagnose« stellte. Ohne mich zu untersuchen, konstatierte er eine Erkältung. Das war natürlich Unsinn – ich hustete nicht, ich hatte weder Schnupfen noch Temperatur. Das zog sich eine Weile ohne jegliche Besserung hin, bis ein neuer Arzt kam, der sofort handelte. Mit einer Computertomographie stellte man eine Geschwulst fest, die umgehend operativ entfernt werden mußte. Das passierte in einem Krankenhaus in Osnabrück. Für diesen Zweck wurde mir sogar Haftunterbrechung gewährt.

Zurück in der JVA Meppen und halbwegs genesen nahm ich meine Tätigkeit wieder auf. Alina Kühnl, meine Lebensgefährtin, hatte in der Garage an unserem Haus ein Keramikstübchen eingerichtet. Sie stellte mich als Former und Gestalter an – dreimal in der Woche fuhr ich mit meinem Wagen von Meppen nach Jever, um dort Kacheln, Vasen, Nippes und andere hübsche Dinge aus Ton zu formen, zu bemalen und zu brennen. Das ging einige Monate gut, bis ich Schmerzen in der Lunge verspürte. Die Ärzte diagnostizierten Bronchialkrebs. So kam ich zum dritten Mal während meiner Haft unters Messer. Im November 1997 entfernte man den linken Lungenflügel. Ich war physisch und psychisch am Ende und wog nur noch 53 Kilogramm.

Es stand für mich außer Frage, daß zwischen meinem gesundheitlichen Zustand und der Haft kein unmittelbarer Zusammenhang bestand. Ich war keinerlei Schikanen ausgesetzt, war als Häftling eine Nummer wie jeder andere auch und wurde, alles in allem, stets korrekt behandelt. In diesem Sinne litt ich nicht. Allerdings bedeutet jede Haft einen Eingriff ins Leben, man ist unfrei selbst als Freigänger. Insofern bleibt das nicht folgenlos für Psyche und Physis. Ich würde nicht – wie andere es tun – von einem Gefängniskoller sprechen, was die veränderte Wahrnehmung der Wirklichkeit beschreibt. Wenn man fortgesetzt in seiner Zelle der Frage nachgrübelt: Warum ich?, kommt man auf Dauer zu merkwürdigen Schlüssen und wird auch nicht gesünder.

Allerdings war und bin ich unverändert der Überzeugung, daß meine und die Verurteilung meiner »Kollegen« ungerecht war. Als Grenzgänger zwischen den Blöcken haben auch wir für Frieden im Kalten Krieg gesorgt. Die westdeutschen Geheimdienstler, die im Osten spionierten, gingen straffrei aus – wir, die wir für die andere Seite arbeiteten, kamen in den Knast. Für die gleiche Tätigkeit kann es nicht zweierlei juristisches Maß geben, hier wird eindeutig gegen den Gleichheitsgrundsatz unseres Grundgesetzes verstoßen. Das, so schien mir, könnte ein Thema auch für den Europäischen

Gerichtshof sein, bei dem ich mit anderen Betroffenen inzwischen Klage eingereicht hatte. Der Artikel 31 der Haager Landkriegsordnung beispielsweise besagt, daß nach Ende eines Krieges keine juristische Verfolgung von Spionen erfolgen dürfe.

Aus diesem Gerechtigkeitsempfinden heraus lehnte ich alle Vorschläge ab, ich solle beim Bundespräsidenten um Begnadigung nachsuchen. Gnade verlangte nach Reue und Anerkennung von Schuld – ich fühlte mich nicht schuldig, folglich sah ich keinen Anlaß, beim Staatsoberhaupt ein solches Gesuch einzureichen. Das taten jedoch andere. Die Gesellschaft für rechtliche und humanitäre Unterstützung e. V. (GRH) intervenierte erfolgreich. Am 15. Mai 1998, einem Freitag, stellte mir das Bundesjustizministerium das Begnadigungsschreiben zu, Roman Herzog hatte die Reststrafe ausgesetzt. Fast auf den Tag genau war ich sechs volle Jahre inhaftiert gewesen, blieben also sechs, die man mir erließ. 65 Jahre zuvor hatte der Reichspräsident meinen Vater begnadigt...

Ich räumte am Montag meine Gefängniszelle in Wilhelmshaven und verabschiedete mich vom Personal. Daheim standen die Nachbarn vor der Tür und empfingen mich mit Blumen. Kein Harm wohnte in ihrer Seele – ich wurde in die Gemeinschaft wieder aufgenommen, die ich mental nie verlassen hatte.

Die »alten Kameraden« meldeten sich auch wieder, als publik wurde, ich würde meine Erinnerungen zu Papier bringen. Es meldete sich eine anonyme Anruferin und wiederholte die Botschaft, die man mir schon damals mit einer Patrone in den Knast geschickt hatte: Keine Namen! Ich bekenne, daß die Nachhaltigkeit dieser Forderung nicht ohne Folgen blieb. Ich arbeitete nur noch mit Initialen im Text und verzichtete auf die Wiedergabe bestimmter Erlebnisse und Beobachtungen während meiner Tätigkeit für die Dienste im Westen. Wenn das lediglich zu einem Rechtsstreit führen würde, könnte ich damit umgehen – doch meine Erfahrungen sagen mir, daß die Dienste solche Dinge unterm Teppich halten oder auf ihre Weise regeln. Entgegen anderslautenden Gerüchten gibt es den perfekten Mord.

Flottenadmiral a.D. Elmar Schmähling, einst Chef des MAD, stellte im November 1998 in einem Zeitungsbeitrag die Frage, wieso es überhaupt notwendig und erlaubt sei, »systematisch Informationen über Personen zu sammeln, auszuwerten, zu speichern und weiterzugeben. Was macht diese ›Beobachtung‹ scheinbar so dringend, daß der deutsche Staat sich berechtigt glaubt, sogar in die Intimssphäre seiner BürgerInnen einbrechen zu dürfen? Um die Anwort kurz zu machen: Es gibt keinen sachlichen Grund. Wer Unterstützung und Gefolgschaft für seine Ideen oder politische Überzeugungen finden will, muß dafür werben, und das öffentlich. Wie sonst soll er Menschen erreichen? Deshalb ist die Grundannahme des Verfassungsschutzes, es könnte politische Sicherheitsgefährdung aus verdeckten, konspirativen, im Untergrund laufenden Aktivitäten entstehen, völlig abstrus.

In der Geschichte der Verfassungsschutzämter gibt es keinen einzigen Fall, wo durch deren ›Sammeln und Auswerten von Informationen‹ eine Gefährdung der Republik erkannt worden wäre. Einzelne politisch motivierte Straftaten sind durch die Existenz und die ›Vorfeldaufklärung‹ der Nachrichtendienste ebenso wenig verhindert worden wie die Bildung von extremistischen Gruppen, die das Gesellschaftssystem der BRD mit Gewalt bekämpfen. Die Verhinderung der Planung und Ausführung von Straftaten, ob mit oder ohne politische Motivation, war und ist die originäre Aufgabe von Polizei und Staatsanwaltschaft. Diese sind zudem – wenn auch nicht immer – besser demokratisch kontrollierbar als der Verfassungsschutz, der in einer rechtlichen Grauzone operiert und sich hinter einer Wand der angeblich notwendigen Geheimhaltung verstecken darf.«

Nach Auffassung von Schmähling wurzelt diese »staatliche Gesinnungsüberwachung«, der bisher Hunderttausende untadelige Bundesbürger zum Opfer fielen, in der vordemokratischen Epoche. »Das Trauma der Niederlage der autoritär-rechtskonservativen Strömungen gegen die demokratischen Errungenschaften der europäischen Revolutionen von links wirken in einem unreflektierten Antikommunismus fort. Die furchtbaren Blüten der hysterischen Kommunistenangst im Westen hatte ihre spiegelbildliche Entsprechung in der DDR. Nur stand der vermeintliche Staatsfeind dort rechts. Es ist geradezu verblüffend, daß bei der intensiven Beschäftigung mit Freiheitsbeschränkung, Meinungsunterdrückung, Kriminalisierung und Verfolgung von Regimekritikern in der DDR nicht einmal ein Hauch von westlicher Selbstkritik aufkommt. Müssen die Neuankömmlinge im unfehlbaren Rechtsparadies BRD erst noch lernen, daß es gute und böse Spionage, gute und böse Unterdrückung von Menschenrechten und Grundfreiheiten gibt? Die Existenz des Verfassungsschutzes ist ebenso pervers wie die Gewöhnung der Opfer daran. Die Verfassung ist keine in einem Tresorraum eingeschlossene Gesetzestafel, die von Staatsfeinden gestohlen oder zerstört werden könnte. Die wesentlich älteren Demokratien England, Frankreich und USA haben keine vergleichbare staatliche Schnüffelbehörde wie Deutschland.«

Wenn ich auf den Seiten zuvor meine Autobiographie berichtet habe, dann ausschließlich mit der Absicht, eben diese Unterscheidung in angeblich gute und in angeblich böse Spionage, in angeblich gute und angeblich böse Überwachung zu überwinden. Es gibt keinen Unterschied. Die Methoden sind die gleichen, die Ziele auch: Argumente zu schaffen, um eine vermeintliche Existenznotwendigkeit der Institution zu begründen. Die Dienste sind im Wesen eine Arbeitsbeschaffungsmaßnahme, die sich fortgesetzt glaubt legitimieren zu müssen. Und erst in zweiter Linie sind sie ein Instrument der Herrschenden, um ihre Herrschaft zu sichern. Wie wirkungslos man selbst darin ist, zeigte das Ende der DDR.

Also, welche Gründe gibt es, nicht für das Ende der Dienste einzutreten?

Ich habe genug gesehen und gehört, um die Forderung nach dem Abbau der Spitzelapparate nachdrücklich zu unterstützen. Und ich plädiere für Öffnung der Geheimdienstarchive – selbst auf die Gefahr hin, daß man dort auch Berichte findet, die ich geschrieben habe. Die Demokratie erfordert es.